UNIVERSITÉ DE PARIS. — FACULTÉ D[

L'ÉTAT INDÉPENDANT DU CONGO

SA FONDATION — LES PRINCIPALES MANIFESTATIONS
DE SA VIE EXTÉRIEURE
SES RELATIONS AVEC LA BELGIQUE

THÈSE POUR LE DOCTORAT

Présentée et soutenue le jeudi 26 avril 1900, à 2 h. 1/2.

PAR

Louis JOZON

JUGE SUPPLÉANT A VITRY-LE-FRANÇOIS

Président : M. RENAULT.

Suffragants : { MM. LESEUR, PIÉDELIÈVRE, } *professeurs*

PARIS

LIBRAIRIE NOUVELLE DE DROIT ET DE JURISPRUDENCE

ARTHUR ROUSSEAU, ÉDITEUR

14, RUE SOUFFLOT ET RUE TOULLIER, 13

1900

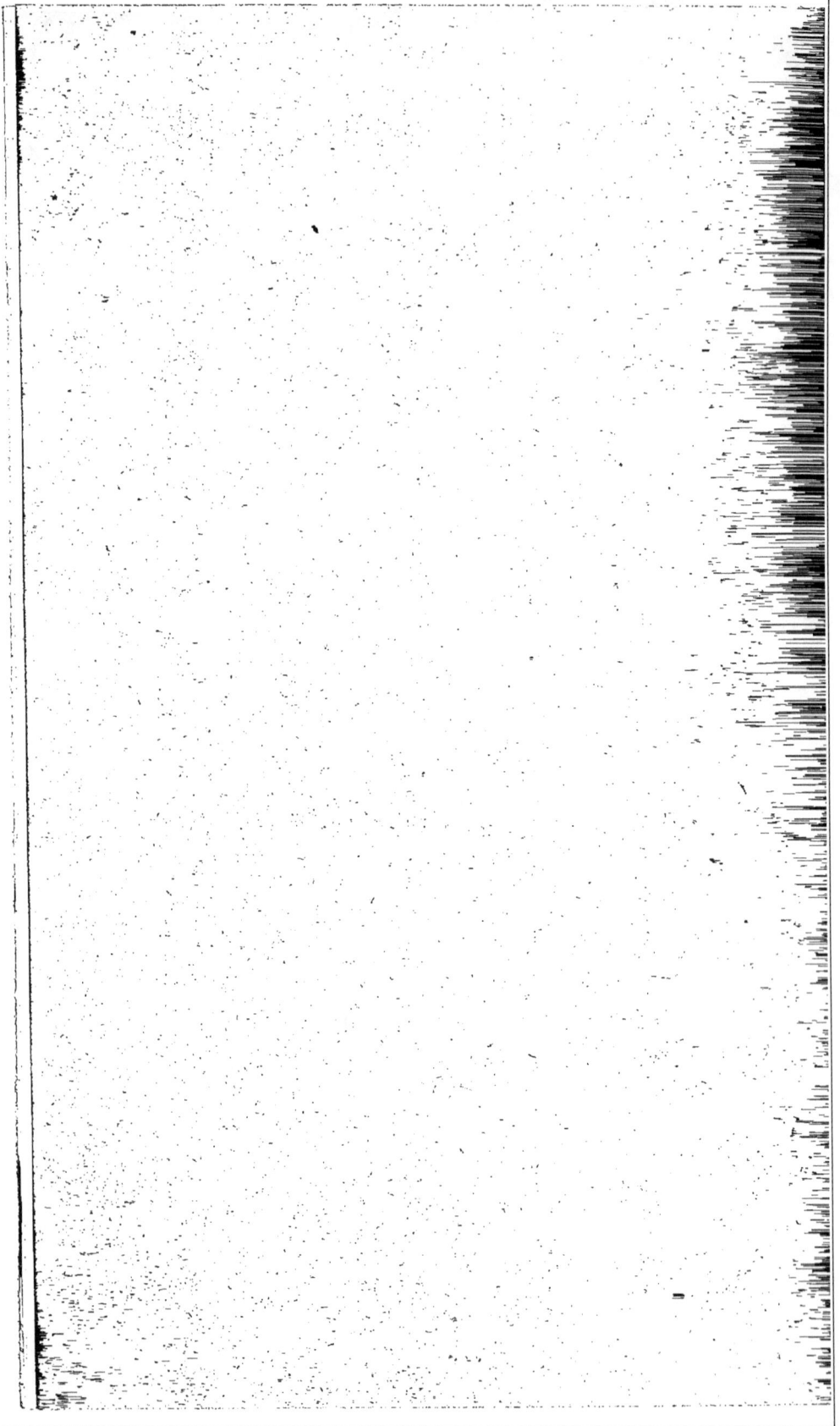

THÈSE

POUR LE DOCTORAT

UNIVERSITÉ DE PARIS. — FACULTÉ DE DROIT

L'ÉTAT INDÉPENDANT DU CONGO

SA FONDATION — LES PRINCIPALES MANIFESTATIONS
DE SA VIE EXTÉRIEURE
SES RELATIONS AVEC LA BELGIQUE

THÈSE POUR LE DOCTORAT

L'ACTE PUBLIC SUR LES MATIÈRES CI-APRÈS
Sera soutenu le jeudi 26 avril 1900, à 2 h. 1/2.

PAR

Louis JOZON

JUGE SUPPLÉANT A VITRY-LE-FRANÇOIS

Président : M. RENAULT.
Suffragants : { MM. LESEUR, PIÉDELIÈVRE, } *professeurs*

PARIS

LIBRAIRIE NOUVELLE DE DROIT ET DE JURISPRUDENCE
ARTHUR ROUSSEAU, ÉDITEUR
14, RUE SOUFFLOT ET RUE TOULLIER, 13

1900

BIBLIOGRAPHIE

Actes de la Conférence de Bruxelles (*Bruxelles, Hayez,* 1890).

Acte général de Bruxelles. Discussion de cet Acte à la Chambre des députés de France. Rapport de M. Francis Charmes. Discours de MM. Faure, Deloncle, Charmes, Piou, Ribot, Spuller (*Séance du 20 juin* 1890. *Annexe* n° 1522) (*Journal officiel, numéros des 25 et 26 juin 1891*).

Arntz. — De la cession des droits de souveraineté (*Bruxelles, Weissenbruch,* 1884).

Banning. — L'Afrique et la Conférence géographique de Bruxelles (*Bruxelles, Muquardt,* 1878).

— L'Association africaine et le comité d'études du Haut-Congo. Travaux et résultats de décembre 1877 à octobre 1882 (*Bruxelles, Institut national de géographie,* 1882).

— La Conférence africaine de Berlin et l'Association internationale du Congo (*Revue de Belgique du 15 avril 1885,* p. 341).

— Le partage politique de l'Afrique (*Bruxelles, Falk,* 1888).

Brazza (de). — De l'Atlantique au Congo intérieur (*Bulletin de la Société de géographie commerciale de Paris,* 1882).

— Trois explorations dans l'Ouest africain effectuées de 1876 à 1885.

Calvo. — Traité de droit international théorique et pratique.

Cameron (V. L.). — L'Etat libre du Congo (*Bulletin de la Société de géographie belge,* 1885, p. 582-593).

Codinne. — Découverte de la côte d'Afrique par les Portugais (*Bulletin de la Société de géographie de Paris,* 1876, 6ᵉ série, vol. II).

Cuvelier. — De l'incompétence des tribunaux nationaux à l'égard des gouvernements étrangers et de la situation spéciale de l'Etat du Congo en Belgique (*Revue de droit international et de législation comparée,* 1888).

Dehérain (Henri). — La succession de l'Egypte dans la province équatoriale (*Revue des Deux-Mondes,* 1893, p. 312-347).

Delavaud. — Les Portugais dans l'Afrique centrale avant le XVIIᵉ siècle (*Bulletin de la Société de géographie de Paris,* avril 1879).

Descamps-David. — Législation pénale contre la traite, avant-projet et rapport au Conseil supérieur de l'Etat.

Du Fief. — La question du Congo (*Bulletin de la Société de géographie belge*, 1885, n° 3).

— Le partage de l'Afrique entre les puissances européennes (*Bulletin de la Société de géographie belge*, 1890).

Engelhardt. — Du principe de neutralité dans son application aux fleuves internationaux et aux canaux maritimes (*Revue de droit international et de législation comparée*, 1886, p. 138).

— Origine des actes de navigation du Niger et du Congo.

— Etude sur la déclaration de la Conférence de Berlin relative aux occupations africaines (*Revue de droit international*, 1887).

Exposé des motifs du projet de loi approuvant le traité de cession conclu le 9 janvier 1895 entre la Belgique et l'État du Congo (*Bruxelles, Hayez,* 1895).

Faider. — Le génie de la Constitution belge. Discours de rentrée du 15 octobre 1885 à la Cour de cassation belge (*Revue de droit international et de législation comparée*, 1886, p. 88).

Fauchille. — L'annexion du Congo à la Belgique et le droit international (*Revue de droit international public*, 1895).

Jèze. — Etude théorique et pratique sur l'occupation comme mode d'acquérir des territoires en droit international.

de Laveleye (Emile). — L'Afrique centrale et la Conférence géographique de Bruxelles (*Bruxelles, Muquardt,* 1878).

— La neutralité du Congo (*Revue de droit international et de législation comparée,* 1883).

Lavigerie (Cardinal). — Documents sur la fondation de l'œuvre anti-esclavagiste (*V*ᵛᵉ *Belin et fils*, 1889).

Léon XIII. — Circulaire adressée aux évêques du Brésil le 5 mai 1888 pour les féliciter de la suppression de l'esclavage. Traite des nègres dans l'Afrique et le Soudan.

Législation pénale contre la traite. Décret du 1ᵉʳ juillet 1891 (*Bulletin officiel de l'État*, 1891, p. 144 à 150).

De Martens. — La Conférence du Congo à Berlin et la politique coloniale des États modernes (*Revue de droit international*, 1886, p. 113 et 244).

Memorandum de la Société de géographie de Lisbonne. La question du Zaïre. Droits du Portugal (*Lisbonne*, 1883).

Milovanowitch. — Les traités de garantie.

Moynier. — La question du Congo devant l'Institut de droit international (*Genève, Schuardt,* 1883).

— La fondation de l'État indépendant du Congo au point de vue juridique (*Paris*, 1887).

Oppelt. — Léopold II, souverain de l'État indépendant du Congo (Recueil des protocoles, traités, conventions, pièces officielles et débats parlementaires relatifs à l'Acte général de Berlin) (*Bruxelles, Hayez*, 1885).

Petit Lambert et Hebette. — Coup d'œil général sur l'organisation politique et administrative de l'État indépendant (*Pandectes françaises, t. XII du répertoire alphabétique*, p. 478).

Picard (Edm.). — La reprise du Congo (*Mouvement géographique*, 1895, p. 39).

Salomon. — L'occupation des territoires sans maître.

Stanley. — Cinq années au Congo 1879-1884. Fondation de l'État indépendant du Congo.

— Dans les ténèbres de l'Afrique. A la recherche d'Emin-Pacha (*Hachette*, 1890).

Traite des esclaves en Afrique. Renseignements et documents recueillis par la Conférence de Bruxelles, 1840-1890 (*Bruxelles, Hayez*, 1890).

Travers Twiss (Sir). — La libre navigation du Congo (*Revue de droit international et de législation comparée*, 1883 et 1884).

— Le Congrès de Vienne et la Conférence de Berlin (*Revue de droit international et de législation comparée*, 1885, p. 201).

Van Eetvelde et Jannssen. — Rapport au Roi souverain (*Bulletin officiel de l'État*, 1891, p. 165 à 211).

Wauters. — Bibliographie du Congo (*Bruxelles*, 1895).

— L'État indépendant du Congo (*Bruxelles, Falk*, 1899).

— Le Congo et le Portugal. Réponse au memorandum publié par la Société de géographie de Lisbonne.

Journal officiel de la République française (Compte-rendu des Chambres).

Livre Jaune. — Affaires du Congo, 1885. Conférence de Bruxelles, 1890-1891. Affaires du Congo, 1895.

Bulletin officiel de l'État indépendant du Congo, paraissant tous les mois (*Bruxelles, Muquardt*).

Archives diplomatiques de 1885 à 1898.

Mouvement géographique (Directeur : *Wauters, Bruxelles*).

Bulletin de la Société de géographie de Paris.

Bulletin de la Société de géographie de Belgique.

Revue de droit international public.

Bulletin du Comité de l'Afrique française, 1891-1898.

INTRODUCTION

Alors qu'un rocher désert, des marais malsains, des sables stériles engendrent souvent des conflits qui se terminent par la guerre, il est singulier de voir que les territoires riches, vastes, et si bien disposés pour le commerce, qui composent le bassin du Congo, aient pu constituer un État indépendant, sans que la guerre soit venue pencher sur son berceau sa face sanglante. L'adage brutal, en usage dans tous les temps, et si souvent appliqué à notre époque : la force prime le droit, n'a pas eu place ici, et il est intéressant d'étudier comment le droit a su, pour une fois, en cette fin de siècle si oppressive pour les faibles, triompher de la force.

Combien faible était pourtant l'ambitieux nouveau-né, qui en 1885 se présentait à la Conférence de Berlin ! pas même fils d'une faible puissance, il n'était l'œuvre que d'une association privée que les puissances européennes eussent pu facilement écarter.

C'est cette originale fondation que je me suis donné pour but de retracer. On a tant parlé du Congo que cela paraît être déjà de l'histoire ancienne, et pourtant c'est l'histoire de demain. C'est une question bien actuelle, car cet État si jeune, si bien portant, paraît bien près de sa fin. La mort le guette sous la forme de son annexion à la Belgique. C'est du mois d'août 1900 au mois de janvier 1901, que les membres du Parlement belge seront appelés

à décider cette question si importante pour les destinées
de leur pays.

Je ne me suis occupé que des questions qui intéressent
la vie extérieure de l'État, laissant de côté la constitution
intérieure de l'État, et les questions économiques si nombreuses que soulève l'œuvre congolaise.

J'ai divisé cette étude en cinq parties :

La première est consacrée à l'Association internationale
africaine, au comité d'études du Haut-Congo et à l'Association internationale du Congo, qui ont été les formes
privées sous lesquelles a grandi ce qui devait être l'État
indépendant du Congo.

Dans la seconde partie, j'ai étudié les rivalités entre ces
associations privées, déjà fortes, et certaines puissances
européennes, qui voulaient leur ravir le fruit de leurs travaux, ainsi que les premières reconnaissances de l'Association comme État.

La troisième partie a trait à l'œuvre de la Conférence de
Berlin, qui, en même temps qu'elle fortifiait définitivement les droits de l'Association internationale du Congo,
établissait un régime spécial de liberté commerciale dans
le territoire qu'elle constitua sous le nom de : bassin conventionnel du Congo.

L'étude des diverses manifestations extérieures de l'É-
tat : conférence anti-esclavagiste de Bruxelles, traités de
délimitation avec les puissances européennes, droit de
préférence de la France, forme la quatrième partie.

Enfin, nous examinerons dans la cinquième partie les
relations entre la Belgique et l'État du Congo.

PREMIÈRE PARTIE

LES SOCIÉTÉS PRIVÉES QUI PRÉCÉDÈRENT L'ÉTAT DU CONGO

———

CHAPITRE PREMIER

L'EXPLORATION DU BASSIN DU CONGO JUSQU'EN 1876.

C'est dans la seconde moitié de ce siècle, que l'attention des explorateurs et des géographes se porta sur le centre de l'Afrique. Depuis de longs siècles cependant, ses côtes avaient été explorées ; elles étaient connues avant que Christophe Colomb découvrit l'Amérique, mais celle-ci tenait déjà la tête de la civilisation, lorsque les explorateurs pénétraient enfin à l'intérieur du massif continent africain.

Le Congo, l'un des fleuves les plus importants du monde entier, fut le dernier reconnu dans tout son cours. C'est Diego Cam, gentilhomme de Jean II roi de Portugal, qui, en cherchant la route des Indes, découvrit son embouchure en 1484. Il dressa sur la rive sud un padrao, borne en pierre ornée des armoiries du Portugal et d'une croix, pour marquer en même temps que la prise de possession le but religieux de la conquête. Les caravelles portugaises continuèrent leur route vers le sud. Au retour de leur expédition, elles s'arrêtèrent de nouveau à l'embouchure du Congo, et envoyèrent une ambassade au roi du pays qui résidait à Ambassa. Ambassa devint après cette prise de possession, et sous le nom de San-Salvador, la capitale de la nouvelle colonie portugaise.

Je ne veux pas suivre en ce moment l'œuvre de la conquête portugaise, nous la retrouverons. Hâtons-nous de voir ce que vont faire les explorateurs sur ce Rio de Padrao (fleuve du padron), appelé ensuite Zaïre par les premiers missionnaires portugais, puis Congo du nom du royaume situé au sud de son embouchure, et qui devait devenir la grande artère commerciale du centre africain.

Soit qu'ils se fussent butés aux premières chutes qui entravent la navigation du Bas-Congo, soit qu'ils eussent eu peu de confiance dans les richesses que recélaient les territoires arrosés par le fleuve qu'ils venaient de découvrir, les Portugais ne s'enfoncèrent pas dans le continent; et ce n'est qu'à la fin du XVIIIe siècle que quelques tentatives de pénétration furent faites. En 1798, Lacerda atteint par la côte orientale les pays arrosés par le Tschambézi, affluent du lac Bangwelo. L'Anglais Tuckey, en 1816, remonte le Congo jusqu'à Isangila où il succombe, et donne sur cette section du Congo des renseignements précis contrastant avec la géographie légendaire des Mercator (1541), Diego Homen (1558), Lopez (1578).

En 1856 et en 1864, le français du Chaillu explore successivement les embouchures du Gabon et de l'Ogoué, et s'enfonce au sud de ce dernier fleuve à 370 kilomètres à l'intérieur du continent. En 1857, Burton et Speke reçoivent de la Société de géographie de Londres la mission de pénétrer dans la vallée du Nil par le sud. Partis de Zanzibar, ils vont droit vers l'intérieur et découvrent, le 13 février, le lac Tanganika. C'est à ce moment que commencent les grandes explorations, où après Burton et Speke, vont se distinguer Livingstone, Schweinfurth, Cameron, Stanley. Après avoir traversé le lac dans sa largeur, Speke et Burton se séparent ; Speke se dirige vers le nord et atteint dans cette direction la rive méridionale d'un second et vaste réservoir appelé Ukerewe par les indigènes, et à qui Speke donne le nom de la reine d'Angleterre (Victoria-Nyanza). Il découvre ensuite la branche originelle du Nil.

En mars 1870, Schweinfurth, en venant de Khartoum, découvre le cours moyen de l'Uele, qui est le cours septentrional de l'Ubanghi, qui devait être découvert quinze ans plus tard.

Les explorateurs dont nous venons de parler ont contourné le bassin du Congo. Tuckey s'est engagé sur une partie du Bas-Congo ; Burton, Speke, Schweinfurth ont longé sa frontière orientale. C'est à Livingstone, Cameron et Stanley que revient l'honneur d'avoir indiqué le cours du Congo. Livingstone et Cameron ont fait les études lentes, que l'on trouve au début de toutes les découvertes. Stanley, grâce à leurs études, a pu compléter l'œuvre et en être l'heureux bénéficiaire.

Livingstone, de 1853 à 1856, exécute la première traversée du continent africain dans la région équatoriale. Il suit le cours du Zambèze dont il découvre la magnifique chute, visite la région des sources de ce fleuve, et pousse vers l'ouest jusqu'à Loanda sur la côte de l'Atlantique. De ce point, il revient sur ses pas, traverse l'Afrique dans toute sa profondeur, et débouche à Quilimane sur l'Océan Indien. Dans ce voyage, il découvrit quelques districts du bassin supérieur du Kasaï, affluent du Congo. Après plusieurs explorations dans le bassin du Zambèze, il entreprend en 1866 sa dernière expédition. Il part de l'embouchure de la Rovuma, tourne le Nyassa par le sud et pénètre dans la contrée inconnue qui s'étend à l'ouest de ce bassin. Là, il rencontre une nouvelle série de grands lacs, le Bangwelo, le Moero, le Kamolondo, que relie un puissant cours d'eau, le Luapula, affluent du Congo. En 1869, il atteint le Tanganika qu'il traverse en partie, puis il reprend à l'ouest et arrive à Nyangwé sur le Congo, limite septentrionale de ses explorations. Il revient malade et épuisé à Udjiji, où en 1871, il rencontre Stanley envoyé à sa recherche. Réconforté et pourvu de nouvelles ressources, il longe la rive orientale du Tanganika et fait le tour du Bangwelo ; mais il meurt le 1er mai 1873 sur la rive méridionale du lac.

Dans cette même année où mourut Livingstone, deux expéditions partirent d'Angleterre pour rechercher ses traces. L'une était sous la direction d'un officier de marine, le lieutenant Cameron, alors âgé de 28 ans. Cameron quitte Zanzibar à la fin de 1873. A mi-chemin du Tanganika, à Kaseh, il rencontre les serviteurs de Livingstone qui rapportent à la côte la dépouille de leur maître. Le 2 février 1874, il atteint le Tanganika dont il lève la carte. Dans le cours de ses opérations, il trouve un cours d'eau, le Loukouga, dont le courant lui paraît porter à l'ouest et qu'il prend pour l'émissaire du lac et le canal de jonction avec le système du Lualaba. Cette découverte décide Cameron à rejoindre cette rivière et à continuer ainsi l'œuvre de Livingstone ; il arrive jusqu'à Nyangwé, mais l'hostilité d'un chef indigène l'oblige d'incliner sa route au sud-ouest, au lieu de suivre le fleuve dont le premier il venait de deviner le cours. Il traverse alors les États des Warua et des Balunda, détermine le système des affluents de la rive gauche du Congo, et arrive en novembre 1875 au petit port de Katombé au nord de Benguéla.

Le premier, Cameron avait deviné ce qu'était le fleuve de Nyangwé. Livingstone avait conçu l'hypothèse, à laquelle il resta fidèle toute sa vie, que le fleuve qui sort du lac Moëro sous le nom de Lualaba, est le même que celui qui passe à Nyangwé, et que ce fleuve qu'on lui dépeignait comme coulant toujours au nord devait être le cours supérieur du Nil. Cameron, arrivé à Nyangwé, prouva par le relèvement du niveau du Lualaba que ce fleuve ne pouvait être le cours supérieur du Nil, et devait être celui du Congo : « Les niveaux dont j'ai fait le relèvement, dit Cameron, établissent d'une manière concluante que le Lualaba ne peut avoir aucun rapport avec le Nil, son altitude à Nyangwé étant supérieure à celle du Nil à Gondokoro, même à celle du point où le fleuve d'Egypte a reçu tous ses affluents. Une autre preuve non moins décisive est donnée par le débit du Lualaba ; celui-ci dans la saison sèche, roule à Nyangwé 120.000 pieds cubes d'eau par seconde, plus de 5 fois ce qui passe à Gondokoro où le Nil dans le même laps de temps ne charrie que 21.000 pieds cubes. Le Lualaba doit être l'une des sources du Congo ; sans lui où ce géant qui ne le cède en énormité qu'à l'Amazone, peut-être au Yang-tsé-Kiang, trouverait-il les deux millions de pieds cubes d'eau qu'à chaque seconde il verse dans l'Atlantique ? »

Cameron à Nyangwé n'avait pas trouvé les pirogues nécessaires pour descendre le Congo et ainsi vérifier son hypothèse, et au moment où je me place pour tracer rapidement cette esquisse des explorations du bassin du Congo, Stanley plus heureux que lui se laissait aller au courant du grand fleuve africain.

CHAPITRE II

LA CONFÉRENCE GÉOGRAPHIQUE DE BRUXELLES. —
L'ASSOCIATION INTERNATIONALE AFRICAINE.

Les efforts de tous ces voyageurs restaient isolés, chaque exploration était le fait d'un individu ; aucun lien n'unissait ces hardis pionniers, et l'on pouvait penser que ce manque d'organisation d'ensemble, d'unité de vues, était la cause de la stérilité de tous ces travaux au point de vue pratique.

Tracer un plan commun d'investigation, coordonner ces entreprises individuelles, prévenir des pertes de temps et de forces, créer dans l'intérieur de l'Afrique des stations qui soutiendront le voyageur dans sa course, lui donneront un nouvel élan, et des ressources sans lesquelles il eût dû souvent interrompre des explorations en plein cours de succès, tel est le but qu'entrevoit le roi Léopold II, lorsque vers le milieu de l'année 1876, il convoque, en son palais de Bruxelles, les présidents des sociétés géographiques européennes, les plus distingués géographes et de célèbres explorateurs.

L'assemblée se réunit à Bruxelles le 12 septembre 1876 ; elle comptait parmi ses membres allemands : Nachtigal, Rohlfs, Schweinfurth ; autrichiens : le comte Zichy et l'explorateur Lux ; belges : Banning, de Laveleye ; français : l'amiral de la Roncière le Noury, président de la Société de géographie de Paris, Duveyrier et le marquis de Compiègne ; anglais : sir Henri Rawlinson, l'amiral Heath, Cameron ; russes : M. de Semenow ; italiens : le comte Negri. Cette assemblée était bien la plus compétente pour travailler à la réalisation du projet de son royal président.

La Conférence, qui dura les 12, 13 et 14 septembre 1876, débuta par un discours du roi Léopold II, où le roi indiquait le but civilisateur de la Conférence, le moyen de le réaliser et donnait à la Belgique, État central et neutre, le rôle de devenir le quartier général de ce mouvement civilisateur (1).

La Conférence suivit le roi dans sa conception de ce qui devait être le moyen le plus propre d'ouvrir l'Afrique à la civilisation. Elle décida la création des stations dont la mission serait d'être :

1° *Hospitalières.* — Elles seront dans ce but les échelons des explorateurs de la côte au centre de l'Afrique. Là, ils trouveront les ressources qui leur feraient défaut loin de la côte. Elles ne seront ni le but, ni le terme des explorations nouvelles, mais le fruit des expéditions anciennes, d'où les explorations nouvelles pourront s'élancer plus

---

(1) Le roi disait notamment dans ce discours : « Ai-je besoin de dire qu'en vous conviant à Bruxelles, je n'ai pas été guidé par des vues égoïstes. Non, Messieurs, si la Belgique est petite, elle est heureuse et satisfaite de son sort ; je n'ai d'autre ambition que de la bien servir. Mais je n'irai pas jusqu'à affirmer que je serais insensible à l'honneur qui résulterait pour mon pays de ce qu'un progrès important dans une question qui marquera dans notre époque fût daté de Bruxelles. Je serais heureux que Bruxelles devînt en quelque sorte le quartier général de ce mouvement civilisateur.

Je me suis donc laissé aller à croire qu'il pourrait entrer dans vos convenances de venir discuter et préciser en commun, avec l'autorité qui vous appartient, les voies à suivre, les moyens à employer pour planter définitivement l'étendard de la civilisation sur le sol de l'Afrique centrale. »

loin. Elles seront des bases d'opérations qui peu à peu, en
se reliant, deviendront des lignes, finalement des routes.
Elles serviront d'entrepôt pour compléter ou renouveler
les provisions, les moyens d'études ou d'échanges, d'in-
firmerie en cas de maladie, de refuge en cas de danger.

2º *Scientifiques.* — Chaque poste deviendra naturellement un centre d'études et de recherches de toute nature
sur le caractère et l'aspect du sol, les productions, le climat, les populations qui l'entourent, leurs besoins, leurs
ressources. Ce sera à la fois un petit observatoire et un
musée où s'accumuleront les observations et les collec-
tions au profit de la science et du commerce. Elles renfer-
meront les objets indispensables aux voyageurs africains :
cartes, livres, instruments astronomiques et physiques,
médicaments, etc.

3º *Civilisatrices.* — Ce but paraît plus difficile à préciser, et pourtant il est bien facile à se représenter. La station ne pourra pas être pour le nègre l'école profession-
nelle, mais elle sera un foyer de civilisation au milieu de
la barbarie. Ce foyer, peu à peu, fera sentir son influence
bienfaisante ; le seul fait de la présence de blancs, l'exercice journalier de leur vie, de quelques industries élémen-
taires seront un exemple pour le nègre. Elles deviendront
pour lui le protecteur contre le chasseur d'esclaves, il s'ha-
bituera à venir y chercher protection, elle leur distribuera
des armes perfectionnées pour se défendre contre le traitant arabe. Elle sera le centre autour duquel les commerçants européens viendront se grouper pour faire le commerce, et le commerce ainsi que l'a dit Nachtigel, « est le
meilleur moyen de civiliser l'intérieur de l'Afrique ». Le
capitaine Cameron disait de même.

Les stations n'auront pas d'appareil militaire, elles

seront établies aussi simplement que possible, agiront par la douceur et la persuasion. Leur personnel n'aura pas besoin d'être nombreux : un chef, à la fois homme d'action et homme de science, soit théorique, soit technique, cinq ou six artisans, habiles et versés dans des professions diverses, pourront suffire dans la plupart des cas.

Les stations n'auront pas un caractère confessionnel au point de vue religieux. « Il ne faut pas donner aux stations, dit sir Rawlinson, un caractère exclusivement religieux, politique ou commercial ; ce seraient des centres de renseignements, des postes hospitaliers, des foyers de civilisation. » Non pas que la conférence voulût faire œuvre de scepticisme ou d'indifférence, elle reconnaissait au contraire, que le christianisme possède une vertu particulière pour retirer de la barbarie les races incultes, et leur faire franchir rapidement les premières étapes de la civilisation, mais le concours de toutes les nations, faisait qu'il était nécessaire de donner aux stations un caractère purement laïque ; un tel concours comportait une absolue réserve au point de vue religieux. De même que les commerçants, les missionnaires de tous les cultes viendraient, à l'ombre de la station, établir leur mission civilisatrice.

En résumé, la station ayant une triple mission : hospitalière, scientifique, civilisatrice, garderait un caractère strictement international. Accueillante pour tous les voyageurs, soutenue par la caisse de l'Association, elle n'aurait aucun caractère confessionnel et ne s'adonnerait pas au commerce, mais serait le centre autour duquel viendraient se grouper naturellement le commerçant et le missionnaire, les deux agents les plus actifs de la civilisation en pays nouveaux.

La mission et le caractère des stations étant ainsi définis, où devait-on les établir tout d'abord ? Deux projets
furent examinés.

L'un, présenté par sir Rawlinson au nom des membres
anglais, français et italiens de la conférence, était grandiose et ne tenait pas compte de la modicité des ressources que trouverait la Conférence. Il créait une ligne continue de stations au sud de l'Equateur, de la côte orientale
aux environs de Zanzibar à la côte occidentale vers Saint-
Paul de Loanda. De l'artère principale, se détachaient trois
tronçons perpendiculaires, le premier se dirigeant vers
l'embouchure du Congo, le second vers les sources du Nil,
le troisième allant rejoindre le Zambèze. Ces deux derniers tronçons formaient, en se soudant, une ligne continue allant de la vallée du Nil à celle du Zambèze à travers
les lacs Victoria, Tanganika et Nyassa, sur lesquels des
bateaux à vapeur relieraient les sections terrestres de la
voie.

Le deuxième projet était l'œuvre de M. de Semenow,
plus simple, et par suite se prêtant mieux à une réalisation
immédiate. Il proposait d'organiser, d'après un plan d'ensemble, l'exploration des régions encore inconnues de
l'Afrique centrale, en confiant cette tâche à des voyageurs
isolés partant de points opposés et s'appuyant sur des stations de secours, établies à Bagamoyo sur la côte orientale, et à Loanda sur la côte occidentale ; les stations
intérieures seraient établies à Udjiji et à Nyangwé.

C'est un système transactionnel rédigé par M. Maunoir,
secrétaire de la Société de géographie de Paris, qui pré-
valut. On décida de limiter la région à explorer, à l'orient
et à l'occident par les deux mers, au midi par le bassin du
Zambèze, au nord par les frontières du Soudan Egyptien et

du Soudan Indépendant. Des voyageurs isolés s'appuyant sur des stations suffiront à cette exploration. Les stations qui seront leurs points d'appui seront établies sur les côtes à Bagamoyo, à Loanda, et serviront d'entrepôts destinés à fournir aux voyageurs tout ce dont ils auront besoin. Ces deux stations seront confiées aux européens résidant sur ces points. Les stations de l'intérieur seraient établies à Udjiji sur la rive orientale du Tanganika, à Nyangwé, et dans un endroit à choisir dans les domaines de Muata-Yamvo. Telles étaient les premières stations à fonder qui, lorsque les moyens le permettraient, seraient unies entre elles par des stations secondaires.

Restait à établir les organes appropriés au programme que l'on venait de tracer, et destinés à assurer dans l'avenir l'œuvre entreprise par la Conférence. C'est ce que fit la Conférence en instituant : « *L'Association internatinale Africaine, pour réprimer la traite et ouvrir l'Afrique centrale* », à qui elle donna des statuts.

L'Association internationale est composée de trois éléments : 1° la commission internationale, 2° le comité exécutif, 3° les comités nationaux.

La commission internationale est le parlement de l'Association. Elle a la même composition que la Conférence qui vient d'en décider la création. Elle se compose (1) « des présidents des principales sociétés de géographie qui sont représentées à la Conférence de Bruxelles, ou qui viendraient à adhérer à son programme, et de deux membres choisis par chaque comité national » (art. 3). Cette commission garde la haute direction de l'Association

___

(1) Les statuts de l'Association internationale africaine se trouvent dans le livre de Banning : *L'Afrique et la Conférence géographique de Bruxelles*, pages 192 et 193.

et tranche toutes les questions essentielles relatives à sa
constitution. Son président dispose d'attributions étendues ; l'article 4 dit « qu'il aura la faculté d'admettre dans
l'Association, les pays qui n'étaient pas représentés à la
Conférence ». L'article 5 lui donne la faculté « de compléter la commission internationale, en y ajoutant des membres effectifs et des membres d'honneur » ; le but de cette
dernière faculté était de proportionner la représentation
de chaque pays à son importance, et aux services rendus
à l'œuvre. La Conférence de Bruxelles déféra la présidence de la commission internationale au roi des Belges.

La commission ne devant se réunir qu'à des intervalles
éloignés (une fois par an), il importait de créer un organe
permanent qui la représentât et se chargeât d'en exécuter
les résolutions : telle est la mission du *comité exécutif*.
Ce comité se compose : du président de l'Association internationale, de trois ou quatre membres désignés pour
la première fois par la Conférence de Bruxelles et plus
tard par la commission internationale, et d'un secrétaire
général nommé par le président. Les membres du comité
sont tenus de répondre en tout temps à l'appel du président. Aux termes des statuts, le comité a pour mission
« de diriger les entreprises et les travaux tendant à atteindre le but de l'Association et de gérer les fonds fournis par
les gouvernements, par les comités nationaux et par des
particuliers ». La Conférence nomma les premiers membres de ce comité ; ce furent : sir Bartle Frere, le docteur
Nachtigal et M. de Quatrefages.

Les comités nationaux sont la base populaire de l'œuvre, l'instrument de sa propagande, ce sont eux qui dans
chaque pays intéresseront la population aux 'pionniers
africains et recueilleront les ressources nécessaires. Ils

sont libres de s'organiser comme bon leur semble, mais leur mission est identique : vulgariser sous toutes les formes les notions relatives à l'Afrique, développer l'étude de la géographie et obtenir de l'argent.

Ayant ainsi défini son but, le moyen d'y parvenir, les organes nécessaires pour le poursuivre, la Conférence de Bruxelles se sépara.

Des comités nationaux se fondèrent dans les principaux pays européens.

En Allemagne, le comité national fut constitué sous le nom de : Société africaine allemande, le 18 décembre 1876, sous la présidence du prince Henri VII de Reuss et avec le concours de l'empereur qui versa 25.000 marks, du maréchal de Moltke, du prince de Hohenlohe, de Nachtigal, Gerh, Rohlfs, etc.

En Autriche, il se fonde le 29 décembre 1876 sous le nom de : *Afrikanische Gesellschaft in Wien,* et sous la présidence de l'archiduc Rodolphe.

En Hongrie, l'archevêque de Kalocsa le docteur Haynald est à sa tête, avec le prince Philippe de Saxe-Cobourg.

En Espagne, le roi préside le comité fondé en février 1877.

Le comité français se forme sous la présidence de M. de Lesseps, le 24 mai 1877, avec l'appui de la Société de géographie de Paris.

Le comité italien est présidé par le roi Humbert.

Celui des Pays-Bas, par M. Van der Maesen de Sombreffe.

Le comité portugais a à sa tête l'ancien gouverneur des Indes portugaises, le vicomte San-Januario.

Le comité suisse est fondé en 1877, le 24 avril ; et au

sein de la Société de géographie de Londres se fonde la
branche anglaise de l'Association sous le nom de : Fonds
de l'exploration africaine, présidée par le prince de Galles.

Mais c'est surtout le comité belge qui prend la plus
grande importance. Fondé le premier, le 6 novembre 1876,
sous la présidence du comte de Flandre, il prend vivement une grande extension, et c'est lui qui fournira la
presque totalité des fonds à la caisse de l'Association internationale.

Tous ces comités sont directement affiliés à l'Association
internationale et en acceptent la direction ; ils ne versent,
il est vrai, qu'une faible partie de leurs ressources à la
caisse centrale. Seul, le comité belge garde pour sa caisse
le strict minimum, et verse la plus forte partie à celle de
l'Association. Il a versé 410.000 francs la première année,
alors que l'Angleterre n'a versé que 6.250 francs, l'Autriche 5.000, la Hongrie 3.000. Ces fonds paraissent suffisants à l'Association pour commencer son œuvre et, le
20 juin 1877, la commission internationale se réunissait
au palais de Bruxelles.

Dans ses réunions, elle définit la mission de la station,
elle convint comment une station devrait être établie ; on
proposa de demander des diminutions de prix de transports
aux compagnies de navigation pour les expéditions africaines, ce à quoi les compagnies se prêtèrent gracieuse-
ment ; et, sur la proposition de MM. Nachtigal et de
Quatrefages, la commission internationale décida de mettre
en marche sa première expédition, qui, partant de Zanzibar, avait pour mission d'établir une station sur les rives
du Tanganika ou même au delà, à Nyangwé, par exemple.
L'assemblée réélut son président, le roi Léopold, et nomma
membre du comité exécutif, à la place de sir Bartle Frere,

démissionnaire, l'américain Sanford qui devait plus tard disposer favorablement les États-Unis pour l'œuvre du roi. Enfin on choisit comme pavillon de l'Association, qui devait flotter sur les stations, le drapeau bleu chargé d'une étoile d'or. Telle fut la première réunion de la commission internationale ; ce fut la dernière.

L'expédition votée par elle, quitta Anvers le 15 octobre 1877 sous la direction de deux officiers et d'un naturaliste belges : MM. Crespel, Cambier, le docteur Maes, et d'un autrichien, M. Marno. L'expédition subit de cruels revers, Crespel et Maes moururent dès leur arrivée sur le sol africain, et le lieutenant Cambier arrivait seul en août 1879 au Tanganika où il fondait la station de Karéma. En 1880, il laissait la place aux belges Ramaeckers et Becker ; en avril 1881, le capitaine Popelin et M. Roger, belges encore, partaient pour fonder sur la rive occidentale une nouvelle station ; M. Popelin succombait à Karéma ainsi que Ramaeckers. et M. Roger regagnait la côte. Becker dirigeait pendant ce temps la station de Karéma, jusqu'à ce qu'il fut secouru par l'expédition Storms qui fonda la station de Mpala en 1885.

A cela se borne l'œuvre de l'Association internationale. Elle ne fut vraiment internationale que pendant la première année de sa fondation, la seule année de sa vie, d'ailleurs. Fondée en 1876, elle ne se réunit qu'une seule fois en 1877. Dès qu'en 1877 on passa des réunions à l'exécution, les comités nationaux se relâchèrent peu à peu et firent œuvres nationales et politiques. Le comité italien fonda la colonie italienne de la Mer Rouge ; le comité allemand prit possession du Cameroun et de ce qui devait être l'Afrique orientale allemande ; le comité français fournit les fonds à M. de Brazza, qui prit position sur l'Ogoué et le Congo. Bientôt les comités disparurent : les gouvernements les remplacèrent.

Ce qui caractérise l'Association internationale des sociétés qui vont lui succéder, c'est que, sans but politique, elle apparaît comme une œuvre privée mise sous la protection et la direction des savants, dans le but de coordonner les efforts des explorateurs africains, et d'intéresser l'Europe à leurs explorations. Elle ne sortit pas de son rôle. Ses expéditions peu heureuses, il faut l'avouer, furent pacifiques et sans grands résultats. Ce qui les distingue des expéditions qui vont suivre, c'est que toutes ont eu pour but de gagner le centre de l'Afrique par la côte orientale. Fondée dans un but humanitaire et scientifique, l'Association se désagrégea bientôt. Ses comités nationaux devinrent de suite autonomes, ne s'occupant que d'œuvres nationales, et furent les débuts de l'œuvre coloniale africaine allemande, française, italienne. Sans faire aucun effort pour cela, par le fait même de cette indifférence des comités nationaux pour le comité central, l'Association africaine fut bien vite réduite à n'être que l'expression du comité national belge. Créée par un belge, sur territoire belge, chaque comité s'étant séparé, elle ne fut plus, sous le nom d'Association internationale africaine, que le comité national belge. Sa vie fut brève et ses résultats visibles nuls, mais elle eut pour le roi Léopold et son œuvre une importance considérable.

Lorsqu'en 1876, le roi réunit à Bruxelles un certain nombre de savants et de géographes, en conférence, présidait-il, ainsi qu'il le disait, à l'union des explorateurs ou à l'œuvre politique qui allait sortir de l'Association qu'il fondait ? Pensait-il que le caractère international qu'il donnait à cette conquête pacifique, permettrait à la Belgique de se créer sans bruit une colonie qu'elle n'eût pu fonder ouvertement sans voir se dresser devant elle le veto des puissances ? Avait-il prévu la désagrégation des comités nationaux, leur transformation en œuvres politiques qui feraient de l'Association africaine et du comité belge une seule et même chose, qui, par suite de la coopération internationale qui s'était manifestée à son chevet, ne la rendrait pas inquiétante aux compétitions européennes ? Peut-être ! Mais si le jour où il fondait l'Association africaine, le roi voyait le Congrès de Berlin, avouons qu'il était un profond politique, car si l'Association internationale africaine a laissé dans le champ des pionniers africains une œuvre à peu près nulle, elle eut du moins une importance considérable pour la fondation de la colonie belge. Elle donna à l'œuvre royale ce cachet international, grâce auquel elle va se frayer un chemin à travers tous les obstacles, les compétitions, les jalousies des grands États européens pour se transformer en État au Congrès de Berlin sous la protection de l'Europe. Grâce à elle, la cheville ouvrière de l'œuvre royale : *le Comité d'études du Haut-Congo* va pouvoir se mouvoir énergiquement, conquérir, traiter, derrière l'Association africaine, voile international, nuage ténébreux qui va couvrir l'œuvre essentiellement nationale de Léopold II.

CHAPITRE III

Atteindre l'intérieur de l'Afrique par la côte orientale au moyen d'une ligne de stations, tel était donc le but de l'Association africaine, lorsque le 12 novembre 1877 parut dans le *Daily Telegraph* le tracé du fleuve Congo dont Cameron avait deviné le cours et que Stanley venait le premier de parcourir.

Stanley commissionné par deux journaux : le *New-York Herald* et le *Daily Telegraph*, avait quitté Bagamoyo le 17 novembre 1874, suivi la route de Speke, exploré le lac Victoria, découvert le lac Albert Edouard (janvier 1876) et reconnu complètement le lac Tanganika. A Kasongo, il avait trouvé Tippo-Tib, le célèbre trafiquant arabe de Zanzibar, et joignant sa troupe à celle de Tippo-Tib, il quittait Nyangwé le 5 novembre 1876 pour se jeter dans l'inconnu. Les difficultés de la marche, l'hostilité des indigènes découragèrent Tippo-Tib qui laissa Stanley avec sa troupe s'abandonner sur une flottille au courant du Congo. Vingt jours plus tard, Stanley (25 janvier 1877) passait le Stanley-Falls et, le 12 mars, après avoir combattu plusieurs fois les indigènes, Stanley atteignait cette grande étendue d'eau connue depuis sous le nom de Stanley-Pool et où devaient plus tard être fondées Brazzaville et Léopoldville. Le 9 avril 1877, il arrivait à Boma.

Le roi des Belges vit de suite l'intérêt de cette nouvelle

voie de pénétration qu'on venait de découvrir, et dès lors lui apparut nettement le projet grandiose qu'il devait mettre à exécution.

Quand Stanley, en 1878, arriva à Marseille, il y trouva deux délégués du roi, le baron Greindl et le général Sanford qui le félicitèrent en son nom et lui firent part vaguement d'un projet que son voyage avait fait naître.

Au mois d'août, eut lieu une seconde entrevue à Paris entre Stanley et les délégués du roi. Ils dirent à l'explorateur la mission qu'on lui réservait : aller au Congo s'enquérir des moyens pratiques de gagner le haut-fleuve, nouer des relations pacifiques avec les tribus, obtenir des chefs des droits à l'occupation du pays. De cette entrevue date le commencement de l'œuvre.

Il s'agit de bien distinguer les diverses sociétés qui contribueront graduellement à la fondation de l'État indépendant du Congo. Il faut examiner ce qui les différencie, se demander à quel moment le roi Léopold a commencé à marcher droit au but. Il me semble que c'est entre les deux entrevues dont je viens de parler, entre le moment où Stanley venait de débarquer et l'entrevue de Paris. Quand le roi envoya ses délégués à cette seconde entrevue, il savait ce qu'il voulait. C'est entre ces deux entrevues qu'il étudia la manière la plus propre à conquérir les territoires que Stanley venait de découvrir.

Il avait d'abord voulu fonder une société dont le projet était intitulé : « Syndicat à former pour une étude au Congo et pour la formation éventuelle d'une société de chemin de fer en Afrique et d'une société commerciale du Haut-Congo ». La lettre suivante qu'il écrivait à un financier belge qui lui assura sa coopération, montre bien que le roi était fixé sur son œuvre, et qu'il ne s'agit pas d'une œuvre internationale, mais d'une œuvre patriotique.

LETTRE DU ROI A M. BISSCHOFSHEIM, SÉNATEUR.

Bruxelles, 28 juin 1878.

Mon cher sénateur,

« Je vous envoie ci-joint les statuts de la société de Rotterdam, dont nous avons parlé, et avec prière de me les restituer quand vous n'en aurez plus besoin. Ces statuts, le baron Greindl n'a pu me les remettre que ce matin.

« Je saisis cette occasion pour vous remercier encore chaleureusement de votre large et *patriotique souscription à l'affaire que nous cherchons à monter dans l'intérêt de l'avenir de notre commerce et de notre industrie.* Je suis profondément touché de cette nouvelle preuve de votre attachement au pays, etc. »

LÉOPOLD.

Finalement, il fut décidé qu'une société en participation serait fondée sous le nom de : *Comité d'études du Haut-Congo.*

Le 25 novembre 1878 eut lieu au palais de Bruxelles la réunion constitutive. A cette réunion, étaient convoqués plusieurs personnages occcupant des situations élevées dans le monde commercial et financier d'Angleterre, d'Allemagne, de France, de Belgique et des Pays-Bas. Les membres adhérèrent à la société constituée au capital d'un million de francs et nommèrent pour leur président le colonel Strauch, officier de l'armée belge. Les membres de la société se réunirent encore le 9 décembre et le 2 janvier 1879. Il fut décidé que l'on confierait à Stanley une expédition, chargée d'une enquête préliminaire sur l'utilité que pouvaient avoir le Congo et son bassin. Stanley devrait voir jusqu'où le fleuve est navigable aux navires d'un faible tirant d'eau, si les chefs indigènes entraveraient les entreprises commerciales et s'ils percevraient des taxes ou des droits d'entrée ? Quelle serait la nature des produits que les indigènes pourraient échanger contre des marchandises européennes ? Stanley devait établir sur la terre ferme des stations qui puissent être utilisées plus tard pour le service des transports ; il devait créer des communications maritimes partout où pareille création était réalisable et sans danger, acheter à proximité des stations larges et spacieuses et de chaque côté de la route commerciale des terrains vastes pour empêcher plus tard les rivaux de la société de faire échouer l'entreprise (1).

Telles étaient les instructions qui furent données à Stanley au moment où il quittait la Belgique ; on remarquera qu'il y est parlé d'enquêtes commerciales, nullement de traités politiques avec les indigènes, et qu'à ce moment le comité d'études comprend parmi ses membres plusieurs étrangers. Le caractère du comité d'études changea vivement. Stanley l'explique parfaitement : « Mais (2), dit-il, pendant que je me dirigeais de Zanzibar sur Aden, des négociants hollandais, fondateurs d'un vaste établissement à l'embouchure du Congo, s'étant lancés dans diverses entreprises disproportionnées à leurs ressources, ne purent faire face à leurs engagements et furent déclarés en faillite. Si cette grande maison avait été aussi solvable qu'on le supposait, les négociants qui en faisaient partie eussent constitué d'importants facteurs dans l'entreprise expérimentale que nous étions sur le point d'entamer. La présence de ces négociants dans le comité d'études du Haut-Congo avait donné à l'entreprise un

(1) Voir au sujet du but de l'expédition : lettre de Stanley à Albert Jung, agent de la Compagnie hollandaise à Banana (Stanley, *Cinq années au Congo*, annexe AA. La lettre est datée de Londres, 7 janvier 1879).

(2) *Cinq années au Congo* (Stanley), p. 24.

caractère commercial. La société plus solide qui prit la suite des affaires invita le comité d'études à lui rembourser les cotisations payées par ses prédécesseurs. *Le comité s'empressa de profiter de l'occasion pour restituer le montant de leurs souscriptions aux négociants de toutes nationalités qui avaient adhéré précédemment à l'œuvre.*

« *Il ne restait plus dès lors au comité d'études du Haut-Congo d'autres adhérents que les directeurs et membres de l'Association internationale africaine belge.*

« Lors de mon arrivée à Gibraltar, je reçus mes instructions définitives, elles différaient sensiblement de celles qui m'avaient été primitivement données (1). »

Dans ces instructions définitives, Strauch disait à Stanley : « 1° Le mieux serait d'obtenir des chefs du Congo, des concessions de terrain avec faculté de tracer des routes et de mettre en culture tout le sol que nous sommes en état de cultiver » et Stanley commentant ce premier paragraphe écrivait à Strauch : « Impossible de prendre pied au Congo sans avoir préalablement passé des contrats ou des traités avec les chefs » ; 2° ..... ; 3° « Il serait sage, continuait Strauch, de faire rayonner l'influence des stations sur les chefs et tribus habitant le voisinage. On en pourrait faire une confédération républicaine de nègres libres, confédération indépendante sous cette réserve que le roi à qui en reviendraient la conception et la création en nommerait le président, *lequel résiderait en Europe.....* Une confédération ainsi formée pourrait, de sa pleine autorité, accorder des concessions à des sociétés pour la construction de travaux d'utilité publique, ou émettre des emprunts *comme la Libérie ou Sarawack* et exécuter elle-

---

(1) Lettre de Stanley au colonel Strauch : *Cinq années au Congo,* annexe AF.

même ses travaux publics ; 4° Notre entreprise ne tend pas à la création d'une colonie belge, *mais à l'établissement d'un puissant État nègre.* »

Nous sommes loin des modestes projets de l'Association internationale africaine : Stanley savait donc bien, quand il abordait à la côte d'Afrique, qu'il venait y fonder un État, et il pouvait plus tard écrire :

« Le 14 août 1879, j'arrivai devant l'embouchure du Congo, pour le remonter avec la mission originale de semer le long de ses rives des établissements civilisés, de conquérir pacifiquement le pays, de le jeter dans un moule nouveau pour le mettre en harmonie avec les idées modernes, et d'y construire des États au sein desquels le commerçant européen fraterniserait avec le noir commerçant d'Afrique. »

CHAPITRE IV

C'est en février 1879 que Stanley quittait l'Europe à
bord de l'*Albion*. Il alla d'abord à Zanzibar recruter son
personnel, et le 14 août, il débarquait à Boma.

Le Congo, qui fait la richesse du pays qu'il traverse, est
la grande route du centre de l'Afrique ; il est un moyen de
transport merveilleux pour le commerce, et cela parce
qu'à l'encontre du Niger et du Zambèze il est navigable
dans la plus grande partie de son cours ; mais pour atteindre le stanley-Pool où commence son cours navigable, il
faut passer la région des chutes où le fleuve profondément encaissé, torrentueux, saute trente-deux cataractes
baptisées par Stanley du nom de : chutes Livingstone et
échelonnées sur un parcours de 350 kilomètres (1). C'était
là, la difficulté que Stanley allait avoir à surmonter, là,
ce que n'avaient pas franchi les Portugais depuis quatre

(1) « Que l'on se représente un gigantesque escalier zigzaguant au fond
d'un précipice aux parois élevées, dont les 32 marches d'inégales hau-
teurs, et d'inégales largeurs, sont formées par des blocs de rochers de
toutes les formes et de toutes les dimensions, qui mesure 200 mètres de
haut et plus de 70 lieues de long et sur lequel roulent avec des profon-
deurs insondables et une vertigineuse rapidité les eaux d'un fleuve qui
en amont mesure jusqu'à 16.000 mètres de largeur et se resserre ici jusqu'à n'en avoir par place que 425. » Wauters, *Le Congo entre l'Equateur
et l'Océan. Bulletin de la Société de géographie de Belgique*, année 1884,
p. 27.

siècles qu'ils étaient sur les côtes. Stanley y arrivait avec l'ordre et la volonté de porter par terre au Stanley-Pool les vapeurs qui ne pouvaient y monter par le fleuve. Il avait compris que le centre africain serait à celui qui le premier réussirait à faire apparaître sur le Stanley-Pool la fumée d'un vapeur. A quoi bon les explorations vives, les kilomètres brûlés ; ce qu'il fallait c'était occuper, et il écrivait à Strauch : « quant aux renseignements que vous me fournissez sur la marche de l'expédition française de l'Ogoué à Stanley-Pool et des excursions des missionnaires dans ces mêmes parages, je ne suis point partisan d'une course au clocher au Stanley-Pool. »

La première opération de Stanley fut, le 1ᵉʳ octobre 1879, la création de Vivi qui lui fournissait un excellent port, le plus loin possible dans l'embouchure du Congo. Il s'y installa solidement, il y bâtit un véritable village qui devait être une station, un point de ravitaillement. A partir de ce jour va commencer pour lui ce labeur pénible, ce travail obscur, qui consistera à transporter tranches par tranches ses vapeurs de Vivi à Isangila et de Manyanga au Stanley-Pool, à travers une contrée sauvage, abrupte, profondément bouleversée par des convulsions souterraines. L'expédition ne pouvant trouver de vivres dans le pays, elle dut les faire venir d'Europe et les traîner à sa suite. Stanley écrivait au comité d'études à propos de la route de Vivi à Isangila : « Nous avons construit 3 ponts, comblé une vingtaine de ravins et de gorges aux croisements des chemins, nivelé six montagnes, percé deux épaisses forêts de bois dur, et établi une route absolument nette de 60 kilomètres de longueur. »

Pendant deux ans il dut s'adonner à ce travail et ce n'est qu'en décembre 1881 qu'il arrivait à Kintamo sur le Stanley-Pool, où il fondait Léopoldville après un labeur que je ne saurais mieux louer qu'en transcrivant cette page que M. de Brazza écrivait à sa mère, en 1881, alors qu'il venait de rencontrer son rival (1) : « Vivi, point extrême de la navigation du Bas-Congo, est à 450 kilomètres de Ntamo. Stanley a fait le raisonnement suivant : traînons au prix d'un travail herculéen des vapeurs le long de ces 450 kilomètres, puis lançons-nous sur le Haut-Congo et l'Afrique occidentale est à nous. C'est ainsi qu'il s'est engagé dans une voie où la nature semble avoir accumulé à plaisir les difficultés matérielles. C'est un travail titanique qu'il entreprend à coup de millions.

« Je ne crois pas qu'il puisse transporter avant quatre ans ses vapeurs à Ntamo, et encore la route qu'il aura ainsi ébauchée ne sera jamais une voie pratique ».

Et M. de Brazza continue en énumérant les désavantages de cette voie et les avantages de la sienne, qui consiste à atteindre le Congo par l'Ogoué.

Il se trompait et Stanley avait raison. Le travail était pénible, la tâche fut ardue pendant ces deux ans où, faisant quelques pas en avant, il fallait revenir chaque jour chercher la partie du matériel restée en arrière. Mais ce matériel, c'était la flottille qui allait conquérir une des plus belles voies navigables du monde. Et la route qu'avait prise Stanley était bien le meilleur moyen d'y arriver. Jamais on n'a atteint pratiquement le Congo par l'Ogoué. Le rêve que M. de Brazza avait fait pour la France s'est réalisé pour la Belgique, et c'est le chemin de fer belge qu'empruntent aujourd'hui les expéditions françaises pour gagner le Stanley-Pool. Si la possession doit résulter d'une

(1) *Bulletin de la Société de Géographie de Belgique*, année 1881, p. 460.

occupation effective, jamais elle ne fut plus méritée cette possession achetée par tant de labeurs, et qui devait avoir de si fructueux résultats. Telle fut l'œuvre matérielle de Stanley, devant laquelle, en 1885, l'Europe dut s'incliner.

Mais ce travail si pénible, ne faisait pas oublier à Stanley la partie politique de son œuvre que Strauch lui recommandait, et il acquérait par des traités des droits à la souveraineté du pays. Le comité d'études avait compris qu'il était nécessaire d'établir les bases de son œuvre d'une façon solide et régulière, afin d'empêcher que par la suite, on pût lui susciter des difficultés politiques, arrêter ses efforts, compromettre la réussite. Il devait mettre l'organisme naissant à l'abri d'un coup de main et rendre incontestables ses droits sur le territoire congolais.

De 1879 à 1882, Stanley conclut de nombreux traités avec les indigènes. Ce sont ces traités que l'Association va bientôt opposer aux compétitions qui vont se faire jour. Ce sont eux, qui seront la base des revendications de l'Association à la souveraineté du territoire congolais, et par suite, ils ont une importance considérable. Depuis cette époque, tous les explorateurs ont pris cette manière de procéder. Ce n'est qu'après de longs palabres que Stanley obtenait ces traités, il disait aux indigènes que pour commercer et assurer la sécurité de la route qu'il créait, il était nécessaire de posséder la souveraineté. En pays barbare, en effet, il est difficile au commerçant de vaquer en paix à ses affaires, il peut être à chaque instant inquiété ou voir des droits énormes le frapper sous forme de cadeaux qu'il devra faire aux chefs ; la guerre et les razzias qui sévissent régulièrement dans ces pays lui feront perdre la sécurité nécessaire au trafic, de sorte que les nations modernes qui ont désiré de nouveaux débouchés à leur commerce, ont dû auparavant conquérir ces pays, y être maîtresses de l'autorité pour pouvoir assurer la sécurité (1).

(1) Exemple d'un traité fait par Stanley :

« Entre Henri-M. Stanley, commandant de l'expédition du Haut-Congo agissant au nom et dans l'intérêt de l'Association internationale africaine, et les rois et chefs de Ngombi et Mafela réunis en conférence à Manyanga-sud, il a été convenu après délibération ce qui suit :

ART. 1er. — Les chefs de Ngombi et Mafela reconnaissent qu'il importe hautement dans l'intérêt du progrès de la civilisation et du commerce que l'A. I. A. s'établisse solidement dans leurpays. Ils cèdent donc à ladite Association — librement deleur propre mouvement,pour toujours, en leur propre nom et au nom de leurs héritiers et successeurs — la souveraineté et tout droit de souveraineté et de gouvernement sur tous leurs territoires. Ils s'engagent également à aider la dite Association à gouverner et à civiliser le pays, à exercer leur influence auprès des autres habitants pour assurer l'obéissance de tous aux lois faites par la dite Association, à seconder en tout temps par leur labeur ou autrement, tous travaux, entreprises ou expéditions que la dite Association fera exécuter sur une partie quelconque de ces territoires.

ART. 2. — Les chefs de Ngombi et Mafela s'engagent à prêter, en tout temps, main-forte à l'Association pour repousser les empiétements ou les attaques de tout étranger de quelque nationalité ou race que ce soit.

ART. 3. — Le territoire cédé aux termes de l'article 1er comporte à peu près tout le pays de Ngombi et Mafela, avec toutes les contrées tributaires. Les chefs de Ngombi et Mafela affirment solennellement que tout le pays qu'ils cèdent leur appartient absolument ; qu'ils peuvent en disposer librement ; qu'ils n'ont jamais conclu dans le passé et ne concluront jamais dans l'avenir aucun traité cédant ou vendant des parties quelconques de ces territoires à des étrangers sans l'autorisation de l'Association. Toutes les routes et voies fluviales traversant ce pays, ainsi que le droit de percevoir des droits, et tout le gibier, le poisson, les mines, les forêts constitueront la propriété de la dite Association aussi bien que tout territoire inoccupé qu'elle pourra choisir éventuellement.

ART. 4. — L'A. I. A. s'engage à payer aux chefs de Ngombi et de Mafela les marchandises suivantes : une pièce d'étoffe par mois à chacun des chefs soussignés, outre le présent d'étoffes offert aujourd'hui, et les dits chefs déclarent accepter ce présent et ce subside mensuel à titre de paiement intégral des droits cédés à la dite Association.

ART. 5. — L'Association s'engage : 1o à n'enlever sauf par consentement mutuel aux indigènes habitant le pays cédé, ni terrain occupé, ni terrain cultivé ; 2o à développer jusqu'aux dernières limites la prospérité du dit pays ; 3o à protéger ses habitants contre toute oppression ou toute

Ayant perdu son caractère commercial qu'il avait au début, lorsqu'il se créait à Bruxelles, le Comité du Haut-Congo pensa à transformer son nom, qui indiquait plutôt un but commercial qu'une œuvre politique. L'Association internationale africaine n'était plus en fait, depuis longtemps, que le comité national belge ; ce comité national ne s'occupait plus que du Congo, puisque ses membres étaient les mêmes que ceux du Comité du Haut-Congo. L'œuvre royale, en 1882, gravit un degré de plus et prit le nom d'*Association Internationale du Congo*. Le nom n'est que la conséquence du fait depuis longtemps arrivé. Le Comité du Haut-Congo et l'Association africaine ne forment plus qu'une seule et même chose, et l'Association ne s'occupe plus que du Congo. Dès lors, cette société sans but précis pour les profanes, qui avait intrigué l'Europe sous le nom de Comité d'études du Haut-Congo, va déployer plus largement son drapeau. Le voile qui l'entourait va commencer à se déchirer, le but se préciser, l'œuvre royale plus solide, ayant derrière elle son travail et les droits acquis, va se montrer plus décidée. Elle ne se présente plus avec un projet, mais avec des droits. C'est la période de luttes qui s'ouvre. Les compétitions rivales vont se dresser devant elle au Congo.

Mais déjà les vapeurs sillonnent le fleuve en tous sens. On ne s'est pas contenté de fonder des stations jusqu'à Léopoldville, il s'en trouve jusqu'au Stanley-Falls. De nombreux officiers belges vont continuer l'œuvre de Stan-

---

invasion étrangère ; et de plus l'Association autorise les chefs à arborer son drapeau, à régler tous les différends locaux par des palabres et à maintenir son autorité par les indigènes.

Arrêté, signé et certifié le 1er avril 1884. » Suivent les signatures de : Stanley, des chefs de Ngombi et de Mafela et de 3 témoins.

ley ; le Haut-Kassaï et ses affluents sont explorés, de
multiples stations sont créées sur le Niadi-Kwilu en 1882 ;
le port de Boma (avril 1884) est placé sous le protectorat de l'Association. Et une expédition sous la direction
du lieutenant Wissmann va conquérir le Lunda, royaume du Muata-Yamvo, où elle fondait, en novembre 1884,
Luluabourg.

CHAPITRE V

LE COMITÉ D'ÉTUDES DU HAUT-CONGO ET L'ASSOCIATION INTER-
NATIONALE DU CONGO POUVAIENT-ILS VALABLEMENT ACQUÉRIR
DES DROITS DE SOUVERAINETÉ ?

Le Comité du Haut-Congo et l'Association internationale du Congo ont conclu des traités avec plus de 400 chefs indépendants de l'Afrique, dont les droits étaient basés sur une occupation héréditaire, remontant à des époques très reculées. Tout en se réservant quelques privilèges insignifiants, tous ces chefs avaient transmis leurs droits de souveraineté à l'Association. Mais une objection se pose de suite, et que les rivalités européennes qui vont se dresser devant l'œuvre de l'Association vont faire valoir. Les souverains congolais ont cédé leurs droits à l'Association ; on ne le discute pas. Mais l'Association est une personne privée, un particulier, les particuliers ne peuvent pas acquérir des droits de souveraineté pour eux-mêmes ; les traités qu'ils font sont valables parce qu'ils acquièrent ces droits pour la puissance à laquelle ils appartiennent, mais l'Association n'est pas aux ordres d'une puissance, ses traités ne sont donc pas valables. Cette question fut soulevée à propos du Congo par *Le Courrier des États-Unis* dans une lettre qui parut le 5 avril 1883 et où l'on disait : « Stanley ne représente aucun gouvernement, aucune nationalité. Il ne porte le drapeau d'aucune puissance ; il n'est pas l'agent de la Belgique. Et d'ailleurs, on ne saurait comprendre une nation neutralisée en Europe, conquérante en Afrique. M. de Brazza, au contraire, représente la France et peut planter son drapeau partout où ne flotte le pavillon d'aucune autre puissance. »

Nous devons aussi, avant d'aller plus loin, nous poser cette question : les particuliers peuvent-ils acquérir des droits de souveraineté (1)?

Les vieux principes du droit disent non, mais certains exemples disent oui, et c'est beaucoup, car les faits ont une grande importance en droit international ; ainsi qu'en effet le déclare Heffter (2), le droit public européen se compose de lois conventionnelles qui se trouvent consignées dans les traités publics ou qui sont reconnues par les déclarations uniformes, *ou par l'usage non équivoque et constant des nations européennes et de leurs gouvernements*.

Les traités de droit international sont d'ordinaire muets sur la question que nous nous posons, l'Institut de droit

(1) Pour la négative: Bluntschli, *Droit international codifié*, § 279 ; Delavaud, *La France et le Portugal au Congo, Revue de géographie*, 1883, p. 224 ; Moynier, *La fondation de l'État indépendant au point de vue juridique, Recueil de l'Acad. des sc. mor. et polit.*, 1887, p. 483 ; Salomon, *De l'occupation*, 2ᵉ partie, ch. III ; Rolin-Jacquemyns, *Rev. de dr. intern.*, 1889, t. 21, p. 169 ; Lentner, *Das internationale Colonialrecht in XIXten Jahrhundert*, Vienne, 1886 ; Paul Cauwès, *Les nouvelles sociétés de colonisation privilégiées*, p. 5, IV ; Léveillé, *Les compagnies souveraines de colonisation* ; Huc, *Commentaire théorique et pratique du Code civil*, 1893, t. V, p. 11.

Pour l'affirmative : de Laveleye, *Revue de Belgique*, 15 décembre 1882, p. 331 ; le même, *La neutralité du Congo, Rev. de dr. intern.*, 1883, t. 15, p. 257 ; Sir Travers Twiss, *La libre navigation du Congo, Rev. de dr. intern.*, 1883, t. 15, p. 550 ; Von Bulmerincq, p. 283 et 284 du tome 1 du *Handbuch des Off. Rechts*, 1887 ; Meyer, *Die Staatsrechtliche Stellung der deutschen schutzgebiete*, p. 150 et s. ; Banning, *La Conférence de Berlin* ; Du Fief, *La question du Congo, Bulletin de la Soc. de géogr. belge*, 1885, p. 240 ; Pradier-Fodéré ; Calvo.

(2) *Le droit international* traduit par J. Bergson, 1873.

international ne s'en est pas occupé et les diplomates de
Berlin ont gardé la même réserve, non pas qu'il y ait eu
oubli de leur part, mais parce qu'ils ont pris volontairement cette attitude expectante. En effet, M. de Launay,
plénipotentiaire italien, demandait à la commission de
définir les occupations futures, et s'il fallait considérer
comme telles les « occupations antérieures et momenta-
nées ayant eu lieu par l'œuvre de simples particuliers et
ensuite abandonnées, à l'égard desquelles les gouvernements respectifs n'auraient jamais fait acte de prise
réelle de possession (1) ? » La Conférence répondit évasi-
vement qu'elle n'avait pas à se prononcer sur les occupations passées. Donc, aucun acte public ne traite cette question. Il faut en rechercher la solution dans les principes
généraux du droit et dans la coutume internationale.

La thèse qui refuse aux particuliers le droit d'acquérir
des droits souverains, s'appuie sur les principes théoriques
du droit et sur des exemples.

En droit romain, ne pouvaient acquérir pour elles-
mêmes, que les personnes *sui juris*. Les personnes *alieni
juris* étaient incapables d'avoir un patrimoine propre, et
ne pouvaient pas par conséquent l'augmenter. Une acquisition par occupation leur était interdite, du moins pour
leur propre compte. Ces personnes pouvaient seulement
acquérir pour le compte de celui à la puissance duquel
elles étaient soumises.

Le droit international public offre le même spectacle.
Il y a des personnes *sui juris* et des personnes *alieni juris*.
Dans la première catégorie, sont compris les États et eux
seuls. Dans la deuxième, on doit ranger les citoyens des

_____

(1) Livre jaune, *Affaires du Congo*, 1885, p. 217.

diverses nations et les sociétés privées. Donc, pour avoir l'*animus domini*, pour pouvoir être le sujet d'une occupation en droit international, il faut être un État.

Et l'État seul peut posséder l'*animus domini*. Tous autres en sont incapables, particuliers, compagnies de commerce ou de colonisation et, par suite, ne peuvent acquérir en leur propre nom la souveraineté des territoires. M. Delavaud, qui développait cette thèse au moment de l'exploration du Congo, la formule ainsi : « C'est un principe de droit que les États seuls peuvent exercer des droits souverains ; le plus important est de posséder un territoire auquel on ne peut donner d'autre nom plus exact que celui de droit de souveraineté et qui a pour corollaire le droit d'annexion. Ce droit appartient aux États seuls. » Bluntschli, § 278, est du même avis : « La souveraineté des territoires qui ne font partie d'aucun État, s'acquiert par la prise de possession de ceux-ci par un État donné. » De ce texte on peut déduire : 1° que le territoire occupé par un particulier ou une compagnie privée, quelles que soient ses prétentions, est *nullius* ; 2° que l'occupation ne peut émaner d'un particulier. Le paragraphe 279 de Bluntschli ne laisse aucun doute : « La prise de possession peut être opérée par des particuliers au nom et sur l'ordre de l'État, mais à la condition... Si les colons ont agi sans pouvoirs, leurs actes devront être ratifiés par l'État dont ils dépendent. »

La seconde thèse, favorable à l'Association, ne s'appuie pas sur les principes généraux du droit, mais d'abord sur ce raisonnement : les sociétés ou les particuliers acquérant des droits de souveraineté les tiennent de traités passés avec les souverains indigènes. Pour que les droits de souveraineté aient passé des particuliers à l'État, il faut que les particuliers aient pu acquérir ces droits. Le particulier peut donc acquérir des droits souverains, car autrement, comment l'État pourrait-il acquérir des particuliers des droits que ceux-ci n'ont pu acquérir. Ce raisonnement présenté ainsi est vrai, mais ne s'accorde pas avec la réalité des faits, car si les États considèrent que les droits souverains qui leur sont transmis par les particuliers ont été acquis valablement par ceux-ci, c'est qu'ils avaient donné à ces particuliers un mandat exprès, ou qu'ils les regardent comme ayant agi en vertu d'un mandat tacite. Les particuliers ont acquis pour leur pays, celui-ci ratifie ensuite les acquisitions qu'ils ont faites. La seconde citation que j'ai faite de Bluntschli répond d'ailleurs parfaitement à cet argument de la seconde thèse.

Cette thèse s'appuie ensuite sur des considérations humanitaires. L'action des États est essentiellement égoïste. Les rivalités des explorateurs dégénèrent souvent en conflits sanglants entre puissances colonisatrices. Ce péril n'existe pas quand il s'agit d'une compagnie privée ; M. de Laveleye disait, en parlant de Brazza, qu'il eût mieux fait d'arborer le drapeau de l'Association, parce qu'il eût ainsi évité des conflits ; « si, disait-il, les explorateurs des autres nations imitent l'exemple de M. de Brazza, et plantent leur drapeau national sur les stations qu'ils fondent, nous aurons bientôt sur les bords du Congo, des territoires français, allemands, anglais, portugais, italiens, hollandais avec leurs frontières, leurs canons, leurs soldats, leurs rivalités et un jour leurs hostilités ? Ne vaut-il pas mieux, ainsi que l'a voulu le roi des Belges, fusionner les forces des nationalités diverses en une œuvre internationale et humanitaire ? » L'histoire ne nous engage pas à accepter cet argument : les compagnies sont plus humai-

nes que les États et n'entraînent pas de conflits. Il suffit,
en effet, de se souvenir des massacres de 1891 dans l'île
Bulingugwé par le capitaine Lugard, l'agent de l'*Imperial
British East african Company*, du raid inique de Jameson,
agent de la *Chartered Company*, des misérables querelles
de la Compagnie du Niger, de l'Association internationale
du Congo elle-même qui, alors qu'elle fut devenue un
État pour ainsi dire international comme le voulait M. de
Laveleye, prétendait monopoliser le commerce entre ses
mains, et s'est attiré plusieurs conflits par son esprit de
conquête.

Mais cette thèse laisse volontiers de côté ces deux arguments pour s'appuyer surtout sur des exemples. « Il faut
trouver, disent ses partisans, la solution de la question
dans le droit des gens non écrit qui doit régler les relations, entre les peuples libres (1). »

Suivons donc maintenant les deux thèses en présence
sur le terrain des exemples. Ce qu'il y a de curieux et de
facilement explicable, c'est que les partisans de ces deux
thèses trouvent les uns et les autres dans les mêmes
exemples, des arguments pour les thèses contraires qu'ils
soutiennent.

Ce sont les compagnies de colonisation qui leur ont
fourni les exemples les plus nombreux. Il est rare, en effet,
que ce soit un particulier isolé qui acquière des droits
de souveraineté ; ce seront la plupart du temps des compagnies, ou une réunion de quelques individus qui auront
acquis ces droits. Tous les exemples où sont en jeu des
compagnies commerciales, et que citent, soit la première,
soit la seconde thèse, sont défavorables à la seconde. Ce

(1) Sir Travers Twiss, *La libre navigation du Congo*, Revue de droit
international, 1883, p. 487.

qui explique qu'elle a cru y trouver des arguments, c'est que ses partisans s'arrêtent dans leur raisonnement au premier stade, au moment où la compagnie n'a pas encore son œuvre ratifiée par la puissance pour laquelle elle a travaillé, et ils appliquent alors leur manière de raisonner que nous avons signalée plus haut : les compagnies ont cédé à un État des droits de souveraineté qu'elles avaient acquis des indigènes ; pour que ces droits aient pu être acquis par elles, il est nécessaire qu'elles soient capables de les acquérir valablement. Ceci est faux ; avec la première thèse, nous démontrerons que les compagnies n'agissent que de deux manières, soit qu'elles aient eu un mandat exprès de leur État, soient qu'elles aient acquis des droits souverains pour leur pays et que celui-ci ait ratifié ensuite leurs acquisitions. Elles étaient, dans ce cas, les mandataires tacites de l'État, et c'est comme telles qu'elles ont pu acquérir des droits de souveraineté.

Nous pouvons diviser les exemples donnés de part et d'autre en trois catégories :

1° Les particuliers ou compagnies ont acquis des droits de souveraineté après avoir reçu un mandat exprès de leur pays ;

2° Les particuliers ou les compagnies ont acquis des droits de souveraineté de leur propre initiative, mais le pays dont ces particuliers sont les sujets, a rattaché les possessions ainsi acquises, à son empire européen par des chartes qui ratifient ce qu'ils ont fait. Des particuliers ne peuvent acquérir des droits de souveraineté que pour leur pays ;

3° Les particuliers sont arrivés à créer des États. Ils n'avaient pas comme but l'ambition de la conquête ou l'enrichissement par le commerce, mais leur but répondait à de grandes idées civilisatrices de leur époque.

I. — Les rois du XVIᵉ siècle donnaient à leurs explorateurs un mandat exprès. Les rois du Portugal ordonnaient à leurs amiraux de découvrir la route des Indes. De même, Christophe Colomb reçut du roi d'Espagne mission de découvrir l'Amérique.

Dans les siècles suivants, il en fut de même des compagnies qui furent fondées par les puissances pour l'exploration commerciale de leurs colonies. Elles recevaient un mandat exprès du roi qui les créait, et ne se fondaient pas de leur propre initiative. C'était la conception gouvernementale des rois de cette époque pour la direction de leurs colonies. C'est ainsi que nous voyons les Hollandais fonder en 1602 « *la Compagnie des grandes Indes* ». Colbert en 1664 fonde « *la Compagnie française des Indes* », avec un privilège commercial pour 50 ans. En 1719, cette compagnie est réunie par Law à « *la Compagnie des Indes occidentales* ».

Ces compagnies étaient un moyen simple de coloniser efficacement et à peu de frais pour l'État. Mais on ne peut dire que c'étaient des particuliers qui acquéraient des droits de souveraineté sur les peuples indigènes. Elles étaient les délégués du roi qui les avait créées de sa propre initiative et qui leur avait délégué des pouvoirs souverains ; ces pouvoirs étaient considérables. Les compagnies jouissaient dans leur domaine d'une véritable indépendance. C'était un moyen économique, car l'État leur donnait le monopole commercial de la colonie à condition que la compagnie défendrait et étendrait la colonie en armant des vaisseaux, et en levant des armées.

De la Neuville dans son *Histoire de Hollande* dit : « Depuis que la Compagnie des Indes avait établi sa résidence à Batavia, il s'y était formé une nouvelle république dont

le gouverneur général était égal en puissance et en autorité au prince d'Orange. La compagnie était regardée
comme indépendante des États généraux, en ce qu'elle
nommait elle-même ses magistrats, ses généraux, qu'elle
envoyait et recevait des ambassadeurs, qu'elle faisait la
guerre et la paix, qu'elle punissait ou récompensait,
qu'elle bâtissait des forteresses, levait des troupes. »

Van der Vynckt dans les *Troubles des Pays-Bas* nous
dit que la compagnie possédait des droits excessifs et un
pouvoir presque illimité. Son conseil était l'âme de toute
l'entreprise. Vijnne dans son ouvrage *Geschiedenis van
Vaderland* et Van Kampen dans *Geschichte der Nierder-
lande* en parlent de même.

Quant à la Compagnie des Indes fondée par Colbert, sa
souveraineté était aussi grande sous la simple réserve de
foi et hommage à rendre au roi à chaque changement de
règne, avec l'offre d'une couronne d'or du poids de
30 marcs. La compagnie avait le monopole du commerce
sur toutes les terres concédées. Aucun autre navire que
les siens ne pouvait s'y rendre. Les nababs comme celui
de Bengale, abandonnaient en faveur de la compagnie
leurs droits de souveraineté sur leurs États.

De tous ces exemples, la thèse soutenue par les juristes
de l'Association concluait que le légitime souverain d'un
pays peut passer à une compagnie tous ses droits sans exception, et que par suite les souverains indigènes du Congo
pouvaient abandonner leurs droits souverains en faveur de
l'Association. Mais les compagnies, nous venons de le voir,
représentaient le roi, l'Association ne représentait aucun
pays, puisqu'elle se défendait de travailler en aucune façon pour la Belgique.

II. — Les compagnies ou les particuliers ont acquis des

territoires et des droits souverains sans en avoir reçu le
mandat. Pour qui ont-ils acquis ces droits, pour eux ou
pour leur pays ? Tous les exemples que l'on cite dans cet
ordre d'idées ont trait à des occupations faites par des
compagnies ou des citoyens anglais, or le droit national
britannique a toujours considéré que là où un particulier
anglais a pris possession, l'Angleterre a des droits. « Ni
un sujet anglais, dit Creasy, ni une compagnie de sujets
anglais ne peuvent acquérir pour leur domaine propre,
que ce soit par traité ou par conquête. Tout tombe sous
l'action de la couronne anglaise. » C'est pour cette raison,
que l'Angleterre a rarement donné mandat à un voyageur
ou à une compagnie de s'emparer de tel ou tel pays. Elle
se fie à l'initiative privée, et quand cette initiative a acquis
des pays elle met la main dessus en vertu de ces principes
de son droit national ; cette pratique répond d'ailleurs à
l'esprit constant de la politique anglaise, qui est de laisser la plus grande liberté à ses colonies pour s'organiser
et de leur laisser une large autonomie.

Beaucoup de pays se sont ralliés, à notre époque d'expansion coloniale, à cette manière d'agir ; ils sont nombreux les voyageurs et les compagnies qui n'avaient reçu
aucun mandat et qui ont arboré *sponte sua* le pavillon de
leur pays sur leurs nouvelles découvertes. Cet acte ne
peut entraîner pour l'État aucune acquisition de souveraineté, car nul ne peut devenir propriétaire malgré lui.
Mais sl'acte ainsi accompli n'est pas dépourvu de valeur,
la puissance qui joue le rôle de *dominus rei* peut ratifier.
Cette ratification a d'ordinaire lieu par une charte dans
laquelle elle donne certains privilèges à la compagnie ou
aux particuliers, mais où elle ne parle pas de cession de
souveraineté ; en donnant cette charte, elle reconnaît ce

qui a été fait et sa souveraineté remonte au moment où ses nationaux ont acquis le pays.

Les associations anglaises qui se sont établies au XVIIe siècle dans l'Amérique du Nord ont obéi à ce principe du droit anglais. Elles furent fondées par des particuliers et les chartes qui leur furent octroyées plusieurs années après leur fondation, eurent pour but de *consacrer les institutions politiques* que les colons s'étaient librement données, mais jamais *d'attribuer* à la métropole la souveraineté de leurs établissements. Le Connecticut fut créé en 1630, les citoyens anglais établis sur ce territoire s'étaient donné un gouvernement libre, populaire ; 30 ans s'écoulèrent lorsque survint en Angleterre la Restauration des Stuarts en 1660. La colonie s'empressa de reconnaître le nouveau roi et craignant une réaction contre ses libertés populaires, elle demanda et obtint, en 1662, une charte consacrant l'état de choses existant. Rhode-Island fut fondé en 1638 par deux citoyens chassés du Massachussetts pour leurs opinions libérales : Roger Williams et Anne Hutchinson. Autour d'eux vinrent se réfugier les colons chassés des colonies voisines pour leurs opinions religieuses ; mais bientôt le Nouveau Plymouth revendiqua cette nouvelle colonie comme dépendant de son territoire ; c'est alors, en 1644, que Rhode-Island sollicita et obtint de la métropole une charte qui la déclarait indépendante de la colonie du Nouveau Plymouth et les incorporait en tant que corps politique distinct avec un gouvernement propre à la Nouvelle Angleterre.

Les Anglais pratiquèrent toujours ce système pour les compagnies. C'est ainsi que la Compagnie anglaise des Indes fut fondée en 1560 par quelques marchands de Londres ; elle n'avait encore que quatre comptoirs quand elle obtint du parlement, en 1634, le monopole du commerce avec les Indes et en 1773 une charte réglementant ce monopole. De 1833 à 1858, date à laquelle elle fut supprimée, elle n'avait plus aucun monopole commercial et n'était plus qu'une association politique ayant des pouvoirs absolus et gouvernant les Indes au nom de l'Angleterre.

Un exemple contemporain montre bien l'application que le gouvernement anglais fait de cette théorie : la couronne a des droits sur le sol occupé par des sujets anglais. En 1885, se fondait la *British East african Association* ; ce n'est que le 3 septembre 1888 que cette association reçut une charte, et pourtant le 25 mai 1885, lord Grandville écrivait à l'ambassadeur anglais à Berlin comme s'il s'agissait d'une colonie anglaise : « Veuillez dire au Chancelier que quelques capitalistes considérables ont formé le dessein de créer un établissement britannique, dans la région située entre la côte et les lacs qui sont les sources du Nil Blanc, et de le rattacher au littoral par un chemin de fer. Afin d'obtenir des garanties convenables pour leurs avances, ils se proposent de réclamer du sultan des concessions d'une nature étendue. Le gouvernement de Sa Majesté a pris ce projet en considération. »

Les compagnies de colonisation modernes ainsi fondées sont nombreuses ; en Angleterre : *North African Company, African Lakes Cy, National African society* devenue la *Royal Niger Cy, British north Borneo Cy, British south African society*, etc. ; en Allemagne : *Société allemande de colonisation pour le sud-ouest de l'Afrique, Compagnie de la Nouvelle-Guinée, Société allemande pour l'Afrique orientale Karl Peters et Cie*, etc. ; en Italie : *Société Rubattino*.

Tous ces exemples tendraient à nous prouver que les

particuliers ne peuvent acquérir des droits de souveraineté,
puisque chaque fois qu'ils se sont emparés de territoires,
leur pays en a réclamé la possession. Cependant on a in-
voqué un exemple particulier, non pas que, dans ce cas,
les choses se soient passées autrement que dans les exemples précédents, mais parce qu'à cette occasion certaines
paroles abondant dans le sens de la thèse de l'Association
auraient été prononcées. En 1878, les sultans de Brunéi et
de Sala dans l'île de Bornéo, cédaient moyennant une
rente perpétuelle à un Autrichien le baron Overbeck et à
un Anglais M. Dent, tous leurs droits sur un territoire
considérable dans la partie septentrionale de l'île. Les
concessionnaires rétrocédèrent leur titre à une compagnie anglaise, et celle-ci obtint en 1881 une charte d'incorporation du gouvernement anglais. Dans le débat qui
suivit à la Chambre des Communes, l'attorney général sir
Henri James disait, le 17 mars 1882 : « Ces droits avaient
été concédés à la compagnie et étaient devenus légalement
sa propriété. Le gouvernement de Sa Majesté n'avait
aucun pouvoir pour entrer dans l'examen général de la
convenance qu'offrait l'occupation de Bornéo par une
compagnie commerciale. *C'eût été un acte de confiscation,
si après ce qui était arrivé le gouvernement avait essayé de
lui enlever les droits qu'elle avait acquis.* » M. Gladstone
confirma ces paroles. La deuxième thèse présente les
paroles de ces deux hommes d'État comme venant à l'appui de la théorie qu'elle soutient ; à cela on peut répondre,
que les paroles de M. James et de M. Gladstone ne sont pas
des principes de droit international, que ces paroles étaient
tout à fait de circonstance, inspirées par l'intérêt politique, car elles étaient dites pour combattre les prétentions
qu'élevaient sur ces territoires de Bornéo la Hollande et

l'Espagne, que si on formait un Code de droit international avec les paroles dictées par l'intérêt — et surtout l'intérêt politique anglais — on peut penser qu'au point de
vue de la justice ce Code serait souvent fort disparate, et
qu'enfin malgré ce qu'ils disent, M. Gladstone et M. James
ne faisaient que suivre la tradition anglaise, puisqu'ils
rattachaient à l'Angleterre par une charte les territoires
acquis par la compagnie.

Ces deux sortes d'exemples que nous venons de voir
justifient parfaitement les lignes de Bluntschli citées plus
haut.

III. — Des particuliers ont acquis des droits souverains
et ces particuliers les ont conservés.

C'est déjà loin dans l'histoire qu'il nous faut remonter
pour trouver une de ces créations à laquelle M. de Laveleye a trouvé des analogies avec l'œuvre de l'Association
internationale du Congo. L'Ordre Teutonique, dit-il, a aidé
le christianisme à civiliser les races barbares qui se trouvaient sur les frontières du nord de l'Europe, de même
que l'Association s'efforce de civiliser l'Afrique équatoriale.

L'Ordre Teutonique était primitivement une assemblée
charitable d'Allemagne que les citoyens des villes libres
de Brême et de Lubeck avaient instituée au siège de Saint-
Jean-d'Acre pendant la quatrième croisade, puis cette association s'était constituée en ordre de chevalerie vers la fin du
XIIᵉ siècle et, après la croisade, l'ordre s'établit à Culm dans
le pays appelé aujourd'hui Prusse occidentale, où Conrad
duc de Massovie, de la dynastie polonaise des Piasts, lui céda
un territoire et lui assura les conquêtes qu'il pourrait faire
sur les prussiens idolâtres. L'Ordre établit sa domination
avec le christianisme dans la Prusse entière. La ville de

Königsberg sur le Pregel fut construite sous lui en 1255, et la ville de Marienbourg sur le Nogat devint le chef-lieu de l'Ordre et fut fondée en 1276. Un autre ordre, celui des chevaliers Porte-Glaives établi en Livonie où il était trop faible, s'unit à l'Ordre Teutonique, qui en plus de la Prusse, établit aussi sa souveraineté sur la Courlande, la Livonie et la Semigalle. L'Ordre se maintint jusqu'au XVᵉ siècle, époque où il dut subir de grandes pertes dans des luttes contre la Pologne et dut devenir vassal de la Pologne pour la Prusse orientale. Le premier duc de Prusse fut le duc Albert de Brandebourg, grand-maître de l'Ordre, de là l'origine de la monarchie prussienne. Pendant tout le temps que cet Ordre a été souverain, il n'a pas été reconnu comme État.

De même l'ordre de Saint-Jean de Jérusalem originairement fondé pour le service de l'hôpital de Saint-Jean de Jérusalem, quitta cette ville vers le XIVᵉ siècle, alla à Rhodes, la quitta chassé par les Ottomans, s'établit à Malte que lui donna Charles V en 1530 et s'y maintint jusqu'en 1798.

Ces exemples ont une certaine valeur et nous verrons qu'évidemment on peut en tirer parti en faveur de l'Association internationale ; cependant, il faut considérer que l'institution de la Chevalerie ne fait pas partie de notre droit moderne et que les prérogatives dont jouirent les deux ordres dont nous venons de parler, sont dues surtout au caractère spécial de l'institution de la Chevalerie.

Notre siècle nous fournit un exemple, le seul avant l'Association, d'un État fondé par des particuliers. C'est l'État de Libéria. En 1876, de simples particuliers se réunissaient à Washington sous le nom de « *Société américaine de colonisation pour l'établissement des hommes libres de couleur des États-Unis* ». Naturellement le gouvernement n'était pour rien dans cette société puisqu'à cette époque les États à esclaves étaient en majorité. En 1822, cette société négocia un traité avec quatre chefs africains. Ceux-ci cédaient en toute propriété à la société un territoire considérable sur la côte d'Afrique vers le cap Mesurade. La société y établit sa première colonie d'esclaves affranchis en 1824. Quand la colonie de Mesurade était déjà florissante, le comité américain fondateur décida que la capitale s'appellerait Monrovia en souvenir de Monroë, ancien président des États-Unis, qui avait pris des mesures pour la répression du commerce des nègres. L'État s'appellerait Libéria. En 1827, une société auxiliaire de colonisation fut créée aux États-Unis avec le concours de l'État de Maryland ; c'était la : *The Maryland state colonisation Society*, dont le but était de fonder une colonie basée sur le principe de la tempérance, interdiction des liqueurs fortes. La société ne put obtenir une concession de territoires du comité administratif de Monrovia, et elle établit une colonie séparée vers le cap de Palmes sur un territoire inoccupé de la côte qu'elle avait acquis par concession du roi indigène. Cette colonie a pris le nom de « *Maryland in Libéria* » et reste toujours distincte de la république de Libéria malgré son nom. En 1839, une constitution fut élaborée sous réserve que les lois édictées par le gouvernement de la colonie pourraient être révoquées par le comité directeur américain, et en 1841, Joseph Jenkins Roberts fut nommé gouverneur de Libéria. Les deux colonies de Libéria et de Maryland conclurent entre elles une convention pour subvenir à leurs mutuels besoins sans le secours des sociétés directrices d'Amérique et établirent un droit de douane de 6 0/0 *ad valorem* sur les importations. Des marchands anglais de Sierra-Leone, en 1846, protestèrent contre ces droits, et après une consultation avec la société américaine, directrice de l'État libre de Libéria, la société fit abandon de tous ses droits au gouvernement de Libéria et la colonie se déclara État indépendant. Le 24 août 1847, le pavillon national fut hissé sur Monrovia. Le président Roberts alla en Europe pour faire reconnaître l'État. Lord Palmerston le reçut et le 21 novembre 1848, un traité de commerce fut signé entre la Grande-Bretagne et le Libéria. En 1852, un traité fut signé avec la France.

Cet exemple paraît avoir un caractère décisif en faveur des ambitions de l'Association du Congo et donne une grande force à la deuxième thèse. Ce sont des particuliers qui ont fondé l'État de Libéria, et avaient préalablement acquis les droits de souveraineté sur le territoire aux souverains indigènes, et cela sans l'appui d'aucune puissance. Les puissances ne firent aucune objection et traitèrent avec cet État. Par suite, on peut conclure que les particuliers peuvent acquérir des droits de souveraineté.

Cependant une différence importante existe entre l'Association du Congo et le Libéria. Au moment où le Libéria traita avec les puissances européennes, il possédait tous les caractères distinctifs d'un État et, en traitant avec lui comme avec un État, les puissances ne faisaient que reconnaître un état de fait, alors qu'au contraire, nous verrons que l'Association n'avait nullement les caractères distinctifs d'un État et même que l'État indépendant, tel qu'il existe aujourd'hui, ne les a pas plus que l'Association du Congo.

Je ferai remarquer que les trois États formés par les particuliers et que nous venons d'étudier, Ordre teutoni-

que (Prusse), Libéria, État du Congo, répondaient à trois
grandes idées civilisatrices qui préoccupaient les esprits
aux époques où ils se sont formés : conversion des païens
et protection du monde chrétien, libération des esclaves,
liberté du commerce dans les colonies. Sir Travers Twiss
a, avec raison, trouvé de grands points de ressemblance
entre le Libéria et l'État du Congo. Le Libéria doit sa
naissance à des particuliers réunis en société philanthro-
pique ; l'État du Congo également. Le Libéria est fondé
pour aider à l'émancipation des nègres ; l'État du Congo
se donne entre autres missions celle de faire cesser la
traite. Le Libéria est resté pendant plusieurs années sous
la direction de ses fondateurs qui le soutinrent pécuniaire-
ment ; nous verrons qu'il en fut de même pour l'État du
Congo.

En principe, on peut donc conclure : que les particuliers peuvent acquérir des droits de souveraineté, le Libéria en est un exemple, mais il faut que, dans ce cas, la
fondation de ces particuliers ait tous les caractères cons-
titutifs d'un État et forme un organisme absolument distinct et indépendant ; ce qui sera rare.

Quant à l'Association, quoiqu'elle ait donné naissance
à un État, si on étudie son fonctionnement et sa transformation, on trouvera qu'elle a plus d'analogie avec les
Compagnies anglaises de colonisation dont je viens de
parler qu'avec la société qui fonda le Libéria. Comment,
en effet, l'Association s'était-elle fondée ? Le roi Léopold
avait fait appel à l'Europe pour réaliser une œuvre civilisatrice en Afrique et ouvrir une riche contrée au libre
commerce des nations ; cette pensée répondait aux besoins de l'époque. Des énergies individuelles accoururent
à cet appel et travaillèrent pour l'œuvre commune. Cette

œuvre réussit. Que fait une compagnie privée, par exemple la Compagnie anglaise de l'Afrique orientale ? Elle travaille à se créer un empire, quand cet empire est en bonne voie de réussir, l'Angleterre considère qu'elle peut ratifier cette conquête faite par ses sujets, elle donne à la compagnie une charte où elle stipule ses conditions et donne certains avantages à la compagnie. Qu'a fait l'Europe pour l'Association ? L'œuvre a réussi, des compétitions la guettent, l'Europe accepte l'œuvre qu'on a accomplie en son nom, elle s'assemble et lui donne, par l'acte de Berlin, sa charte d'incorporation sous certaines conditions. Et l'État se rapproche ainsi tellement plus d'une colonie européenne et l'Association d'une compagnie de colonisation que, comme une compagnie de colonisation, celle-ci n'aura été qu'un moyen d'acquisition, de conquête, et si, allant plus loin, nous faisions abstraction du temps présent où l'État est indépendant, nous verrions ces territoires africains devenir colonie belge et l'État indépendant comme l'Association n'être aussi qu'un moyen d'acquisition pour la Belgique, puisque le jour où l'État deviendra colonie belge, il n'y aura rien à changer, de même que quand une compagnie de colonisation reçoit sa charte, rien n'est changé. Il y aura eu seulement, dans l'œuvre d'annexion, un stade de plus, trouvé nécessaire en raison des règles particulières qui régissent la Belgique.

DEUXIÈME PARTIE

L'ASSOCIATION INTERNATIONALE DU CONGO, SOCIÉTÉ PRIVÉE, EN CONFLIT AVEC DES ÉTATS.

CHAPITRE PREMIER

L'ŒUVRE DE M. DE BRAZZA AU CONGO.

En France, un projet parallèle à celui du roi Léopold s'était fait jour. L'enseigne de vaisseau, Savorgnan de Brazza, avait conçu le projet de gagner le Congo par l'Ogoué. Son but était : 1° l'établissement d'une station dans le Haut-Ogoué pour servir de base d'opérations à un trafic qui s'établirait entre les possessions françaises de l'Ogoué et le Congo intérieur, et 2° l'exploration du Haut-Ogoué pour rechercher la voie conduisant par l'Ogoué dans l'Afrique centrale.

Son premier voyage fut un voyage d'exploration. Au bout de trois ans et demi d'efforts, il remonta tout l'Ogoué et revint par le bassin du Congo.

Rentré en Europe, il repartit peu de temps après Stanley en 1879. Son expédition était équipée aux frais du Comité français de l'Association internationale africaine, avec l'aide d'un subside de cent mille francs voté par le

Parlement français. Il remonte de nouveau l'Ogoué, fonde
Franceville où il laisse un de ses compagnons et gagne le
Congo par l'Alima. Il redescend le fleuve jusqu'à Ntamo,
où il crée l'embryon d'une station qui devait devenir Brazzaville. Il y laisse le sergent sénégalais Malamine et trois
hommes pour garder le pavillon français qu'il avait érigé,
après avoir conclu solennellement un traité avec Makoko
roi des Batékés, le 1ᵉʳ octobre 1880, traité par lequel Makoko
reconnaissait la souveraineté de la France.

M. de Brazza, ainsi que je l'ai déjà dit à propos du travail de Stanley, croyait que de Vivi au Stanley-Pool construire une route de terre serait une difficulté insurmon-
table en pays nouveau, et que la voie la plus pratique pour
atteindre le Congo serait par l'Ogoué et l'Alima que l'on
unirait par un chemin de fer. Ensuite il indiqua comme
étant la route la plus courte celle de Loango à Brazzaville
par le Kwilu Niadi. C'est cette route de Loango qu'ont
suivi nos convois jusqu'à la construction du chemin de
fer du Bas-Congo (1).

Lorsque Stanley arriva au Pool, il trouva à Ntamo sur
la rive droite le brave Malamine, qui, avec la connaissance
qu'il avait du caractère de l'indigène, sut maintenir Makoko
dans ses premiers sentiments. Stanley passa sur la rive
méridionale.

Le 30 novembre 1882, une loi votée par le Parlement
français ratifia le traité fait par M. de Brazza avec Makoko,
et la loi de finance du 14 janvier 1883, mettait à la disposition de M. de Brazza, un crédit de 1.275.000 francs pour
continuer son œuvre.

La France ratifiait l'œuvre de M. de Brazza au Congo.

_____

(1) *De l'Atlantique au Congo intérieur. Bulletin de la Société de géographie commerciale*, année 1882, p. 271.

Elle fit ce que devait faire plus tard l'Association internationale du Congo ; de Brazza n'avait été au début qu'un des
ouvriers de l'Association internationale africaine, mais de
même que l'œuvre du Comité belge de cette association
tournera au profit de la Belgique, de même l'œuvre du
Comité national français tourna à l'avantage de la France.

M. Devaux, Ministre de l'Instruction publique, prévint
M. de Brazza, que le 5 février 1883, le gouvernement l'avait
nommé Commissaire du gouvernement au Congo et chargé
d'assurer l'exécution de la loi du 10 janvier 1883. Il lui
écrivait dans la lettre qu'il lui envoya à cette occasion,
cette phrase qui montre avec quelle conviction le gouvernement avait embrassé le projet de M. de Brazza d'atteindre le Congo par l'Alima : « Deux chaloupes à vapeur
sont à vos ordres ; l'une est destinée à relier Brazzaville
à l'Alima et à la route de l'Ogoué, l'autre à remonter le
Congo (1). »

Tel était le premier État que l'Association du Congo
voyait se dresser devant son œuvre.

(1) Livre jaune, *Affaires du Congo*, 1884.

CHAPITRE II

Le Portugal est le second antagoniste de l'Association, celui qui devait être le plus tenace.

C'est à l'année 1484, année de la découverte du Congo par Diego Cam, que le Portugal fait remonter ses droits. Les Portugais à cette époque étaient rois de la mer, et ils étaient déjà nombreux, les rivages sur lesquels ils avaient dressé en signe de leur découverte une croix de bois, sur laquelle ils gravaient ces mots français de l'infant dom Henri : *Talent de bien faire.*

La concurrence que se faisaient les navigateurs au XVe siècle, et la nécessité de constater et d'assurer par des monuments durables les droits du Portugal vis-à-vis des nations étrangères, déterminèrent Jean II à faire préparer pour la première fois des padrons ou colonnes, que les navigateurs devaient planter sur le parcours de leur route. Elles étaient en pierre et surmontées d'une croix de pierre scellée avec du plomb au moment de leur érection ; leurs côtés, portaient un écusson aux armes du Portugal ainsi que des inscriptions en latin et en portugais d'après Barros (1), ou d'après Vasconcellos (2) et Duarte Pacheco Pereira (3) en latin, en portugais et en

(1) Barros, *Da Asia de Jodo de Barros et de Diego de Conto*, etc. Lisboa, 1778, liv. III, ch. III.
(2) Vasconcellos (Don Augustin Manuel y), *Vida y acciones del rey don Juan et Segundo*, etc., Madrid, 1539.
(3) Duarte Pacheco Pereira, *De situ orbis.*

arabe, désignant le nom du roi au nom duquel se faisait la découverte et le nom du découvreur.

Les plus intéressants de ces padrons, sont ceux qui au nombre de trois jalonnèrent la route de l'Inde dans le voyage de Diego Cam, et le 1er qu'il planta le fut par 6° 6' de latitude sud sur le cap qui termine au sud-ouest l'embouchure du Congo. C'est à l'érection de ce padron appelé San Jorge, à cause de la dévotion qu'avait Jean II pour ce saint (1), que les Portugais font remonter leurs droits sur l'embouchure du Congo (2).

Le cap sur lequel il fut érigé s'appela le cap Padron et longtemps le Congo fut appelé le Rio Padron.

Si je m'arrête sur cette prise de possession du Congo par Diego Cam, c'est que ce mode de prise de possession qui appartient à l'ancien droit international a été longtemps en usage.

La prise de possession, sert à prouver l'intention bien certaine d'un État d'établir sa souveraineté sur un territoire déterminé, elle fixe d'une manière précise le moment auquel s'est réalisée cette intention. Elle doit donc consister en un fait matériel, qui laisse des traces tangibles et visibles pour tous. Autrefois et après l'initiative que nous venons de voir prendre par les rois de Portugal, ce signe visible fut une pierre portant les armes du prince dont le navigateur était l'envoyé. Cet exemple fut suivi par tous les souverains. De nos jours, le déploiement du drapeau est le signe extérieur par lequel les puissances marquent la prise de possession. C'est ainsi que M. de Brazza le constate dans son acte de prise de possession, en dressant en

(1) Barros, livre III, ch. IV, p. 192.
(2) Ce padron a été retrouvé en 1886 par le baron de Schwérin, voyageur suédois.

présence du roi Makoko le drapeau de la France, et en en
confiant la garde au sergent Malamine. C'est ainsi que
l'année dernière, la prise de possession d'Honolulu par les
États-Unis a été opérée de même que celle de la baie de
Kouang-Chou, que la Chine a cédé à la France.

Diego Cam, avait envoyé une ambassade au roi du Congo
qui habitait Ambassa, et il emmena avec lui à Lisbonne
quatre indigènes qu'il ramena au Congo dans un second
voyage qu'il fit, et pendant lequel il conclut une étroite
alliance avec le roi du pays. Celui-ci se convertit au ca-
tholicisme, Ambassa devint San-Salvador et les Portugais
assurent qu'il existe dans les archives de St-Paul de
Loanda, un document en date de 1570, par lequel le roi du
Congo cède au roi de Portugal toute la côte depuis la Pointe
du Pilier jusqu'au fleuve Couanza.

Nous allons voir ce que les Portugais disent de leur œuvre dans ce royaume, qui s'étendait jusqu'à l'embouchure
du Congo ; mais remarquons tout d'abord que si l'on fait
abstraction de leur témoignage intéressé, il faut constater
qu'ils firent peu. Leurs commerçants pendant un certain
temps exportèrent des esclaves, puis voyant que la colonie
de Loanda suffisait à la demande des planteurs brésiliens,
ils abandonnèrent leur trafic dans le Congo. Au nord du
Congo, ils tentèrent de s'établir à Cabinda et y ébauchèrent
en 1784 la construction d'un fortin que l'amiral de Marigny à la tête d'une escadre française les obligea de raser.
Jusqu'en 1880, aucune autorité n'existait à l'embouchure
du Congo et chaque nation faisait la police pour ses nationaux. La meilleure preuve de l'abandon où les Portugais
laissèrent les rives du Congo, c'est qu'il a fallu aller jusqu'aux explorations de Stanley et de Brazza pour les connaître ; et les Portugais, qui font remonter leurs droits à

cinq siècles, en firent moins pendant ce temps, que ces
deux voyageurs en quelques années. Il fallut pour faire
naître les prétentions du Portugal, que l'activité d'autres
puissances européennes vint s'exercer sur les territoires
de l'embouchure du Congo.

En 1882, le secrétaire général de la Société de géographie
de Lisbonne écrivit au colonel Strauch, président du Comité
d'Études du Haut-Congo, le priant de renseigner la Société
de géographie sur ces 3 points :

1° Stanley et de Brazza, sont-ils seulement les explorateurs de l'Association africaine, et par suite uniquement
guidés par une idée scientifique ?

2° Sont-ils autorisés d'arborer dans leurs expéditions un
drapeau national quelconque ?

3° L'Association internationale africaine prend-elle la
responsabilité de la propagande politique de ses explorateurs ?

Le colonel Strauch répondit à ces questions dans la
lettre suivante datée de Bruxelles le 25 octobre 1882 :

« 1. Autant que le sait l'A. I. A., M. de Brazza avait une mission
du comité français de l'Association et des subsides des ministères
français. Stanley *au contraire*, est au service d'un comité *international* d'études, qui l'a chargé de fonder des stations hospitalières et scientifiques au Congo, et de lui fournir les éléments nécessaires à l'étude de tout ce qui pourrait être tenté là-bas.

2. Le drapeau de l'Association flotte à l'exclusion de tout autre
sur les stations que Stanley a créées. La Belgique comme État ne
veut en Afrique, ni une province, ni un pouce de territoire.

3. L'Association s'en tient à ses statuts qui ont été publiés, et
elle y voit sa règle de conduite ».

Dans cette lettre, le colonel Strauch mettait en parallèle
Stanley et de Brazza, et semblait laisser redouter au Portugal l'action du second en lui faisant croire que le pre-

mier n'était que l'agent d'une société commerciale. Cette insinuation répondait d'ailleurs parfaitement à la pensée des Portugais, qui craignaient bien plus l'action de la France que celle du Comité d'Études. Ils ne voyaient dans celui-ci qu'une société privée ; dans la France, au contraire, une nation capable d'acquérir des droits politiques et de porter ombrage à leurs droits hypothétiques. Au moment de la ratification du traité conclu entre M. de Brazza et Makoko, le gouvernement portugais s'était ému et avait obtenu du gouvernement français cette déclaration : que celui-ci s'étonnait que les Portugais s'émeuvent, puisque le traité avec Makoko ne parlait en rien des territoires dont à cette époque les Portugais réclamaient la souveraineté.

Et c'est tout autant et peut-être même plus contre la France que contre le Comité, qu'à la suite de la réponse de Strauch, la Société de géographie de Lisbonne crut devoir publier le 25 décembre 1882, un long memorandum (1) où elle exposait les droits du Portugal sur les territoires congolais.

Les Portugais considéraient qu'ils avaient droit aux territoires situés entre les parallèles 8° et 5° 12' de latitude australe, c'est-à-dire à l'embouchure du Congo. Ils appuyaient leurs prétentions sur :

1° La priorité de la découverte.

2° La possession prolongée.

3° La reconnaissance de leurs droits par des traités avec les puissances.

1° *La priorité de la découverte.* — C'est, en effet, à la priorité de la découverte que beaucoup de puissances font

_____

(1) *La question du Zaïre. Droits du Portugal.* Memorandum ; *Société de géographie de Lisbonne*, 1882.

remonter leurs droits ; notamment en 1821, la Russie l'invoqua pour réclamer la souveraineté de la côte américaine de l'Alaska, de l'archipel Aléoutien et de la côte orientale de la Sibérie ; en 1744, l'Angleterre, puis la France en 1764, durent renoncer à exercer leur souveraineté sur les îles Falkland, l'Espagne ayant réclamé ses droits basés sur la découverte. Le 24 juillet 1875, une sentence arbitrale de la France décidait de la possession de Lourenço-Marquès en faveur du Portugal contre l'Angleterre et basait sa résolution sur la priorité de découverte.

Or, personne ne contredisait ceci, et nous avons vu que c'était vrai, c'était un Portugais qui avait découvert et pris possession de l'embouchure du Congo. En 1491, disait le memorandum, Ruy de Sousa s'était avancé jusqu'à San-Salvador et au Stanley-Pool, et ceci dans la pensée des Portugais, détruisait le reproche qu'on leur faisait sur la nonchalance qu'ils avaient montrée, pour pénétrer dans l'intérieur.

Les sources de tous les géographes sur le Congo auraient été les voyages portugais. C'est ainsi que furent faits : le globe de Nuremberg de Martin de Behaim, 1492, la carte d'Afrique de Soligo de 1489, l'Insularium illustratum de Henri Martellus, les cartes de Livio Sanuto, de Juan de la Cosa, 1508, de Jean Rotz, 1542, de Nicolas Vallard, 1547, de Gastaldi, 1564 (1).

Personne ne doutait que ces documents ne fussent d'origine portugaise, mais l'on répondait que si les Portugais après les explorations de Diego Cam, Barthélemy Dias, Vasco de Gama, connaissaient les côtes africaines,

---

(1) Voir sur la cartographie africaine et les découvreurs portugais, l'article de Wauters : *Le Congo et les Portugais. Bulletin de la Société de géographie de Belgique.*

ils ne connaissaient rien de l'intérieur et que ces globes
que le memorandum cite, ne font que prouver la parfaite
ignorance que l'on avait à cette époque du centre de l'Afrique.

2° *La possession prolongée.* — Les Portugais soutenaient,
qu'en même temps que leurs navigateurs avaient occupé
les territoires congolais, ils y avaient établi au profit de
leurs compatriotes le privilège de l'exploitation commerciale. C'était plus facile à affirmer qu'à prouver, et, le memorandum éprouvait quelque difficulté à démontrer cette
occupation par des établissements portugais ; aussi, disait-il, que les principaux auteurs du droit international
prétendent, qu'il ne faut pas entendre par possession
effective, une possession continue et quotidienne, mais
qu'il suffit que sa continuité et sa permanence se prou-
vent par des faits répétés de temps en temps.

Encore faut-il s'entendre sur ce que doivent être ces
faits répétés, et, si l'on admet cette interprétation, il me
semble que les faits doivent être de véritables actes de
possession tels que la construction de villes, de forts, le
gouvernement du pays, la levée régulière des impôts, du
moins pendant un certain temps, et ce n'étaient pas précisément de ces faits que le memorandum énumérait.

Il disait vaguement qu'au XVIe siècle les missionnaires
et les commerçants portugais avaient colonisé le pays ;
qu'en 1783 une forteresse avait été établie à Cabinda, mais
nous avons vu qu'elle fut détruite aussitôt par l'amiral de
Marigny et ne fut pas reconstruite. En 1838, l'amiral An-
tonio Manoël de Norhona est nommé gouverneur d'Angola.
Dans les instructions qu'il reçut, figurait le propos ferme
du gouvernement portugais de continuer sa suzeraineté sur
les territoires voisins du Zaïre. L'amiral reçut l'ordre de

fonder une ville sur le Congo qui s'appellerait Nova Lisboa.
« La richesse des territoires arrosés par le fleuve, disait
l'article 8 des instructions qu'il reçut, fera de cette ville le
plus grand entrepôt de l'Afrique occidentale. » Les instructions étaient très sensées, Léopoldville nous montre qu'une
ville fondée sur le Congo est destinée à prospérer. Mais
tout cela constitue à l'actif des Portugais d'excellentes
intentions, et il est difficile de considérer que des intentions suffisent à constituer une possession prolongée.

En 1870, dans la crique de Banana le navire allemand
de commerce *le Hero* fut capturé par une corvette française, puis bientôt relâché. Les Portugais concluent que
c'est grâce aux protestations du Portugal, sur la mer territoriale de qui il avait été pris, qu'il fut élargi. Or c'est faux,
le Portugal n'avait rien dit. La dépêche du gouverneur du
Gabon adressée au ministère de la marine en septembre
1870 disait : « *Le Hero* a été relâché au Gabon en vertu des
instructions générales pour la guerre, instructions qui
interdisent de capturer les navires de commerce autre part
qu'à la mer ou sur les rades ennemies. » Le gouverneur
ne parlait donc nullement de la mer territoriale du Portugal.

Autre fait relevé par le memorandum : le 1er mai 1877,
les nègres d'une factorerie hollandaise de Puenta da Lehna
ayant tenté d'incendier leur factorerie, un sujet anglais,
Scott, fit noyer dans le Congo 29 nègres ; le Portugal envoya une canonnière pour rétablir l'ordre ; celle-ci arrêta
Scott. C'est vrai, mais le memorandum se garde bien
d'ajouter qu'alors que les autorités portugaises de Loanda
se disposaient à juger Scott, l'Angleterre protesta, disant
qu'elle ne reconnaissait pas la souveraineté du Portugal
dans les eaux du Congo. Scott dut être relâché.

En 1878, lors de l'Exposition universelle de Paris, un
Congrès de géographie commerciale eut lieu. Plusieurs
gouvernements étrangers s'y étaient fait représenter.
Dans la séance du 27 septembre, présidée par un délégué
de la Belgique, on émit une proposition tendant à l'établissement d'une action combinée et simultanée à exercer
par les gouvernements, les chambres commerciales et les
sociétés de géographie dans le bassin du Congo. Les délégués portugais déclarèrent qu'ils se retireraient si l'on
discutait une telle proposition qui « enveloppait une
question de police et de protection internationale sur
leur grand fleuve africain ».

En 1880, par ordre du roi Léopold, le secrétaire général
de l'Association, communiqua à la Société de géographie
de Lisbonne la nouvelle de l'expédition de Stanley au
Congo. Le bureau de la Société de géographie répondit le
20 novembre 1880 : « Nous n'avons reçu jusqu'à ce jour
aucune communication directe de Stanley pas plus que
de la Société de capitalistes et de philanthropes à laquelle
vous vous rapportez, quoique leurs projets plus ou moins
connus concernent des régions incontestablement dépen-
dantes de la souveraineté portugaise, dès leur première
découverte au XVIᵉ siècle. »

Tous ces exemples cités par le memorandum et qui ne
sont qu'une série de protestations constituaient-ils des
faits prouvant une possession prolongée ? Poser la question, c'est la résoudre. Ces récriminations paraissent bien
platoniques à côté de l'œuvre de Stanley et de de Brazza.

3° *La reconnaissance par les traités.* — Charles-Quint,
dit le memorandum, reconnaissait le pouvoir des Portugais sur la Guinée. Les Papes, qui étaient au XVᵉ siècle
les grands distributeurs de colonies, leur avaient accordé

par plusieurs bulles la souveraineté, Martin V, sur tous les pays du Cap Noun jusqu'aux Indes, Nicolas V en 1452 et Sixte V, sur la côte de Guinée, Alexandre VI le 14 mai 1493, sur les côtes de l'Afrique et les Indes orientales. Si les Portugais devaient protester contre toutes les occupations qui ont eu lieu sur les territoires que les papes leur ont accordés, ils auraient fort à faire !

Le 10 février 1763, le Portugal adhère au traité de Paris entre la France et l'Angleterre (1) et l'article 21 dit : « Et à l'égard des colonies portugaises en Afrique, s'il y était arrivé quelque changement, toutes choses seront remises sur le même pied où elles étaient et en conformité des traités précédents. »

En 1786 (2), à la suite de la destruction du fort de Cabinda par l'amiral de Marigny, la France reconnaît que ce fort de Cabinda est la possession du Portugal.

En 1815, à Vienne, l'Angleterre et le Portugal signèrent un traité le 22 janvier (3) abolissant la traite des noirs au nord de l'Equateur et la permettant au sud. Les articles 2 et 4 défendent « d'inquiéter les vaisseaux portugais ressortissant des possessions actuelles de la couronne du Portugal ou des territoires réclamés par ledit traité d'alliance comme appartenant à ladite couronne de Portugal au sud de la ligne. » Ces territoires réclamés par le Portugal étaient : 1° le territoire entre les parallèles 8° et 18°; 2° ceux se trouvant entre les parallèles 5°12' et 8°.

Nous avons vu que plus récemment la France et l'Angleterre ne reconnaissaient pas la souveraineté du Portugal sur les territoires qu'il réclamait au Congo : la France

(1) Martens, I, 127 ; de Castro, III, 160.
(2) Martens, IV, p. 101 ; de Castro, III, 410.
(3) Martens, *Nouveau Recueil*, II, 96 ; de Castro, V, 18 ; Calvo, 328.

alors qu'après la ratification du traité avec Makoko, elle
reconnut qu'elle n'avait aucun droit sur les territoires réclamés par le Portugal, mais sans toutefois dire qu'ils
appartenaient à ce pays ; l'Angleterre, lors de l'incident de
Puenta da Lehna.

Le memorandum avait donc grossi les droits du Portugal. Nous ne nions pas que le Portugal pouvait avoir droit
à certains territoires vers le Congo, mais les Portugais
se montraient singulièrement ambitieux, en prétendant à
la souveraineté des côtes depuis Cabinda jusqu'à Loanda,
de l'embouchure du Congo et aux deux rives du fleuve
jusqu'à Noki. Qu'avaient-ils fait depuis cinq cents ans que
Diego Cam avait découvert le Congo ? Un peu la traite, des
protestations de loin en loin et c'est tout ; de Brazza et
Stanley, quand ils avaient longé le Congo jusqu'au Pool,
n'avaient trouvé que la brousse et des indigènes, d'occupation portugaise, il n'y en avait pas trace. Ils pouvaient
réclamer Cabinda et certaines parties de la côte, mais ils
n'avaient aucun droit sur l'intérieur. Appuyer des revendications territoriales sur les bulles des papes, ou sur le
titre de seigneur de Guinée qui fait partie des titres du roi
de Portugal, c'était beaucoup autrefois, c'est peu aujour-
d'hui où les domaines commerciaux se resserrent de plus
en plus, où l'activité humaine a conquis peu à peu tous les
territoires inhabités et sauvages, où certaines nations dé-
bordent et doivent envoyer à l'extérieur le surplus de leur
population ; à elles l'avenir colonial, à elles les territoires
nouveaux où leur possession ne se manifestera pas par des
intentions ou des récriminations, mais par l'occupation,
par le travail.

CHAPITRE III

LES PRINCIPES DU DROIT INTERNATIONAL MODERNE PERMETTENT-
ILS D'OCCUPER LES TERRITOIRES POSSÉDÉS PAR DES POPULA-
TIONS BARBARES, SANS QUE CELLES-CI Y AIENT CONSENTI ?
— L'OCCUPATION DU CONGO PAR L'ASSOCIATION, LA FRANCE
ET LE PORTUGAL FUT-ELLE RÉGULIÈRE ? — PRESCRIPTIONS
DE L'ACTE GÉNÉRAL DE BERLIN SUR LES OCCUPATIONS AFRI-
CAINES.

Successivement nous venons de voir quels sont les faits
sur lesquels l'Association internationale, la France et le
Portugal vont s'appuyer pour réclamer les territoires situés à l'embouchure du Congo. Demandons-nous si, en droit
international leur occupation est justifiée et si cette occupation a eu lieu ainsi que les règles du droit international
moderne l'exigent.

Nous avons vu les Portugais baser leurs droits sur la
priorité de la découverte et sur les bulles que les Papes
leur avaient accordées. Ce sont, en effet, ces deux modes
d'acquisition qui étaient en usage vers le XVe siècle pour
acquérir des droits à l'occupation. Lorsqu'à cette époque,
les Espagnols et les Portugais se lancèrent à la découverte
des terres inconnues, ils occupaient généralement des points
sur la côte et se déclaraient maîtres, non seulement de cette
région maritime, mais de tous les territoires non encore
explorés situés à l'intérieur du continent ou de l'île. C'est
en vertu de ce principe que les Portugais élevaient des

prétentions sur toute l'Afrique, les Espagnols sur toute
l'Amérique du Sud, et les Anglais sur l'Amérique du Nord.
Ces puissances devaient naturellement se heurter sur tel
ou tel territoire, que chacune considérait comme lui appartenant de par le droit du premier occupant. Et les puissances s'adressaient pour la solution de leurs litiges aux
Papes, qui n'hésitaient pas à adjuger aux puissances catholiques des régions entières et des peuples dont ils n'avaient
eux-mêmes aucune notion. Ils ne tenaient aucun compte
des indigènes habitant les contrées qu'ils distribuaient ;
si le territoire était habité, c'était au contraire une raison
de plus pour les donner à une nation catholique, puisque
celle-ci y répandrait la religion catholique, ce qui était
alors avec la recherche de l'or le but principal de la conquête.

Bien avant le XVᵉ siècle d'ailleurs, les papes avaient usé
de ce droit : « En donnant à saint Pierre le droit souverain de lier et de délier dans le ciel et sur la terre, écrit
Grégoire VII au XIᵉ siècle, Dieu n'a excepté personne, n'a
rien soustrait à sa puissance. Il lui a soumis toutes les
principautés, toutes les dominations de l'univers. Il l'a
établi seigneur des royaumes de ce monde ». Les Papes
s'appuyaient aussi sur la donation que Constantin leur
avait faite de toutes les îles de la terre. C'est en vertu de
ce droit, que le Pape Adrien donne au XIIIᵉ siècle à Henri II
roi d'Angleterre l'Irlande, que le pape Urbain donne la
Corse à un évêque, et que le pape Clément VII, le 13 novembre 1344, donne à Louis de la Cerda les îles Canaries.

Au XVᵉ siècle, et par suite de cette situation d'arbitre
que leur donnait les découvreurs, le pouvoir des Papes
prend une grande extension. Par un bref de 1454, Nicolas V donne aux Portugais toute la Guinée, avec le droit

d'y conquérir toutes les tribus barbares et avec la défense
aux autres nations européennes de s'y livrer à des essais
de colonisation. Alexandre VI à la même époque établit
la célèbre *ligne de marcation*, par laquelle il divise le globe
en deux parties, attribuant aux rois de Castille et d'Aragon
toutes les terres situées à l'occident des Açores, et aux
rois de Portugal les îles et continents de l'autre hémis-
phère. Mais il est vrai qu'alors on commence à contester
ce droit des Papes. François Ier, roi de France, demandait
à voir le testament d'Adam qui le dépouillait du droit d'acquérir des territoires dans le Nouveau-Monde. Elisabeth
protestait également auprès de l'ambassadeur de Philippe II, Mendoza, qui lui reprochait l'expédition de Drake
en Amérique (1).

Au XVIe siècle, les Papes cessent d'user de ce droit
qu'on leur a reconnu jusqu'alors. Le droit international
public commence à apparaître comme une science, Gro-
tius d'abord (*Mare liberum*, ch. VI, *in fine*) puis, Vattel au
XVIIIe siècle (*Le droit des gens*, liv. 1) s'accordent à dé-
nier ce droit à la papauté.

Le droit international moderne, tel que le comprennent
la plupart des auteurs et les actes publics les plus récents,
exige que l'objet susceptible de souveraineté qu'une puissance veut occuper soit non actuellement approprié. Dans
le cas où il le serait, celui qui désire s'en emparer, doit
traiter avec les habitants.

Un territoire peut cependant être habité et ne pas être
approprié, lorsque les individus qui l'habitent sont isolés
les uns des autres sans qu'il existe entre eux la moindre
notion d'État. L'occupation est possible alors, sans que

(1) Raynal, *Histoire philosophique et politique des établissements et du
commerce des Européens dans les deux Indes*, t. VI, p. 11.

l'on ait besoin de traiter avec ces individus. Elle ne lèse les droits de personne, puisque son but est l'acquisition des droits de souveraineté et que ces droits n'appartiennent à personne. La puissance occupante doit alors respecter la propriété privée des indigènes. Ce n'était pas le cas du Congo, des autorités y existaient, autorités peu considérables, il est vrai, mais ayant cependant les attributs du pouvoir, levant des impôts, rendant la justice, traitant, et que d'ailleurs les explorateurs reconnaissaient facilement, ainsi qu'en témoignent les traités de Stanley, de Brazza, et aussi les Portugais qui disaient qu'au moment du voyage de Diego Cam, celui-ci échangea des ambassades avec le roi d'Ambassi. D'ailleurs, on verra rarement des individus sans une organisation quelconque, le cas ne se présentera, en pratique, que lorsqu'une puissance abdiquera sa souveraineté sur un territoire habité sans qu'il y ait cession au profit d'un autre État (1).

Le Congo était donc occupé, mais occupé par ce que les auteurs appellent les tribus barbares. Que doit faire, en présence de ces indigènes, une puissance occupante qui respecte le droit des gens ?

Trois thèses ont été soutenues.

I. — Les anciens considéraient ces indigènes comme n'ayant aucun droit, ils n'ont à espérer ni le respect de leur propriété, ni celui de leur souveraineté, on leur appliquera le droit du plus fort. Les biens des ennemis, *res hostium*, sont *res nullius*. Justinien, Gaius, Paul, les regardent ainsi. Avec le christianisme, l'ennemi n'est plus l'étranger, c'est le païen ; c'était l'avis des croisés et c'est

(1) Le cas s'est produit pour la colonie d'Angra Pequena en 1884, prise momentanément par l'Angleterre et occupée ensuite par l'Allemagne à qui elle est restée.

aussi pourquoi les Papes en tiennent si peu compte et que
Jean de Quevedo, évêque de Darien, disait à la cour de
Charles-Quint en 1519 : « Les Indiens, que je connais
pour avoir vécu au milieu d'eux, sont des hommes nés
pour la servitude. » Il s'est trouvé au XIXᵉ siècle, des phi-
losophes, comme Hegel et Victor Cousin, pour rafraîchir
habilement cette vieille thèse sur laquelle il est inutile
d'insister.

II. — Une opinion, très moderne celle là, et qui compte
actuellement parmi ses partisans MM. Charles Gide et de
Martens, considère que les barbares ne peuvent prétendre
qu'à une souveraineté limitée par les droits de la civilisation et de la colonisation. Cette thèse distingue soigneu-
sement le droit de propriété des peuples sauvages et leur
droit de souveraineté. En tant qu'hommes, les sauvages
ont des droits inviolables. En tant que corps politique, leur
droit de souveraineté n'est pas aussi respectable. Les États
civilisés ont non seulement le droit, mais le devoir de porter les bienfaits de la civilisation dans les contrées barbares ; on fait valoir à ce sujet de nombreuses raisons, en
ne cultivant pas le sol ils frustrent sans profit le patrimoine commun des hommes. Au surplus, peut-on dire,
que les sauvages sont les véritables propriétaires du sol,
qu'ils se bornent à parcourir ou qu'ils laissent incultes
autour d'eux, alors que d'autres nations européennes
manquent des terres nécessaires à leur nourriture. Bluntschli écrit (§ 280 de son *Droit international codifié*) : « Lorsque la contrée qui ne fait partie d'aucun État est possédée
par des tribus barbares, ces dernières ne peuvent pas être
expulsées par les colons des nations civilisées ; on les
laissera émigrer en paix et l'on fournira un dédommage-
ment équitable. L'État colonisateur a le droit d'étendre

sa souveraineté sur le territoire occupé par des peuplades
sauvages pour favoriser la civilisation et l'extension des
cultures. »

La plupart des nations qui se sont jetées sur l'Afrique
en ce siècle, n'ont pas recherché si ce qu'elles faisaient
était d'accord ou non avec le droit international. Elles
ont pris pour que d'autres ne prennent pas, cependant
leur pensée était à peu près celle qui dicte cette seconde
opinion, prendre la souveraineté du pays tout en respec-
tant la propriété indigène (parce que celle-ci n'était pas
très gênante). Cette thèse n'a pas nos préférences ; c'est
au nom de la civilisation qu'on se jettera sur ce territoire
habité, mais qui dit que le nègre désire cette civilisation !
Sous prétexte de le civiliser, n'est-ce pas la mise en pratique de cette formule : « La force prime le droit ». Et les
premiers bienfaits de cette civilisation que vous offrez si
généreusement au nègre ne sera-ce pas souvent la dévas-
tation de ses champs par les armées européennes, son
village brûlé, pour lui la mort ; car cette théorie aboutira
le plus souvent à la guerre. En effet, si vous dépouillez,
alors qu'il n'y a pas consenti, un chef de ses droits souverains, peu lui importe que vous laissiez à ses sujets
leurs propriétés privées. Vous l'avez dépouillé, lui, chef,
et comme c'est lui qui décide ou non ses sujets à la guerre,
il y a de fortes chances pour qu'il les fasse marcher contre
le civilisateur européen. Sans doute, il est facile de dire
avec cette opinion que l'on va inculquer aux barbares la civilisation, mais les exemples sont là pour prouver que ce
que l'on recherche en s'annexant des territoires barbares,
ce n'est pas l'œuvre désintéressée de la civilisation des indigènes, mais la richesse, le commerce. La civilisation
apparaît souvent à l'indigène sous une forme bien peu ci-

vilisée. Stokes allait-il en Afrique dans l'intérêt de la civilisation ? Des Abyssins qui défendaient leurs foyers, des Italiens qui les attaquaient, lequel des deux peuples était le plus civilisé ? Personne n'a oublié les procédés du capitaine Lugard dans l'Ouganda (East Africa Cy) ni ceux de M. Makintosch (Royal Niger Cy).

III. — Et c'est parce que ce point de départ que l'on établit entre les droits de souveraineté et les droits de propriété conduit trop souvent à l'arbitraire, que nous nous rallions à la suite de la plupart des auteurs du droit international, à l'opinion qui professe le respect absolu de la propriété et de la souveraineté des indigènes. « En dehors de là, c'est l'usurpation et la violence qui se manifestent et les principes du droit naturel ne peuvent que désapprouver ce qui, toutefois, sera longtemps encore la politique des États (1) ».

Le droit des gens n'admet pas de distinction entre les barbares et les prétendus civilisés ; les hommes de toutes les races, blanches ou noires, jaunes ou rouges, si inégaux qu'ils puissent être en fait, doivent être considérés comme égaux en droit. Au XVIᵉ siècle, Victoria (*Relectiones Theologicae*, 1587) est de cet avis. Kant, dans ses « *Éléments métaphysiques de la doctrine du droit* », a dit : « On a le droit de tenter d'entrer en commerce avec tous et d'explorer, à cet effet, toutes les contrées de la terre, mais on ne peut avoir sans un contrat particulier celui de coloniser sur le sol d'un autre peuple. » Klüber et Ott tiennent un langage identique : « Aucune nation n'est autorisée par ses qualités, quelles qu'elles soient, notamment par un haut degré de culture quelconque à ravir à une autre

(1) Georges Bry, *Précis élémentaire de Droit international public*, p. 186.

nation sa propriété : elle ne pourrait même pas la prendre
à des sauvages et à des nomades. »

Les membres de l'Institut de Droit international, réunis
à Lausanne en 1888, furent presque unanimes pour affirmer qu'une prise de possession n'est possible sur un territoire habité qu'avec le consentement des habitants.

A la Conférence de Berlin, lorsqu'il fut question des occupations africaines, M. Kasson, premier plénipotentiaire
des États-Unis, demanda à la Conférence d'affirmer son intention de respecter, d'une manière générale, les droits
des tribus indépendantes. La Conférence, dans les protocoles VI et VII! sans vouloir traiter à fond cette question,
s'est pourtant positivement associée à cette pensée humanitaire et l'on peut affirmer, pièces en mains, que toutes
les fois qu'un vote ou qu'une simple proposition a mis en
cause les intérêts des peuples africains, l'assemblée de
Berlin a démontré qu'elle ne voyait pas en eux des associations en dehors de la communauté des droits des
gens (1).

Dans son rapport, adressé au ministre des affaires étrangères sur la Conférence de Berlin, M. Engelhardt dit à
propos des traités faits avec les indigènes : « Cette pratique dont on retrouve la preuve officielle dans maints documents de la conférence, semble devoir s'imposer désormais à toute entreprise de colonisation africaine ; elle con-
sacre jusqu'à un certain point un principe que les nations
chrétiennes ont presque constamment méconnu du XVe
au XVIIIe siècle, principe en vertu duquel les tribus indigènes en tant qu'États indépendants, auraient en général le droit de signer des traités, de consentir à l'abandon

_____

(1) *Livre jaune*, 1885, p. 20, 21, 22.

total ou partiel de leur souveraineté, soit par la cession
définitive de leur territoire, soit par la stipulation d'un
protectorat (1) ».

La conclusion pratique de cette troisième thèse est que,
les États colonisateurs doivent faire précéder leur prise
de possession de traités conclus avec les indigènes. Sans
ces derniers ils ne peuvent passer outre. Qui dit que notre manière de vivre est la meilleure ? que la richesse est
synonyme de bonheur ? qui nous permet de choisir pour
le sauvage et de lui imposer nos goûts ? Libre à un indigène du Congo de chercher sa nourriture dans la pêche
ou la chasse, d'habiter une hutte, inutile de lui imposer
le whisky, de lui donner la poudre, de lui vendre des cotonnades.

La prise de possession quand un pays est habité doit
donc se faire du consentement de l'autorité souveraine
indigène et dans la limite de ses pouvoirs. Mais pour que
ce consentement soit valable, il est nécessaire qu'il soit :
libre, intelligent, donné suivant les usages du pays. Kant
dit : « que si l'on a affaire à des peuples pasteurs ou chasseurs, dont le genre de vie exige des contrées vastes et
désertes, on ne peut avoir recours à la violence, mais il
faut obtenir un contrat, et même *il n'est pas permis de
profiter de l'ignorance de ces indigènes relativement à la
cession de leurs terres* ». Très souvent les traités faits par
les puissances européennes avec les indigènes ne réunis-
sent pas ces conditions. La preuve en a été faite maintes
fois. N'a-t-on pas vu des souverains africains traiter avec
des envoyés de différents peuples européens, qui exhibaient
ainsi des traités auxquels le souverain noir n'avait rien

(1) *Livre jaune*, 1885, p. 22.

compris, et sous lequel il avait mis une croix en échange
d'eau-de-vie et de cotonnades ?

La plupart des États européens avant de s'agrandir
d'une colonie cherchent maintenant à en obtenir la souveraineté par des traités. La France a agi ainsi ; les instructions données à M. de Brazza, en 1883, lui ordonnaient
de traiter, de même celles données à M. Mizon en août
1892 et au colonel Archinard le 12 septembre 1892. En
1884, le ministre des affaires étrangères d'Allemagne écrivait au Dʳ Nachtigal : « La souveraineté impériale ne sera
proclamée qu'après qu'elle aura été reconnue par traités
de la part des chefs indigènes ou sur la base d'une occupation antérieure opérée par un sujet de l'empire dans les
territoires en question. » Les décisions de la Conférence
de Berlin n'établissaient la liberté commerciale sur certains territoires dépendant de Zanzibar qu'à la condition
que le sultan y consentirait.

L'occupation des territoires de l'embouchure du Congo
par la France et l'Association s'est faite très régulièrement
et conformément aux règles que nous venons d'exposer.
J'ai donné un exemple des traités que Stanley conclut en
grand nombre. Ces traités pour la plupart furent faits très
régulièrement ; Stanley avait intérêt à ce que ces traités
soient inattaquables, car l'Association étant une société
privée devait craindre qu'on les examine de plus près que
ceux conclus par une nation forte. Cependant il y eût
certaines discussions, on prétend que les territoires du
Stanley-Pool, après avoir été cédés à la France par Makoko
furent donnés à l'Association par un chef sous la suzeraineté de Makoko, mais ceci est difficile à constater, car on
peut se demander si le chef qui traita avec l'Association
et dont le territoire était sur la rive gauche du Congo

était sous la suzeraineté de Makoko, souverain de la rive droite, et dont la souveraineté ne semblait pas s'étendre sur la rive gauche. Une discussion plus grave s'est présentée : le 8 janvier 1883, Stanley passait à Palabella avec les rois du pays un traité de « cession de territoires ». Lorsque l'Association, au profit de laquelle la convention avait été faite, voulut la faire exécuter en l'interprétant dans le sens de cession de droits souverains, elle se heurta aux oppositions des chefs contractants qui déclarèrent qu'ils avaient bien voulu céder à l'explorateur la propriété, mais non abandonner leurs droits de souveraineté. Le 19 avril 1884 intervint un nouveau traité « pour déterminer le sens et l'esprit des mots : cession de territoires ». On spécifia qu'ils ne signifiaient pas : acquisition du sol par l'Association, mais bien : acquisition de la suzeraineté par l'Association et reconnaissance de cette suzeraineté par les chefs indigènes.

Malgré ce malentendu, nous pouvons conclure que l'occupation de l'Association fut faite conformément aux principes du droit international moderne. L'occupation par M. de Brazza de ce qui devait devenir le Congo français, nous donne un modèle de ce que doit être l'occupation. M. de Brazza agit toujours avec les indigènes avec une grande douceur et n'eut jamais à guerroyer contre eux. Le traité qu'il fit en 1880 avec le roi Makoko réunit toutes les conditions voulues. Il fut : 1° Libre. M. de Brazza n'avait avec lui que quelques hommes, et ne terrorisa nullement Makoko ; 2° Intelligent. Makoko savait à quoi il s'engageait et lorsque Stanley vint sur la rive droite pour essayer de traiter avec lui, il sut lui répondre qu'ayant traité avec la France il ne pouvait traiter avec l'Association ; 3° Fait suivant les usages du pays. M. de Brazza ne se contenta pas de faire apposer une croix au bas d'un traité que le nègre ne comprend souvent pas ; il le fit solennellement suivant les usages du pays pour les traités, de sorte que ces cérémonies ne pouvaient laisser aucun doute à Makoko sur l'acte qu'il faisait ; et le drapeau français fut hissé en présence de Makoko et des représentants de toutes les tribus Oubandji du bassin occidental du Congo (1).

Quant à l'occupation portugaise, nous avons vu qu'elle était bien ancienne et il est assez difficile de juger si elle s'opéra régulièrement. Cependant des récits des historiens portugais, il résulte que des ambassades furent échangées avec le roi du Congo à San-Salvador. En 1883, le Portugal a prétendu qu'il possédait un traité dans les archives de St-Paul de Loanda, et enfin je signalerai, mais sans y donner aucune importance, la croix que le 16 juin 1884 après le différent de Palabella, les Portugais firent apposer à un soi-disant roi du Congo régnant à San-Salvador, descendant, disaient-ils, de celui que Diego Cam avait trouvé à Ambassa en 1484. Je lis dans cette protestation qu'après avoir pris connaissance des traités signés par Stanley et les chefs des peuplades riveraines du Congo, le souverain considérait qu'il n'a pas donné à ces chefs le droit d'aliéner leurs territoires « considérant que les dits contrats expriment l'intention de porter ombrage aux droits de Sa Majesté le roi de Portugal, notre auguste souverain, le seul duquel nous reconnaissons les droits sur le royaume du Congo, déclarons nuls ces contrats de cession de souveraineté (2). » Mais n'insistons pas sur l'occupation du Por-

(1) Le récit de cette cérémonie se trouve dans : Jèze, *De l'occupation*, p. 152.

(2) Ce traité est un exemple typique des traités grotesques auxquels a souvent donné naissance la jalousie des Etats Européens en Afrique. Ce traité, en effet, avait dû être fabriqué à Lisbonne et un nègre quelconque

tugal. Seules, les occupations de Stanley et de M. de Brazza ont lieu au moment où de nouveaux principes de droit international se sont fait jour. C'est celles-là seules qui doivent être faites régulièrement. Au temps où les Portugais débarquèrent au Congo, ces règles n'existaient pas, on ne peut exiger qu'ils les eussent devinées ; autres temps, autres mœurs.

Nous venons de répondre à une première question : l'occupation du Congo a-t-elle été faite suivant les principes du droit international ? Il nous faut en examiner une seconde et voir comment se conserve le droit de souveraineté ainsi acquis par des traités, ou, en d'autres termes, quelles autres conditions sont requises, particulièrement en Afrique, pour que l'occupation ne puisse être mise en doute par une puissance rivale ?

Lorsque l'Europe n'était pas encore très peuplée, et que ce n'étaient pas les nécessités du commerce, mais l'ambition des princes qui poussait à la conquête des colonies lointaines, une colonne mise sur la plage où abordaient les vaisseaux des découvreurs pouvait suffire à conserver à une puissance des droits de souveraineté sur le territoire ainsi acquis. La possession était purement nominale et Montaigne disait fort justement : « J'ay peur que nous avons les yeux plus grands que le ventre, comme on dict, et le dit-on que ceux auxquels l'appétit et la faim font plus désirer de viande qu'ils n'en peuvent empocher. Je crains aussi que nous avons beaucoup plus de curiosité que nous n'avons de capacitez ; nous embrassons tous, mais je crains que nous n'étreignions rien que du vent. » Mais l'Europe se peupla ; une partie misérable de la popu-

y avait apposé une croix, car le royaume du Congo n'existe plus depuis longtemps.

lation chercha des débouchés au dehors, leurs pays durent les aider dans cette œuvre ; le machinisme obligea les industriels à chercher pour leurs produits d'autres consommateurs que ceux du monde civilisé, qui ne suffisaient plus à l'activité de leurs machines. Et alors une autre doctrine se fit jour : aucune partie ne doit être perdue pour la civilisation sur la surface du globe, et si une puissance s'empare d'un territoire pour le coloniser, elle ne doit pas se contenter de le compter parmi ses possessions, mais elle doit l'ouvrir au commerce, l'explorer, l'occuper effectivement. Déjà en 1762, Rousseau, dans le *Contrat social*, dit que, pour autoriser sur un terrain quelconque le droit du premier occupant, il faut, entre autres conditions, « qu'on en prenne possession, non par une vaine cérémonie, mais par le travail et la culture, seul signe de propriété qui, au défaut de titres juridiques, doive être respecté d'autrui. »

A la fin du XVIIIᵉ siècle et dans tout le XIXᵉ, les auteurs sont presque unanimes pour s'unir sur cette théorie : un État qui veut conserver sur un territoire sa souveraineté doit le posséder réellement. Les auteurs qui soutiennent le contraire sont rares et parmi eux se trouve M. Salomon, qui dit que l'État est maître absolu de son territoire et peut agir « comme un propriétaire négligent qui laisse ses champs en friche. »

Les États se sont rangés peu à peu à cette doctrine, qui est celle du droit international. Le premier cas où nous voyions mettre cette théorie en avant par une puissance apparut en 1821 ; les Etats-Unis et l'Angleterre combattaient les droits de la Russie sur l'Alaska par la doctrine de l'effectivité de la possession. Les Russes s'appuyaient sur la découverte et une possession semi-séculaire. Les

États-Unis et l'Angleterre ne réussirent pas, cette théorie
n'était pas encore passée dans la pratique.

Quant au Congo, les deux thèses s'y présentaient avec
une parfaite netteté. D'un côté, l'Association et la France
qui, en quelques années, avec une activité rare, avaient
exploré le Bas-Congo jusqu'au Stanley-Pool, y avaient
fondé des stations, établi des autorités. De l'autre, les
Portugais qui, depuis 1484, époque à laquelle Diego Cam
avait découvert le Congo, devaient faire des études très
ardues, et remonter à de vieux souvenirs historiques
pour prouver qu'ils avaient conservé le droit de souveraineté, c'est-à-dire en même temps l'*animus* et le *corpus*,
l'intention de traiter une chose comme sienne, jointe au
fait de l'avoir physiquement à sa disposition. Or, si les
Portugais avaient bien l'*animus* qui se manifestait vers
1883 par de véhémentes protestations, il suffisait de penser aux stations de Brazzaville, Léopoldville, Vivi, Isangila, qui vivaient tranquillement à l'ombre des drapeaux
de la France et de l'Association, pour comprendre qu'ils
n'avaient plus le *corpus*.

Devait-on pour cela déposséder les descendants des découvreurs du XVe siècle de leurs anciens droits? Et ne
pouvait-on pas penser que l'occupation effective était une
doctrine qui était l'avenir, allait passer dans la pratique,
mais qui jusque-là était une théorie non encore reconnue
officiellement par les nations? Les Portugais ne pouvaient-ils pas de bonne foi s'appuyer encore sur des usages internationaux que des actes publics n'avaient pas
encore détruits? Nous pensons qu'il eût été rigoureux de
passer sur ces droits. Le droit des gens a eu son ère de
droit coutumier et de droit écrit, de même que le droit
privé. Il sort à peine du droit coutumier ; les Portugais

pouvaient encore se recommander de celui-ci et nous verrons qu'on leur fit la part assez belle, et que, d'ailleurs, ils ne purent se plaindre, puisque c'est volontairement, de gré à gré, qu'ils devaient en 1885 traiter avec l'Association internationale.

Cette solution que nous donnons, a été consacrée dans une très célèbre médiation qui tout en affirmant les principes nouveaux sacrifiait encore aux doctrines passées. Je veux parler de la médiation du Pape Léon XIII, entre l'Allemagne et l'Espagne en 1885 au sujet des îles Carolines. Le Pape, tout en reconnaissant que la doctrine de l'effectivité de l'occupation sur laquelle s'appuyait l'Allemagne, formait maintenant la doctrine du droit des gens, jugeait en faveur de l'Espagne, qui avait pu de bonne foi jusque-là, s'appuyer sur la priorité de la découverte et la possession prolongée.

Mais les deux thèses s'étaient présentées sur le Congo d'une manière si caractéristique, que lorsque le prince de Bismark prit l'initiative en 1884 de la Conférence de Berlin, il inscrivit au programme, dès les premiers échanges de vues avec la France, cette question : *Définition des formalités à observer pour que des occupations nouvelles sur les côtes d'Afrique soient considérées comme effectives.* Les deux cabinets de Berlin et de Paris se mirent à l'étude pour présenter un projet dans ce sens. Il fut tacitement convenu entre les deux gouvernements, que l'on se bornerait à énoncer quelques règles générales aussi simples que possible. Ces règles, d'ailleurs, dans l'esprit comme dans la lettre du programme qu'elles devaient développer, visaient un but précis, de portée toute pratique, celui de prévenir certaines causes de dissentiments et de conflits dans une période déterminée de conquêtes coloniales. La France, uniquement préoccupée des conditions matérielles qui devaient établir l'effectivité des occupations, se contentait d'exiger la formalité d'une notification officielle, en même temps que la délégation sur les lieux d'un agent responsable représentant le gouvernement occupant, et disposant des éléments nécessaires pour assurer l'exercice permanent de son autorité.

Au point de vue du droit international, la notification était une garantie nouvelle qui, dans ce cas particulier, se justifiait par plus d'un procédé abusif, et, quant à la seconde disposition elle répondait à la notion d'État, en prévoyant comme indispensable une organisation politique plus ou moins régulière, c'est-à-dire l'institution d'un pouvoir local définitivement établi.

L'Allemagne proposait d'ajouter à ces deux engagements l'obligation pour tout nouvel occupant de reconnaître, comme conforme au *statu quo* antérieur, la liberté du trafic, ou pour le moins la franchise du transit et l'interdiction de tout droit différentiel. La France n'accepta pas cette idée et concéda au gouvernement allemand de mettre « que l'occupant s'obligeait à faire respecter, le cas échéant, les conditions sous lesquelles la liberté du commerce et du transit aurait été garantie ». Le gouvernement français précisa le sens des mots « cas échéant », disant que, selon lui, ils signifiaient « en prévision du cas où le territoire occupé aurait été ouvert au libre commerce par convention spéciale (1) ».

Le projet franco-allemand, discuté par la Conférence, aboutit à la rédaction du chapitre VI de l'acte de Berlin qui comprend deux articles ainsi conçus :

(1) Note de M. Engelhardt, délégué français, en date du 26 décembre 1885, déposée aux *Archives de l'ambassade de Berlin*.

ART. 34. — « La Puissance qui dorénavant prendra possession d'un territoire sur les côtes du continent africain situé en dehors de ses possessions actuelles, ou qui, n'en ayant pas eu jusque-là, viendrait à en acquérir, et de même la Puissance qui y assumera un protectorat, accompagnera l'acte d'une notification adressée aux autres Puissances signataires du présent acte, afin de les mettre à même de faire valoir, s'il y a lieu, leurs réclamations.

ART. 35. — Les Puissances signataires du présent acte reconnaissent l'obligation d'assurer, dans les territoires occupés par elles, sur les côtes du continent africain, l'existence d'une autorité suffisante pour faire respecter les droits acquis et, le cas échéant, la liberté du commerce et du transit dans les conditions où elle serait stipulée. »

Le premier de ces articles a trait à la prise de possession, le deuxième à l'effectivité de l'occupation.

I. — Ne sont obligées au respect de ces dispositions que les puissances signataires ou adhérentes à l'acte de Berlin. L'obligation n'existe qu'à l'égard des signataires, elle n'existe pas vis-à-vis des gouvernements non adhérents, envers qui les signataires ne sont tenus juridiquement d'accomplir aucune des formalités nouvelles, suivant la règle : *Res inter alios acta aliis nec nocere nec prodesse potest.*

II. — Il est hors de doute que ces articles ne s'appliquent pas aux prises de possession passées. L'article 34 dit : « Les puissances qui *dorénavant* », et d'ailleurs les dépêches-programmes, les discussions devant la Conférence, le rapport de la commission constatent tous que ces règles ne s'appliqueront que dans l'avenir. Le rapport de la commission dit : « La commission s'est trouvée d'accord pour admettre que la déclaration ne s'appliquerait qu'aux occupations futures (1). »

(1) Livre jaune, *Affaires du Congo*, p. 213.

III. — Les articles 34 et 35 stipulent que les règles qu'ils affirment ne sont obligatoires que pour la prise de possession des *côtes du continent africain*. Et ainsi, comme le fit remarquer Sir Edward Malet, ambassadeur d'Angleterre, leur application est bien limitée, car en 1885, les côtes africaines étaient déjà occupées dans presque toute leur étendue.

IV. — L'article 34 mentionne que les conditions qu'il énumère sont applicables en cas de protectorat. Cette mention n'existe pas au contraire dans l'article 35. Elle fut retirée sur la réclamation de sir Malet ; cependant la Conférence n'a pas entendu par là soustraire aux règles de l'article 35, une occupation déguisée par un patronage plus ou moins réel donné à des consuls ayant des attributions étendues, car s'il en était ainsi, la Conférence aurait en quelque sorte légalisé par un vote indirect l'abus des établissements fictifs, c'est-à-dire, qu'elle aurait précisément exposé les puissances coloniales à l'éventualité qu'elle entendait prévenir (1).

V. — La notification a pour but de permettre aux nations de faire valoir, s'il y a lieu, leurs réclamations. L'ambassadeur d'Angleterre aurait jugé désirable que la notification contînt toujours une détermination approximative des limites du territoire occupé ou protégé. Mais, dit le rapport de la commission, les membres de la commission tout en n'étant pas opposés, en principe, à cette modification, ne la croient pas nécessaire. C'est, d'après eux, plutôt une question de forme que de fond. Notifier l'occupation ou la prise de possession d'un territoire, implique nécessai-

____

(1) *Etude sur la déclaration de la Conférence de Berlin relative aux occupations*, par Ed. Engelhardt, *Revue de droit international et de législation comparée*, année 1886, p. 433.

rement une définition plus ou moins précise de la situation de ce territoire. Il reste entendu que la notification reste inséparable d'une certaine délimitation (1).

Il résulte aussi des discussions, qu'un acquiescement unanime n'est pas la condition préalable de la validité d'une prise de possession (2).

Enfin, l'article 34 ne parle nullement de se prononcer sur la légitimité des prises de possession, malgré que M. Kasson, plénipotentiaire des États-Unis, eût proposé « que les puissances signataires se réservent la faculté d'apprécier toutes les conditions de droit et de fait dans lesquelles une occupation africaine s'est accomplie ». On évita d'en parler dans l'Acte de Berlin, trouvant la question trop délicate.

VI. — Au sujet de la prescription d'établir une autorité suffisante, l'ambassadeur d'Italie avait demandé si l'obligation d'établir une autorité suffisante ne comportait pas de délai, et s'il ne conviendrait pas d'intercaler après le mot : établir, les termes : dans un délai raisonnable. Il fut entendu que la puissance occupante disposerait du temps raisonnablement nécessaire (3).

Telles sont les premières — et les seules jusqu'ici — dispositions sur la prise de possession et sur l'occupation dans un acte public. Il était nécessaire après avoir vu les dissentiments qui les avaient motivées de les étudier. La portée des articles 34 et 35 n'est pas très grande au point de vue des obligations immédiates qui en sont nées, car à l'heure actuelle, toutes les côtes de l'Afrique qui offrent un intérêt quelconque sont occupées ; mais au point de vue du

(1) Livre jaune, 1885, *Affaires du Congo*, p. 214.
(2) Livre jaune, 1885, *Affaires du Congo*, p. 215
(3) Livre jaune, *Affaires du Congo*, p. 218.

droit international, l'apparition de ces deux articles est un événement très important. C'est un réel progrès, la reconnaissance solennelle par un congrès européen de principes affirmés jusque-là par les jurisconsultes. Le rapport de la commission du Congrès de Berlin dit : « La notification n'est pas encore universellement consacrée par la pratique, envisagée comme il vient d'être dit, elle sera une innovation utile du droit public. »

Ces règles ont eu un grand retentissement et ont, en effet, débordé de leur étroit champ d'application, et depuis cette époque, en n'importe quelle contrée du globe, et au centre de l'Afrique qui n'était pas visé par l'Acte de Berlin, les gouvernements se sont appliqués à rendre leur occupation effective. Dès 1885, nous avons vu que l'Allemagne au sujet des Carolines se recommande de l'occupation effective. En 1890, le Portugal s'appuyait sur l'effectivité de sa possession pour disputer à l'Angleterre la possession du Manicaland et du Mashonaland. Pour les deux puissances, ces territoires avaient un grand intérêt : l'Angleterre, pour réaliser son projet de possession africaine du Cap à Alexandrie ; le Portugal, pour unir ses possessions d'Angola et de Mozambique. L'Angleterre s'appuyait sur un traité conclu avec un roi nègre. Le Portugal envoya des troupes, battit les tribus nègres que l'Angleterre avait poussées à lutter contre lui, mais le 10 janvier 1890, lord Salisbury adressa un ultimatum au cabinet de Lisbonne. Le Portugal abandonna les territoires qu'il occupait par les traités du 14 et du 20 mai 1871. L'Angleterre avait fait appel à cette règle fondamentale de sa politique : La force prime le droit, malgré que ce fût elle qui à Berlin avait réclamé l'application des articles 34 et 35 sur le centre de l'Afrique. De même en 1897, la France s'appuya sur l'effectivité de sa

possession pour réclamer la possession de Boussa et de Say
sur le Niger, et enfin du territoire de Bahr-el-Gazal en
1898.

L'État indépendant, en 1890, fit une application bien précipitée de l'article 35 lorsqu'il occupa la rive droite de
l'Oubanghi, sous prétexte que la France à qui appartenait
cette rive par le protocole de 1887 ne l'occupait pas encore.
Application précipitée, car on avait fait remarquer à la
Conférence que l'occupation ne devrait être effective qu'a-
près un temps raisonnablement nécessaire, or 3 ans s'é-
taient écoulés depuis 1887, et il n'était pas extraordinaire
que la France n'ait pas encore occupé ces territoires loin-
tains ; mais nous verrons que pour être parvenu tard et
timidement au rang d'État, l'État du Congo n'en aura pas
moins de grandes ambitions.

En dehors de l'Acte de Berlin, il faut signaler les travaux
de lInstitut de droit international sur cette question. Après
1885, l'Institut mit à son ordre du jour « l'examen de la
théorie de la Conférence de Berlin sur l'occupation des territoires » et avait nommé une commission d'études parmi
les membres de laquelle, je nommerai MM. Engelhardt, de
Laveleye, sir Travers Twiss. Cette commission aboutit,
en 1888, au Congrès de Lausanne sous la présidence de
MM. Renault et Rivier, à l'adoption d'une déclaration en
10 articles intitulée « projet de déclaration internationale
relative aux occupations de territoires » qui améliore les
deux articles de l'Acte de Berlin.

CHAPITRE IV

Les protestations portugaises étaient surtout provoquées par l'œuvre française, que le Portugal redoutait plus que l'œuvre de l'Association, qui n'était pour lui qu'une société privée ne pouvant acquérir aucun droit souverain. Aussi en 1882, vers le mois de novembre, alors que le Parlement français s'occupait de la ratification du traité de M. de Brazza avec Makoko (1), le gouvernement portugais fit-il demander par M. d'Azevedo, chargé d'affaires de Portugal à Paris, à M. Duclerc, ministre des affaires étrangères de France, si ce traité empiétait sur les territoires situés au sud du 5°12'. M. Duclerc se contenta de répondre que la France ne se reconnaissait aucun droit au sud de ce degré, et que par conséquent le Portugal n'avait pas à s'inquiéter du traité que la Chambre française venait de ratifier. M. Duclerc ne voulait pas dire par là qu'il reconnaissait les droits du Portugal au sud du 5°12', il disait seulement que la France ne s'en reconnaissait pas (2).

Le Portugal se retourna avec plus de succès du côté de l'Angleterre. Cependant l'Angleterre depuis un siècle niait que le Portugal eût des droits sur l'embouchure du Congo,

(1) Dépêche de M. de Laboulaye à M. J. Ferry, 15 mars 1884.
(2) Voir : Livre jaune, *Affaires du Congo*, 1885 : Dépêches de M. d'Azevedo à M. de Serpa, datées de Paris les 24 novembre, 9 et 11 décembre 1882 ; dépêche de M. J. Ferry à M. de Laboulaye du 3 mai 1884, et note de M. Duclerc à M. J. Ferry du 26 avril 1884.

et nous l'avons vue protester énergiquement et avec succès, lors de l'affaire de Puenta da Lehna. C'est à la fin de novembre 1882, que le cabinet de Lisbonne commence à négocier avec l'Angleterre pour faire reconnaître les droits du Portugal au sud du 5°12'. Dès le 15 décembre, il semble que les négociations ont chance d'aboutir ; car lord Granville indique qu'il est disposé à reconnaître les droits du Portugal, à condition : que la navigation soit libre sur le Congo et le Zambèze, que des tarifs peu élevés soient établis sur les marchandises dans les possessions portugaises africaines, que l'Angleterre jouisse du privilège de la nation la plus favorisée, et que les commerçants anglais aient les mêmes droits que les Portugais.

Vers le 16 février 1883, les deux gouvernements sont prêts à conclure sur ces bases, lorsqu'à la suite des interpellations Bourke et Jacob Bright à la Chambre des Communes, le gouvernement anglais change d'attitude.

Le gouvernement anglais conteste les droits du Portugal sur les territoires que celui-ci réclame, cependant il est prêt à lui remettre l'autorité sur ces territoires, mais ce sera une faveur et non plus la reconnaissance d'un droit, et dès lors le gouvernement anglais n'a plus à demander de concessions, mais à fixer des conditions. Il demande qu'une commission internationale soit établie sur le Bas-Congo. M. de Serpa Pimentel, ministre des affaires étrangères de Portugal, accepte ces bases ; mais le 1er juin 1883, l'Angleterre met de nouvelles conditions ; lord Granville demande des concessions dans l'Afrique orientale, en réclamant que le Portugal n'exerce pas sa juridiction sur la rivière Chiré, affluent du Zambèze.

Découragé, M. de Serpa Pimentel cesse les négociations avec l'Angleterre et demande au cabinet de Paris, ce qu'il n'a pu obtenir de celui de Londres. Le 18 juillet 1883, il adresse à M. de Laboulaye, notre ambassadeur à Lisbonne, une note où il lui signale « la fixation des limites de la Guinée portugaise et respectivement des possessions françaises voisines comme le meilleur moyen de mettre un terme aux fréquentes contestations qui s'élèvent entre les sujets et les autorités des deux nations... Pour effectuer la délimitation dont il s'agit ; l'étude des lieux faite par des fonctionnaires compétents et dûment autorisés des deux pays serait nécessaire (1) ». Le 4 août 1883 (2) M. Challemel-Lacour, ministre des affaires étrangères à Paris, répond qu'il est prêt d'entrer dans la voie des négociations avec le Portugal à condition « que l'arrangement à intervenir portera non seulement sur les établissements de la Guinée, mais sur les possessions respectives de toute la côte occidentale d'Afrique ». En communiquant cette dépêche à M. de Serpa, M. de Laboulaye l'invitait à nommer une commission d'études pour la délimitation des frontières. M. de Serpa répondit le 13 juillet par une note (3) adressée à M. de Laboulaye ; il accepte la délimitation de frontières qu'il avait d'ailleurs lui-même suggérée, et il ajoute : « Mais comme l'autre point de contact (il vient de parler de la Guinée) d'importantes possessions portugaises et françaises en Afrique, se trouve dans la proximité du Congo et comme le gouvernement de Sa Majesté a toujours soutenu la légitimité des droits de souveraineté du Portugal entre le degré 5°12' et 8° de latitude sud à la côte occi-

(1) Dépêche de M, de Laboulaye à M. Challemel-Lacour, ministre des affaires étrangères à Paris, en date du 18 juillet 1883, Livre jaune, *Affaires du Congo*, 1885.

(2) Dépêche de M. Challemel-Lacour à M. de Laboulaye, Livre jaune, *Affaires du Congo*, 1885.

(3) Livre jaune, *Affaires du Congo*, 1885.

dentale d'Afrique, il ne peut entrer en négociations pour une fixation réciproque de limites dans cette partie du territoire africain qu'avec la base de l'admission explicite, de la part de la France, de ses droits, de même que le Portugal est prêt à admettre les légitimes droits de la France sur les territoires qu'elle a récemment acquis (1). »

La tentative de négociation avec la France en resta là, le cabinet français ne fit aucune réponse à cette note, et le 8 janvier 1884, M. Barboza du Bocage, qui a succédé à Lisbonne à M. de Serpa Pimentel, reprend les négociations avec l'Angleterre. Le gouvernement anglais offre de reconnaître la souveraineté du Portugal jusqu'à Nokki, à condition qu'une limite soit fixée à la juridiction du Portugal sur le Chiré. Le gouvernement anglais insinue que puisqu'il y a des objections de la part du Portugal à admettre une commission internationale il acceptera une commission mixte anglo-portugaise ; « il le fera, dit-il, avec la plus sincère répugnance, et seulement parce que le gouvernement de Sa Majesté Très Fidèle déclare que la modification est absolument nécessaire pour assurer l'acceptation du traité. » « Lord Granville désire toutefois qu'il soit clairement établi qu'il accepte la commission à deux sans aucun esprit d'exclusivisme, mais avec le ferme propos d'assurer au commerce de toutes les nations une complète liberté. » M. Barboza du Bocage sent que le temps presse, il cède et répond le 26 janvier : « Dans le terme où se pose la négociation ; ce qu'il faut c'est prendre une résolution ». Le 26 février 1884, le traité était signé à Londres par lord Granville et M. d'Antas (2).

Voyons les principales clauses de ce traité en ce qui

(1) Livre jaune, *Affaires du Congo*, 1885.
(2) Le traité se trouve dans l'ouvrage de Banning, *Le partage politique de l'Afrique*, p. 102.

concerne le Congo. L'article 1ᵉʳ reconnaît la souveraineté des Portugais « sur la partie de la côte occidentale située entre le 8° et le 5°12' de latitude sud, et sur les terres à l'intérieur aussi loin qu'il suit : sur le fleuve Congo la limite sera Nokki ». (Le Portugal avait donc ainsi les deux rives du Congo jusqu'à Nokki.)

L'article 2 dit que ces territoires seront ouverts à toutes les nations et que les étrangers jouiront des mêmes droits et bénéfices que les sujets du Portugal.

L'article 3 établit l'entière liberté, sous le rapport du commerce et de la navigation, des fleuves Congo et Zambèze et de leurs affluents pour les sujets et les pavillons de toutes les nations.

L'article 4 stipule qu'aucun droit de douane, péage, monopole, etc. ne sera établi sur les territoires indiqués à l'article 1ᵉʳ, à moins qu'il n'ait été convenu entre les parties contractantes et pour cela « une commission mixte composée de délégués de la Grande-Bretagne et du Portugal sera nommée pour rédiger des règlements concernant la navigation, la police et la surveillance du Congo et des autres voies fluviales comprises dans le territoire indiqué à l'article 1ᵉʳ et pour veiller à leur exécution. Les règlements pourront imposer des droits de péage suffisants pour subvenir aux frais des travaux nécessaires pour faciliter le commerce et la navigation ». « La Commission prendra des arrangements avec les autorités portugaises pour l'érection et l'entretien de phares, de fanaux et de marques pour indiquer les chenaux. »

Les articles 5 et 6 indiquent qu'il ne sera pas perçu de droits de transit ni par terre, ni par eau, et que les routes de terre seront librement ouvertes à tous.

Les articles 7, 9, 10, 12 stipulaient : l'égalité pour toutes

les religions, l'égalité de traitement au point de vue des
droits à acquitter par les navires anglais et portugais,
un délai de 10 ans pendant lequel le tarif des douanes ne
pourrait être augmenté dans les colonies portugaises de
l'Afrique, certaines prérogatives commerciales au profit
de l'Angleterre, l'exemption de patente de santé et de qua-
rantaine dans tous les ports portugais aux navires anglais
à destination de l'Angleterre, des mesures contre l'esclavage, notamment l'autorisation aux navires anglais chargés de supprimer la traite, d'entrer dans les baies, ports,
anses, rivières des colonies portugaises où il n'y aura pas
d'autorités portugaises établies.

Ce traité souleva, dès qu'il fut connu, les protestations
des chancelleries européennes. Ce qui mécontentait le
plus, c'était l'institution de la commission mixte dont parlait l'article 4 et qui devait réglementer la navigation sur
le Bas-Congo.

Il y avait bien, il est vrai, l'affirmation de Lord Granville qu'il acceptait la commission mixte avec répugnance
et que, dans tous les cas, elle assurerait l'entière liberté de
la navigation. Mais ce n'était qu'une vague promesse alors
que le traité donnait tous droits à la commission ; qui ne
sait que les hommes politiques sont versatiles et que ce
qu'ils promettent aujourd'hui, ils ne le font souvent pas
demain !

Pour l'Association internationale, le danger était grand,
la situation se présentait ainsi : le Portugal détenait les
deux rives du Congo jusqu'à Nokki, il allait percevoir des
droits de douane sur ces territoires qui commandaient le
reste du Congo, l'Angleterre prendrait la haute direction
politique, et l'Association internationale perdrait tout accès à la côte, car personne n'ignorait le projet de la France
de lui disputer la vallée du Niadi-Kwilu.

Ce traité devait, par la suite, rester lettre morte, mais il a une grande importance historique, en ce qu'il est l'embryon des décisions qu'allait prendre la Conférence de Berlin, chargée de régler la question du Congo. Il parlait de la liberté de la navigation, de la liberté des routes terrestres, de l'exemption de droits pendant une certaine période, d'une certaine égalité de traitement pour toutes les nations, de la répression de l'esclavage, de l'égalité des religions, et de la commission mixte qui va devenir dans l'acte de Berlin la commission internationale ; ce traité établissait sur les possessions du Portugal certaines servitudes, une diminution des droits régaliens de cet État sur ses possessions africaines.

Il n'est pas étonnant qu'en 1884, ces idées soient émises dans le traité anglo-portugais, car nous verrons lorsque nous parlerons de la Conférence de Berlin qu'elles étaient le résultat des travaux d'un certain nombre de jurisconsultes, qui depuis quelque temps s'occupaient de la question du Congo dans le sens d'une grande liberté commerciale à y établir.

CHAPITRE V

La politique commerciale des Portugais ayant toujours été très prohibitive, le traité fut mal reçu non seulement par les gouvernements, mais aussi par toutes les sociétés commerciales. On commençait à se rendre compte de l'importance commerciale des riches contrées du Congo, et ce n'était pas sans crainte qu'on en voyait le seul débouché vers la mer tomber aux mains des Portugais. Les chambres de commerce de Londres, Rotterdam, Hambourg s'élevèrent contre le traité. La presse parlait dans le même sens, et le journal belge *le Précurseur* se faisant l'écho de ces récriminations disait : « On est persuadé ici que le Portugal apporterait toutes sortes d'entraves au développement matériel et moral des vastes régions du Congo ; qu'au lieu d'aider à leur civilisation, il y serait un obstacle. »

Le traité jetait en pleine actualité diplomatique l'œuvre de l'Association, dès lors, les manifestations des États en faveur de celle-ci allaient se succéder vivement.

Dans le mois d'avril 1884, l'Association entame des négociations avec les États-Unis dans le but d'obtenir d'eux sa reconnaissance comme puissance souveraine. Les jour-

naux américains, particulièrement le *New-York-Herald*,
publièrent d'importants articles sur l'Association ; le Président dans son message annuel, fit une déclaration favorable ; au Sénat, le rapporteur, M. Morgan, rappela avec
éloges les travaux de l'Association internationale du Congo,
et fit valoir comme antécédent la fondation de l'État de
Libéria par l'initiative privée, « fondation, disait-il, qui
par son succès a érigé en principe du droit des gens, celui
de créer des États dans l'intérêt de la civilisation, au milieu des contrées barbares ».

Le Sénat accueillit favorablement la déclaration de
l'Association dans laquelle celle-ci indiquait qu'elle acquérait des territoires en Afrique pour en faire des États
libres, qu'aucun droit de douane ne serait perçu sur ses
territoires, ni sur les routes, ni sur le fleuve, que toutes
les nations seraient sur le même pied d'égalité et qu'elle
abolirait la traite des esclaves. Le 22 avril 1884, le gouvernement de Washington signait une déclaration aux
termes de laquelle l'Association assurait au commerce
américain le libre accès de ses possessions, le gouvernement des États-Unis reconnaissait le drapeau de l'Association « à l'égal de celui d'un gouvernement ami », mais
considérait celle-ci « comme gérant les intérêts des États
libres établis dans cette région ». Il semble bien d'après
cette convention que les États-Unis ne considéraient pas
l'Association comme un État, mais comme une personne
du droit international : le gérant des États libres de la
région du Congo. Il regardait l'Association comme une
personne du droit des gens semblable à la Commission
internationale du Danube qui a son drapeau et des droits
souverains, mais n'est pas un État. Quoi qu'il en soit l'Association venait de remporter une grande victoire, le

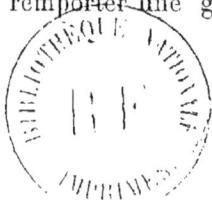

Sénat et le gouvernement avaient adhéré au rapport de
M. Morgan et reconnaissaient par là que l'Association
pouvait acquérir des droits souverains, et, dit Banning,
« cet acte tranchait le problème juridique concernant la
capacité d'une association privée d'acquérir des droits de
souveraineté (1) ».

Le gouvernement français n'était pas resté inactif; dès
le jour où il eut connaissance officiellement du traité
anglo-portugais, M. Jules Ferry « fit toutes réserves pour
la liberté commerciale et contre le contrôle d'une seule
puissance sur le Bas-Congo ». Et en en faisant part à
M. de Laboulaye (2), il ajoutait : « Je me propose de demander un contrôle international. » M. J. Ferry accueillit les propositions de l'Association qui cherchait un appui, et le lendemain de la signature de la convention avec
les États-Unis, le 23 avril 1884, était conclu un accord
entre la France et l'Association. Le gouvernement de la
République s'engageait à respecter les stations et territoires libres de l'Association et à ne pas mettre obstacle à
l'exercice de ses droits ; l'Association, de son côté, déclarait qu'elle ne céderait à quiconque ses possessions, et
que si, par des circonstances imprévues, elle était amenée un jour à les réaliser, elle s'engageait à donner à la
France un droit de préférence que nous étudierons plus
loin.

Dès lors, même en supposant qu'elle se soit détournée
du Bas-Congo, pensant qu'il était plus facile d'atteindre le
Stanley-Pool par le Niadi-Kwilu, la France était intéres-
sée à trouver un débouché à l'œuvre de l'Association et à
combattre le traité anglo-portugais.

(1) Banning, *La Conférence africaine de Berlin et l'Association internationale du Congo*, 1885, p. 16.
(2) *Livre jaune, Affaires du Congo*, 1885.

L'antipathie que le prince de Bismark a nourrie longtemps contre la politique coloniale est bien connue : « Je
ne veux pas de colonies, disait-il en 1871. Pour nous autres allemands, des possessions lointaines seraient exactement ce qu'est la pelisse de zibeline pour certaines fa-
milles nobles de Pologne qui n'ont pas de chemises. » En
1884, le chancelier allemand était en but aux sollicitations
de grands commerçants de Francfort et de Hambourg, et
des chambres de commerce de ces villes qui lui montraient
l'avenir de la colonisation et le suppliaient de faire entrer
l'Allemagne dans cette voie. A demi convaincu, le prince
de Bismark pensa trouver un moyen terme dans la création d'un État libre où règnerait la liberté commerciale ;
ainsi les commerçants allemands auraient les débouchés
qu'ils demandaient sans que l'Allemagne s'imposât les
charges que craignait son chancelier, et dès le 26 avril
1884, le baron de Courcel, ambassadeur de France à Berlin, pouvait écrire à M. J. Ferry (1) : « Le gouvernement
impérial donne la plus sérieuse attention à la question du
Congo et on s'occupe en ce moment même de réunir les
éléments d'un travail devant lui permettre de se prononcer en connaissance de cause. M. de Hatzfeldt, tout en me
disant qu'il n'était pas encore arrivé à des conclusions
définitives, m'a fait connaître qu'il avait traité la question
du Congo avec le Chancelier de l'Empire et que trois
points pouvaient, dès à présent, être considérés comme
acquis.

« En premier lieu, le gouvernement allemand avait reconnu que ses nationaux avaient des intérêts importants
impliqués dans la question et que ces intérêts méritaient,
de sa part, un sérieux appui.

(1) Livre jaune, *Affaires du Congo*, 1885.

« Secondement, le gouvernement allemand, avant de fixer ses propres résolutions, avait le désir d'échanger ses vues avec les autres gouvernements intéressés, notamment avec la France, et le prince de Hohenlohe serait invité à vous témoigner le prix que l'Allemagne attacherait à se concerter avec vous. Enfin, *pour ce qui concerne spécialement l'acte diplomatique signé, mais non encore ratifié, entre l'Angleterre et le Portugal, quels que dussent en être le sort et la portée, l'Allemagne le regardait comme ne lui étant pas opposable et comme ne pouvant, en aucun cas, porter légalement atteinte à la situation de droit des tiers non intervenus à la négociation.* »

Dans le même temps, le gouvernement allemand faisait parvenir ses protestations à Londres et à Lisbonne.

Devant ces diverses manifestations, le Portugal s'émut, et le 4 juin 1884, M. de Laboulaye annonçait à M. J. Ferry (1) que le Portugal admettait une commission internationale, composée des délégués des puissances intéressées et assurait à tous les étrangers un traitement égal à celui de ses nationaux : « lorsque l'opinion des divers gouvernements intéressés sera connue, les gouvernements anglais et portugais se mettront d'accord sur le meilleur moyen de constater l'entente générale, soit par une conférence, soit par un échange de notes. »

Il n'était plus temps, le prince de Bismark, tout en agréant la bonne volonté un peu tardive du Portugal, avait épousé la cause de l'Association internationale, pensant qu'elle serait le meilleur agent pour l'œuvre de liberté commerciale qu'il rêvait au Congo. Le 23 juin 1884 il dit au Reichstag : « Nous sommes sur le point de nous

(1) Livre jaune, *Affaires du Congo*, 1885.

entendre avec le Portugal et les autres nations maritimes sur les dispositions à prendre pour arriver à une entente internationale à propos des affaires du Congo. *Les entreprises belges le long de ce fleuve ont pour but la fondation d'un Etat indépendant. L'Allemagne favorise ce projet.* Elle est prête à y contribuer si elle reçoit l'assurance que le commerce libre sera favorable au Congo pour ses nationaux, car ainsi s'ouvrirait un nouveau terrain au commerce allemand. »

Le lendemain de ce discours, le gouvernement anglais qui était en but aux protestations de ses commerçants, qui craignaient la souveraineté du Portugal sur le Bas-Congo, déclara qu'il n'y avait pas lieu de ratifier le traité avec le Portugal. Le 26 juin 1884, lord Fitz Maurice, secrétaire d'État pour le Foreign Office, dit à la Chambre des communes : « En présence des objections sérieuses des puissances contre le traité du Congo, le gouvernement anglais a notifié au gouvernement portugais, que la ratification du traité devenait superflue. »

Dès lors, les négociations commencèrent entre la France et l'Allemagne, protectrices de l'Association, pour arriver à une entente internationale. M. de Bismark et le baron de Courcel dressèrent le programme de la future conférence, qui dans leurs vues devrait se réunir pour régler la question, et les 13 et 29 septembre eut lieu l'échange entre le prince de Bismark et M. de Courcel de deux notes diplomatiques, résumant les résolutions sur lesquelles s'étaient arrêtés les deux pays avant de convoquer une conférence.

La note de M. de Bismark, en date du 13 septembre 1884, indiquait d'abord que l'Allemagne était prête à respecter les droits territoriaux de la France au Congo, et ajoutait, que les deux pays étaient d'accord sur les trois points à soumettre à la conférence future : 1° établissement de la liberté commerciale sur le Congo ; 2° acte de navigation du Niger et du Congo ; 3° formalités à observer pour que les occupations nouvelles sur la côte d'Afrique soient considérées comme effectives. Au sujet du premier point, le prince de Bismark s'exprimait ainsi : « De même que la France, le gouvernement allemand observera une attitude bienveillante à l'endroit des entreprises belges sur les rives du Congo, par suite du désir qu'ont les deux gouvernements d'assurer à leurs nationaux la liberté de commerce dans toute l'étendue de l'État futur du Congo et dans les positions que la France tient sur ce fleuve et qu'elle se propose d'assimiler au système libéral qu'on attend de cet État à constituer. Ces avantages resteront acquis aux nationaux allemands et leur seraient garantis, dans le cas où la France se trouverait appelée à exercer le droit de préférence accordé par le roi des Belges en cas d'aliénation des acquisitions faites par la Compagnie du Congo. »

La note du baron de Courcel confirmait entièrement celle de M. de Bismark. Elle disait notamment : « Le gouvernement de la République française met au premier rang de ces principes la liberté du commerce dans le bassin et les embouchures du Congo. L'Association internationale africaine, qui a fondé sur ce fleuve un certain nombre de stations, se déclare prête à l'admettre dans toute l'étendue des territoires sur lesquels elle exerce des droits. De son côté, la France est disposée à accorder également la liberté commerciale dans les positions qu'elle tient ou qu'elle pourra acquérir plus tard sur le Congo ; elle se proposerait même de maintenir cette liberté dans le cas où elle se trouverait appelée à recueillir le bénéfice des arrangements que Votre Altesse Sérénissime a visés dans sa note, et qui assurent à la France le droit de préférence en cas d'aliénation des territoires acquis par l'Association internationale. Ces concessions de la part de la France, demeurent naturellement subordonnées à la condition de réciprocité.

« Par la liberté du commerce, nous entendons le libre accès pour tous les pavillons, l'interdiction de tout monopole ou traitement différentiel ; mais nous admettons l'établissement de taxes qui pourront être perçues comme compensation de dépenses utiles pour le commerce.

« Il est bien convenu qu'en poursuivant l'institution dans le bassin du Congo, du régime de la liberté commerciale et en se déclarant prêt à y contribuer pour sa part, le gouvernement français ne se propose pas d'étendre l'application de ce régime à ses établissements coloniaux du Gabon, de la Guinée ou du Sénégal. »

M. de Courcel terminait en demandant qu'une invitation soit lancée aux puissances afin de traiter ces questions dans une conférence internationale.

L'entente existe donc entre la France et l'Allemagne pour régler les questions pendantes dans le bassin du Congo ; mais la France veut que les questions territoriales soient traitées en dehors de la Conférence, quoique lord Granville qui, depuis l'abandon du traité anglo-portugais, est implicitement d'accord avec l'Allemagne et la France, demande que préalablement on s'entende sur l'attitude à prendre vis-à-vis des droits du Portugal et de l'Association. La fondation d'un État dans le bassin du Congo est prévue de part et d'autre, mais la fixation de ses limites est réservée à des négociations distinctes.

Le 30 septembre, M. de Bismark écrivit à M. de Courcel (1) que la Conférence qui allait avoir lieu, sur l'invitation de la France et de l'Allemagne, pourrait se réunir à Berlin en octobre. Les puissances invitées seraient celles intéressées dans le commerce d'Afrique : la Grande-Bretagne, les Pays-Bas, la Belgique, l'Espagne, le Portugal et les États-Unis d'Amérique « et pour assurer aux résolutions de la Conférence l'assentiment général, ajoutait M. de Bismark, il conviendrait peut-être de convier plus tard toutes les grandes puissances et les États Scandinaves à prendre part aux délibérations ».

Quelques jours avant l'ouverture de la Conférence de Berlin, le 8 novembre 1884, l'Association était reconnue par l'Allemagne. L'article V de la convention disait : « *L'empire d'Allemagne reconnaît le pavillon de l'Association comme celui d'un État ami.* » L'article VI : « L'empire d'Allemagne est prêt à reconnaître de son côté les frontières du territoire de l'Association et du nouvel État à créer (2)... »

(1) Livre jaune, *Affaires du Congo*, 1885.

(2) Convention entre l'empire d'Allemagne et l'Association internationale du Congo :

ART. 1er — L'Association internationale du Congo s'engage à ne prélever aucun droit sur les articles ou marchandises importés directement ou en transit dans ses possessions présentes et futures des bassins du Congo et du Niadi-Kwilu, ou dans ses possessions situées au bord de l'Océan Atlantique. Cette franchise s'étend particulièrement aux marchandises et articles de commerce qui sont transportés par les routes établies autour des cataractes du Congo.

ART. 2. — Les sujets de l'empire allemand auront le droit de séjourner et de s'établir sur les territoires de l'Association. Ils seront traités sur le même pied que les sujets de la nation la plus favorisée, y compris les habitants du pays, en ce qui concerne la protection de leurs personnes et de leurs biens, le libre exercice de leurs cultes, la revendication et la défense de leurs droits, ainsi que par rapport à la navigation, au commerce et à l'industrie.

Spécialement, ils auront le droit d'acheter, de vendre et de louer des terres et des édifices situés sur les territoires de l'Association, d'y fon-

L'Allemagne dans cette convention, reconnaissait pleinement l'Association et sans aucune restriction ; elle se faisait accorder par l'Association la liberté commerciale qu'elle devait inviter la Conférence de Berlin à décréter.

Quelques jours après, allait s'ouvrir la Conférence. Ce traité était un gros appui pour l'Association. L'Allemagne y disait clairement ses projets : l'État à créer. L'Association pouvait se présenter sans crainte devant l'assemblée européenne ; le Portugal avait été abandonné par l'Angleterre, l'Association était reconnue par les États-Unis et l'Allemagne, soutenue par la France, implicitement reconnue par l'Angleterre qui avait été tenue au courant des négociations de la France et de l'Allemagne ; et, le journal *Le Temps*, résumant parfaitement la situation, pouvait écrire à la veille de l'ouverture de la Conférence :

der des maisons de commerce et d'y faire le commerce ou le cabotage sous pavillon allemand.

ART. 3. — L'Association s'engage à ne jamais accorder d'avantages, n'importe lesquels, aux sujets d'une autre nation sans que ces avantages soient immédiatement étendus aux sujets allemands.

ART. 4. — En cas de cession du territoire actuel ou futur de l'Association ou d'une partie de ce territoire, les obligations contractées par l'Association envers l'empire d'Allemagne seront imposées à l'acquéreur.

Ces obligations et les droits accordés par l'Association à l'empire d'Allemagne et à ses sujets resteront en vigueur après toute cession vis-à-vis de chaque nouvel acquéreur.

ART. 5. — L'empire d'Allemagne reconnaît le pavillon de l'Association — drapeau bleu avec étoile d'or au centre — comme celui d'un État ami.

ART. 6. — L'empire d'Allemagne est prêt à reconnaître, de son côté, les frontières du territoire de l'Association et du nouvel État à créer, telles qu'elles sont indiquées sur la carte ci-jointe.

ART. 7. — Cette convention sera ratifiée, et les ratifications seront échangées dans le plus bref délai possible.

Cette convention entrera en vigueur immédiatement après l'échange des ratifications.

Ainsi fait à Bruxelles, le 8 novembre 1884.

Comte DE BRANDENBOURG   STRAUCH.

« Ce qui se dégage de tout cela : c'est 1° que le Portugal
est écarté, non par esprit de jalousie, on en conviendra,
mais parce que l'on juge qu'il a donné trop de preuves de
son incapacité civilisatrice ; 2° que la plupart des grandes
puissances, les États-Unis par leur reconnaissance for-
melle des droits souverains de l'Association internationale,
la France par son entente avec cette même Association,
l'Allemagne par les déclarations du Chancelier désirent
sauvegarder les intérêts de leur commerce avant toute
chose et qu'elles cherchent une combinaison basée sur le
fait acquis : l'établissement de l'Association patronnée
par le roi des Belges sur les territoires de l'Afrique centrale. »

TROISIÈME PARTIE

LA CONFÉRENCE DE BERLIN. — CRÉATION DE L'ÉTAT INDÉPENDANT DU CONGO

CHAPITRE PREMIER

PROGRAMME DE LA CONFÉRENCE DE BERLIN. — ÉTATS REPRÉ-
SENTÉS A LA CONFÉRENCE. — SON ŒUVRE. — LE BASSIN
CONVENTIONNEL DU CONGO.

La France et l'Allemagne avaient ainsi arrêté les questions sur lesquelles la Conférence qui allait se réunir à
Berlin allait avoir à se prononcer :

1° Etablissement de la liberté commerciale dans le bassin et aux embouchures du Congo ;

2° Application des principes sur la liberté de la navigation au Congo et au Niger ;

3° Définition des formalités à remplir pour que des
occupations nouvelles sur les côtes de l'Afrique soient
considérées comme effectives. J'ai parlé de cette dernière
question, je n'y reviendrai pas.

Il était entendu qu'aucune question de délimitation de
territoires ne serait examinée. M. Jules Ferry (1) dans la

(1) Dépêche du 8 novembre 1884, Livre jaune : *Affaires du Congo*, 1885,
p. 47.

dépêche où, à la veille de la Conférence, il adressait au
baron de Courcel ses dernières recommandations le disait
formellement : « Il peut arriver par exemple que des tentatives soient faites pour amener la Conférence à se prononcer sur les droits revendiqués par l'Angleterre, le Portugal ou l'Association internationale africaine sur les
territoires du Niger ou du Congo ; de semblables sugges-
tions devraient être rigoureusement écartées, toute question de souveraineté territoriale ou de protectorat étant
en dehors du programme qui a été proposé aux puissances
intéressées, après avoir été arrêté entre la France et
l'Allemagne. »

Quatorze nations étaient représentées à la Conférence
qui s'ouvrit à Berlin le 15 novembre 1884. L'Allemagne
y avait pour diplomates, M. de Bismark et le comte de
Hatzfeldt ; l'Autriche-Hongrie, le comte Széchényi ; la
Belgique, le comte van der Straten Ponthoz et le baron
de Lambermont qui devait, en 1889, présider la Conférence anti-esclavagiste de Bruxelles ; le Danemark, M. de
Vind ; l'Espagne, le comte de Benomar ; les États-Unis,
M. Kasson ; la France, le baron de Courcel ; la Grande-
Bretagne, Sir Edward Malet ; l'Italie, le comte de Launay ;
les Pays-Bas, M. Van der Hoeven ; le Portugal, le marquis de Penafiel ; la Russie, le comte Kapnist ; la Suède et
la Norvège, le baron de Bildt ; la Turquie, Saïd-Pacha.

La Conférence se sépara le 26 février 1885, après avoir
rempli le programme qu'elle s'était fixé et avoir formulé
plusieurs déclarations qui furent réunies en un seul acte
contenant 38 articles et connu sous le nom d'*Acte général de Berlin* (1). Cet acte contient une déclaration relative

(1) Voir l'Acte de Berlin soit dans le Livre jaune de 1885, p. 1895, soit
dans Banning, *Le partage politique de l'Afrique*, p. 161.

à la neutralité des territoires compris dans le bassin conventionnel du Congo, l'acte de navigation du Congo, l'acte
de navigation du Niger et une déclaration relative aux
occupations.

Ainsi que je l'ai fait remarquer, certaines dispositions
de ces déclarations étaient déjà indiquées dans le traité
anglo-portugais, mais l'idée que réalisait l'Acte général de
Berlin, de faire du centre de l'Afrique un vaste marché
franc pour le commerce européen, n'est pas plus due aux
promoteurs du traité anglo-portugais qu'à ceux de la Conférence de Berlin. C'est un groupe de jurisconsultes, suivant avec intérêt l'œuvre de l'Association, qui émit le premier des projets sur la libre navigation du Congo, la liberté commerciale des pays qu'il arrose et la neutralisation
de ces pays.

Le 5 septembre 1878, M. Moynier, dans la session que
l'Institut de Droit international tenait à Paris, parla de la
neutralisation du grand fleuve que l'expédition de Stanley
lançait en pleine actualité (1). Gerhard Rohlfs écrivait
en Allemagne (2), en 1883 : « Internationaliser le Congo,
serait peut-être moins facile que la neutralisation des bou-
ches du Danube. Mais si l'Allemagne et l'Angleterre voulaient appuyer cette solution, elle cesserait de paraître
irréalisable. La France, l'Italie, le Portugal, seraient for-
cés de les suivre et le Congo serait sauvé. Liberté pour
tous sous la protection de règlements arrêtés à la suite
d'un accord international, tel doit être notre mot d'ordre. »

La même année, M. de Laveleye disait (3) : « La solution

(1) *Annuaire de l'Institut de Droit international*, 1879-1880, p. 155.
(2) *Allgemeine Zeitung*, numéro du 22 avril 1883.
(3) *La neutralité du Congo*, par Émile de Laveleye. *Revue de Droit international*, 1883, p. 254.

me paraît être celle-ci : reconnaître la neutralité du Congo : confier le règlement de tout ce qui concerne le grand fleuve à une commission internationale, comme on l'a fait pour le Danube, ou tout au moins reconnaître la neutralité des stations hospitalières et humanitaires déjà fondées ou qui se fonderont successivement sur le Congo. »

En France, M. de Lesseps s'exprimait ainsi le 1er février 1883 : « L'idée de neutralisation du Congo me paraît excellente, sa réalisation serait digne de notre époque. Je fais des vœux pour le projet dont le roi des Belges a eu la généreuse initiative et au succès duquel j'aimerais à participer. »

Sir Travers Twiss, jurisconsulte anglais de grand mérite qui devait être un des membres les plus actifs des conseils techniques de la Conférence de Berlin, publiait vers la même époque de nombreuses études sur la libre navigation du Congo (1), demandant que la navigation soit librement ouverte à la marine marchande et qu'une commission internationale semblable à celle du Danube fût créée sur le Bas-Congo ; quant au Haut et Moyen-Congo, il considérait qu'une telle commission ne pouvait fonctionner et qu'il suffirait que tous les États s'engagent à laisser le libre usage de ces eaux, et à assurer aux Européens l'égalité de traitement.

Sur la proposition de M. Moynier, l'Institut de Droit international réuni à Munich en 1883 se saisit de la question du Congo. Dans le mémoire intitulé : *La question du Congo devant l'Institut de droit international* (2), qu'il adressait aux membres de l'Institut, M. Moynier écrivait :

_____

(1) *La libre navigation du Congo*, par Sir Travers Twiss. *Revue de Droit international*, 1883, p. 437.

(2) *Annuaire de l'Institut de Droit international*, 1883.

« Les États hésitent à se mettre en avant pour provoquer une entente en ce sens. La question se trouve dans une phase analogue à celle qui, en 1864, a précédé la signature de la convention de Genève. Aujourd'hui, de même, quoique l'idée de neutraliser le Congo ne paraisse pas devoir soulever d'objections majeures, la diplomatie hésite à en prendre l'initiative et pour qu'elle s'y décide, il suffirait peut-être de la mettre formellement en demeure d'agir. » M. Moynier proposait les solutions suivantes : 1° la navigation sur le Congo et tous ses affluents sera entièrement libre pour les sujets de tous les États et tous les droits féodaux de péage seront supprimés ; 2° la liberté des opérations commerciales s'étendra sur tout le territoire traversé par ce fleuve ; 3° seul le commerce des spiritueux sera interdit d'une manière absolue ; 4° l'esclavage sera aboli et la traite des nègres sera prohibée sur toute l'étendue du bassin du Congo ; 5° une Commission internationale sera instituée dans le but de prendre les mesures nécessaires pour sauvegarder et entretenir la navigation au Congo ; 6° les puissances soumettront à un arbitrage les conflits pouvant s'élever au Congo.

L'Institut prit vis-à-vis des États l'initiative de la démarche à laquelle M. Moynier le conviait, et chargea son bureau de transmettre aux diverses puissances avec le mémoire de M. Moynier un vœu ainsi conçu : « L'Institut de Droit international exprime le vœu que le principe de liberté de navigation, pour toutes les nations, soit appliqué au fleuve Congo et à ses affluents et que toutes les puissances s'entendent sur des mesures propres à prévenir les conflits entre nations civilisées dans l'Afrique équatoriale (1). »

(1) *Le Gouvernement portugais et l'Institut de Droit international,* Arntz. *Revue de Droit international,* 1883, p. 537.

Ce sont ces divers vœux et propositions qui sont les véritables inspirateurs des décisions de la Conférence de Berlin. Ils avaient indiqué les diverses questions à traiter : liberté de la navigation, liberté du commerce, neutralisation des territoires et du fleuve sous la garde de l'Association transformée en un État indépendant. « L'Association africaine, disait M. de Laveleye, serait reconnue officiellement comme le délégué de toute l'Europe civilisée (1). »

Les idées de ces théoriciens eurent d'autant plus d'influence sur la Conférence de Berlin que plusieurs d'entre eux faisaient partie des conseils techniques qui aidaient les ambassadeurs dans leur tâche.

Etablissement d'un régime commercial dans les territoires du centre africain et institution d'un organisme présidant aux destinées de ces territoires, la Conférence remplit ces deux parties de sa tâche d'une manière toute différente.

La première partie est l'œuvre officielle de la Conférence de Berlin, celle que l'on retrouve dans tous ses protocoles, dont s'occupe l'Acte tout entier. De l'organisation de la deuxième, il n'en est pas question dans l'Acte général ; la Conférence n'intervient que lorsque l'organisme qu'elle désirait voir se créer l'aura fait lui-même parallèlement à ses réunions, sans qu'il en soit cependant question. Elle viendra alors consacrer cette œuvre par un enregistrement solennel dans ses protocoles. L'Acte général restera muet sur cette gardienne de l'œuvre de la Conférence, que la Conférence aura vu se créer avec plaisir, qui quoique absente de ses délibérations, n'en aura pas moins été continuellement présente à sa pensée depuis le jour où la

(1) Lettre de M. de Laveleye au secrétaire du Congrès de Munich en réponse au mémoire de M. Moynier.

France et l'Allemagne conviaient les puissances à se réunir à Berlin jusqu'au jour où l'Association, devenue l'État indépendant, et forte de la reconnaissance des puissances adhérera à l'Acte de Berlin.

Banning a très bien caractérisé ces deux parties de l'œuvre de la Conférence (1) : « On doit, dit-il, considérer séparément et dans leur réaction mutuelle le travail qui s'accomplit au sein de la Conférence et celui qui s'opère autour d'elle. La Conférence a eu son centre à Berlin où l'on délibérait, mais elle avait en même temps ce qu'on pourrait appeler sa circonférence qui passait par la plupart des capitales de l'Europe où se poursuivaient simultanément des négociations parallèles. Ces deux activités ont eu chacune leur résultat propre. L'Acte général est l'œuvre de la diplomatie : c'est, dans ses clauses principales, un type nouveau de législation coloniale sous la forme d'un traité de commerce universel. Les traités qui reconnaissent l'Association internationale et déterminent ses limites, sont, d'autre part, le produit des négociations séparées ; ils aboutissent à la fondation d'un nouvel État, constitué dans des conditions uniques, étendant sur un territoire immense l'action d'une souveraineté naissante mais protégée par le caractère international inhérent à son origine. Cet État est entré publiquement dans le concert des puissances le jour où, salué de leurs vœux, entouré de leurs sympathies, il est venu faire acte d'adhésion à leur œuvre commune. »

Si l'Acte général de Berlin ne parle pas de l'État indépendant, c'est que les dispositions qu'avaient prises les puissances dépassaient les limites de l'État indépendant

(1) Banning, *La Conférence africaine de Berlin*, p. 6.

J. — 8

et s'étendaient sur les territoires qui l'entourent. L'Acte général n'est pas seulement la charte commerciale de l'État indépendant, mais aussi de nombreux territoires appartenant à la France, à l'Allemagne, au Portugal, à l'Angleterre et au sultan de Zanzibar. La question du champ d'application des résolutions de la Conférence s'était posée dès son ouverture. La première déclaration soumise à ses délibérations étant : la liberté du commerce dans le bassin et les embouchures du Congo, on devait se demander avant tout, quelles sont les limites du bassin du Congo ?

Dès la première séance, l'ambassadeur d'Angleterre, sir Malet, dans un discours où il indiquait les dispositions dans lesquelles se trouvait son gouvernement, montra l'importance de cette question, toute de premier ordre, en ce qui concerne le Congo. J'ai déjà dit que le Congo est une merveilleuse voie de pénétration, mais que de Matadi au Stanley-Pool la navigation est impossible, or ce débouché naturel de son cours inférieur étant fermé pour le Congo, le commerce prenait d'autres voies vers la côte à partir du Stanley-Pool. Ces voies étaient les fleuves côtiers comme le Niadi-Kwilu ou l'Ogoué.

Dans ces conditions, établir la liberté commerciale et de navigation sur le Congo seulement était insuffisant, puisque les marchandises ne pourraient entrer ou sortir dans son bassin sans courir le risque d'être frappées de droits élevés sur les fleuves servant d'aboutissants à la côte. Ces fleuves côtiers ne devaient-ils pas être considérés comme faisant partie du bassin commercial du Congo ? Dès lors, ne serait-il pas utile de donner comme débouché au bassin commercial du Congo, la côte allant du Gabon à Angola ?

Une commission présidée par le baron de Courcel fut

chargée de donner une solution à ces préoccupations. La
première question tranchée par la commission était purement géographique ; il s'agissait de définir l'*étendue géographique* du bassin du Congo. Mais dès que l'on eut quitté
ce terrain purement scientifique pour rechercher quels
territoires il y aurait lieu d'y ajouter en faveur du trafic
de toutes les nations, on se trouva en face de nombreux
intérêts contradictoires. Les uns désiraient donner le plus
grand champ possible aux dispositions libérales que la
Conférence allait prendre ; mais les prétentions de ces
puissances au nombre desquelles se trouvaient l'Angleterre, les États-Unis, la Belgique se butaient à l'opposition des nations ayant des possessions dans ces régions.
M. J. Ferry avait bien recommandé au baron de Courcel
de ne laisser entamer en rien la souveraineté de la France
sur le Gabon ; le Portugal désirait aussi conserver la plénitude de ses droits sur les territoires qu'il possédait le
long de la côte.

La commission admit le principe d'une extension conventionnelle du bassin du Congo ; ce principe étant admis,
on l'envisagea tout d'abord dans son application aux côtes
occidentales. M. Woermann, de Hambourg, délégué technique allemand, prétendait que le bassin devait s'étendre
du Cameroun à Angola, mais devant l'insistance de M. de
Courcel, pour que le Gabon fût mis hors de cause, on décida que la zone ouverte s'étendrait de la rivière Sette-
Cama jusqu'à la rivière Logé, c'est-à-dire du parallèle
2°30' au parallèle 7°51' sud. La superficie du bassin géographique évaluée à 3.600.000 kilomètres, se trouvait ainsi
augmentée de 150.000 kilomètres carrés du côté de l'Atlantique.

La commission pensa ensuite que ce qu'elle venait de

faire pour les côtes de l'océan Atlantique, il était nécessaire de le faire pour les côtes situées sur l'océan Indien,
car des importations et des exportations importantes
avaient lieu entre cette côte et l'intérieur de l'Afrique.
Elle décida que le régime de la liberté commerciale serait
étendu à l'Est du bassin Congo jusqu'à l'océan Indien
depuis la côte des Somalis jusqu'au Zambèze « sous réserve des droits de souveraineté existant dans cette région ». Cette décision avec une telle restriction eût pu
rester très platonique, si la Conférence dans le but de donner une sanction pratique à ce vote, en tant qu'il visait les
droits du Portugal et du sultan de Zanzibar, n'eût décidé
« que les puissances contractantes emploieraient leurs
bons offices auprès des gouvernements établis sur le littoral africain de la mer des Indes, afin d'assurer au transit
des nations les conditions les plus favorables ».

Ces dispositions forment l'article 1er de l'Acte général de
Berlin. C'est cet immense territoire de 6.255.000 kilomètres carrés qui forme ce que l'on a nommé le bassin
conventionnel du Congo et qui est le domaine d'application
des dispositions de l'Acte de Berlin.

Le bassin conventionnel comprend donc trois zones :

1° Bassin géographique du Congo ;

2° Territoires adjoints vers la côte occidentale ;

3° La côte orientale depuis le 5e degré de latitude nord
jusqu'à l'embouchure du Zambèze sous la condition, dont
je viens de parler, de l'assentiment des puissances qui y
gouvernent.

Les dispositions prises par l'Acte général de Berlin ne
s'étendent donc pas seulement sur l'État indépendant du
Congo, mais sur un territoire double. L'État indépendant
en est le centre. C'est une des raisons du silence de l'Acte

général de Berlin à son sujet. Il est soumis aux dispositions de la Conférence comme d'autres territoires appartenant à la France, au Portugal, à l'Egypte, à l'Angleterre,
à l'Allemagne et au sultan de Zanzibar, mais il faut dire,
que si les membres de la Conférence n'avaient pas eu présente à l'esprit l'œuvre de reconnaissance de l'État indépendant qui s'accomplissait à leurs côtés, ils n'auraient pu
aboutir. Une grande nation européenne, si elle eût pos-
sédé le centre de l'Afrique, n'eût pas laissé ainsi diminuer
son indépendance administrative. Si l'État indépendant
ne protesta pas, c'est qu'il savait que les dispositions que
prenait la Conférence étaient la condition *sine qua non* de
son existence. Et quant aux États qui entouraient l'État
indépendant, s'ils s'y sont soumis, c'est qu'ils pensaient
qu'ils n'auraient que des avantages à la liberté commerciale ; ils comprenaient qu'ils n'étaient que les aboutissants côtiers de l'État indépendant, et ils pensaient qu'ils
retireraient plus d'avantages des servitudes qu'ils créaient
sur le centre de l'Afrique, que ces servitudes leur cause-
raient de désavantages sur leurs propres territoires. L'État
indépendant est donc, quoique ce ne soit pas à ses seuls
territoires que s'appliquent les dispositions de l'Acte de
Berlin, l'objectif de ces dispositions. C'est donc grâce à
lui qu'elles ont pu voir le jour, ainsi que nous allons
le voir reconnaître solennellement par le prince de Bismark.

CHAPITRE II

J'ai énuméré dans le chapitre précédent les puissances représentées à Berlin, et on remarquera que l'Association qui devait jouer un si grand rôle au point de vue de la réussite des projets de la Conférence n'y avait pas de représentants.

La Conférence était une réunion de puissances, l'Association aspirait à en devenir une, mais n'était encore reconnue à peu près comme telle que par l'Allemagne et les États-Unis, et des difficultés existaient encore entre elle et plusieurs puissances qui n'eussent pas accepté de se faire représenter à la Conférence si elle y avait eu place. La France et l'Allemagne, en faisant leurs invitations, avaient des convenances internationales à observer. Mais si l'Association n'avait pas de représentants officiels, elle avait du moins de très chauds défenseurs. Le prince de Bismark était décidé à en faire un État, la convention avec l'Allemagne en fait foi, il était parlé dans l'article 6 « du nouvel État à créer », la France s'était mise d'accord avec l'Allemagne à ce sujet, enfin la Belgique avait à la Conférence des représentants qui n'étaient allés à Berlin

que pour défendre les droits de l'Association, car sans cela,
pourquoi la Belgique si réfractaire jusque-là à toute œuvre de colonisation fût-elle allée à Berlin? N'oublions pas
non plus le général Sanford, qui avait été un des premiers
membres du comité de l'Association africaine et qui était
un des délégués des États-Unis, ainsi que sir Travers
Twiss, délégué anglais, tous deux dévoués à l'œuvre
royale.

Non représentée officiellement à Berlin, mais assurée
d'y être défendue, l'Association s'empressa de continuer à
se faire reconnaître par les puissances représentées à Berlin. La Grande-Bretagne la reconnut le 16 décembre 1884,
l'Italie le 19 décembre, l'Autriche-Hongrie le 24 décembre, les Pays-Bas le 2 décembre, l'Espagne le 7 janvier
1885, la France et la Russie le 5 février, la Suède et la
Norwège le 10 février, le Portugal le 14 février, le Danemark et la Belgique le 23 février, la Turquie le 10 décembre 1885 (1).

Deux de ces traités avaient présenté des difficultés très
sérieuses, ce sont ceux avec la France et le Portugal. Il
avait été décidé, lors de l'entente franco-allemande, que
les questions de délimitation de frontières ne seraient pas
du domaine de la Conférence, aussi la situation était assez
difficile pour l'Association, non pas tant vis-à-vis de la
France qui semblait bien disposée pour elle, qu'envers le
Portugal qui maintenait énergiquement ses prétentions
historiques.

Avec la France, le principal obstacle était la prétention
du cabinet français de posséder la rive sud du Stanley-

(1) Les textes de ces conventions sont annexés au protocole 9 de la
Conférence de Berlin : Livre jaune *Affaires du Congo*, 1885, pages 239 et
suivantes.

Pool, et la ténacité manifestée par l'Association pour
conserver le Niadi-Kwilu qu'elle avait exploré et sur
lequel elle avait fondé des stations. La France tenait particulièrement à la possession de cette rivière; M. de Brazza
l'avait indiquée comme étant la route la plus prompte pour
atteindre le Stanley-Pool. Le traité (1), signé à Paris le 5 février 1885 par M. J. Ferry, tint compte de ces desiderata ;
la France abandonnait ses prétentions sur la rive gauche
du Stanley-Pool et l'Association abandonnait le Niadi-
Kwilu à la France. Cette puissance reconnaissait le drapeau de l'Association comme celui d'un gouvernement
ami.

La négociation avec le Portugal devait être plus difficile.
On sait quelles étaient les prétentions de ce pays en 1883;
il considérait comme lui appartenant la côte située au sud
du 5°12' sud jusqu'à Angola, c'est-à-dire qu'il confisquait
ainsi à son profit l'embouchure du Congo jusqu'à Nokki.
Le cabinet de Lisbonne ne se contentait plus de cette limite historique du 5°12' ; en septembre 1883, il s'était
installé au nord du Chiloango, dans le district de Massabi ;
le 29 décembre 1884, s'élevant plus au nord il se faisait
céder la rive gauche de la Loema, et occupait Banana à
l'embouchure du Congo où une forte escadre prenait position. La situation était grave pour l'Association qui se
voyait ainsi boucher toutes les routes vers la côte. L'arrangement qui intervint le 14 février 1885 est dû à la médiation de la France représentée par le baron de Courcel (2).
Le Portugal abandonnait ses prétentions sur la rive droite

(1) Le traité se trouve dans Banning, *Le partage politique de l'Afrique*,
p. 118.
(2) Le traité se trouve dans Banning, *Le partage politique de l'Afrique*,
p. 120.

du Congo. Il ne conservait de ce côté que l'enclave de Cabinda qui était pour lui d'une grande importance historique, ce nom figurant dans la Constitution portugaise. Sur la rive gauche, il conservait la côte jusqu'à Boma ; et il reconnaissait le drapeau de l'Association comme celui d'un gouvernement ami.

Quant à l'Association, ce traité couronnait son œuvre ; elle obtenait vers la mer le débouché nécessaire à son immense territoire. L'avenir devait prouver l'importance de ce passage, il devait démontrer que c'était le point le plus commode pour l'aboutissant d'un chemin de fer partan de la partie navigable du Congo pour aller à la mer, et drainer tout le commerce de ces vastes contrées.

Dès que l'Association eut traité ainsi avec son antagoniste le plus tenace, et eut fait reconnaître son drapeau par les principales puissances, son président, le colonel Strauch, le notifia officiellement à la Conférence de Berlin par la lettre suivante adressée au prince de Bismark, et dans laquelle il indique le lien qu'il y a entre l'Association et l'œuvre de la Conférence.

« Prince, l'Association internationale du Congo a successivement conclu avec les puissances représentées à la Conférence de Berlin (moins une) des traités, qui, parmi leurs clauses, contiennent une disposition reconnaissant son pavillon comme celui d'un État ou d'un Gouvernement ami. Les négociations engagées avec la dernière puissance aboutiront, tout permet de l'espérer, à une prochaine et favorable issue.

« Je me conforme aux intentions de Sa Majesté le Roi des Belges agissant en qualité de fondateur de cette Association, en portant ce fait à la connaissance de votre Altesse Sérénissime.

« La réunion et les délibérations de l'éminente Assemblée qu siège à Berlin sous votre présidence ont essentiellement contribué à hâter cet heureux résultat. La Conférence, à laquelle j'ai le devoir d'en rendre hommage, voudra bien, j'ose l'espérer, considérer l'avènement d'un pouvoir qui se donne la mission exclusive d'introduire la civilisation et le commerce au centre de l'Afrique, comme un gage de plus des fruits que doivent produire ses importants travaux.

« Je suis avec le plus profond respect, de votre Altesse Sérénissime, le très humble et très obéissant serviteur.

« STRAUCH. »

Cette lettre fut lue à la Conférence dans sa séance du 23 février par M. Busch, président en l'absence du Chancelier, qui la fit suivre des paroles suivantes :

« Messieurs, je crois être l'interprète du sentiment unanime de la Conférence en saluant comme un événement heureux la communication qui nous est faite et qui constate la reconnaissance à peu près unanime de l'Association internationale du Congo. Tous, nous rendons justice au but élevé de l'œuvre à laquelle Sa Majesté le Roi des Belges a attaché son nom ; tous, nous connaissons les efforts et les sacrifices au moyen desquels il l'a conduite au point où elle est aujourd'hui : tous, nous faisons des vœux pour que le succès le plus complet vienne couronner une entreprise qui peut seconder si utilement les vues qui ont dirigé la Conférence ».

Après M. Busch, le baron de Courcel exprime la satisfaction de son gouvernement d'apprendre « l'entrée de l'Association dans la vie internationale. J'émets, dit-il, au nom de mon gouvernement, le vœu que l'État du Congo territorialement constitué aujourd'hui dans des limites précises, arrive bientôt à pourvoir d'une organisation gouvernementale régulière le vaste domaine qu'il est appelé à faire fructifier.

« Assuré du bon vouloir unanime des puissances qui se trouvent ici représentées, souhaitons-lui de remplir les destinées qui lui sont promises sous la direction de son

auguste fondateur,dont l'influence modératrice sera le plus
précieux gage de son avenir (1). »

Sir Malet dit : « La part que le gouvernement de la Reine
a prise dans la reconnaissance du drapeau de l'Association
comme de celui d'un gouvernement ami, m'autorise à exprimer la satisfaction avec laquelle nous envisageons la constitution de ce nouvel État, due à l'initiative de S. M. le roi
des Belges. En rendant à Sa Majesté, cet hommage de reconnaître tous les obstacles qu'elle a surmontés, nous saluons
l'État nouveau-né avec la plus grande cordialité et nous
exprimons un sincère désir de le voir fleurir et croître sous
son égide (2). »

Tous les plénipotentiaires s'associèrent à ces paroles, à
l'exception de Saïd-Pacha qui n'avait pas reçu les instructions de son gouvernement, mais déclara toutefois qu'il
n'avait rien à objecter à la constitution du nouvel État.

Les délégués belges remercièrent les délégués des puissances de l'hommage qu'ils venaient de rendre à l'œuvre
de leur roi, et la Conférence décida que la lettre du président de l'Association internationale et les diverses déclarations qu'elle venait de provoquer, figureraient au protocole de la séance, et que les traités de l'Association avec
les diverses puissances seraient annexés au protocole. En
inscrivant les déclarations relatives à l'Association dans
le compte-rendu de ses travaux, la Conférence marquait
l'importance qu'elle attachait à cette fondation et le lien
étroit qui existait entre son œuvre et le nouvel État.

L'État indépendant ne devait pas tarder à faire acte de
puissance. L'article 37 de l'Acte général de Berlin disait :
« Les puissances qui n'auront pas signé le présent acte

(1-2) Livre jaune, 1885, p. 227.

général pourront adhérer à ses dispositions par un acte séparé.

« L'adhésion de chaque puissance est notifiée, par la voie diplomatique, au gouvernement de l'empire d'Allemagne, et par celui-ci à tous les États signataires ou adhérents.

« Elle emporte de plein droit l'acceptation de toutes les obligations et l'admission à tous les avantages stipulés par le présent Acte général. »

Trois jours après sa reconnaissance solennelle, l'Association voulant, en même temps que marquer son adhésion au régime établi par la Conférence sur son territoire, affirmer sa nouvelle situation, adhéra à l'Acte général dans la dernière séance de la Conférence, le jour de la signature de l'Acte général.

Le prince de Bismark donna lecture : 1° de l'Acte d'adhésion ainsi conçu :

« L'Association internationale du Congo, en vertu de l'article 37 de l'Acte général de la Conférence de Berlin, déclare par les présentes adhérer aux dispositions dudit Acte général.

« En foi de quoi, le Président de l'Association internationale du Congo a signé la présente déclaration et y a apposé son cachet.

Berlin, 26 *février* 1885.

« STRAUCH. »

2° De la lettre suivante que le colonel Strauch lui adressait :

« Prince, en vertu des pleins pouvoirs qui m'ont été délivrés par Sa Majesté le Roi des Belges, agissant comme fondateur de l'Association internationale du Congo, pleins pouvoirs qui sont ci-annexés, et en conformité de l'article 37 de l'Acte général de la Conférence de Berlin, j'ai l'honneur d'adresser au gouvernement de l'empire d'Allemagne l'acte par lequel l'Association internationale du Congo adhère au dit Acte général.

« J'ai la confiance que Son Altesse Sérénissime voudra bien, selon la stipulation qui forme le paragraphe 2 du même article, notifier cette adhésion aux États qui ont signé l'Acte général ou qui y adhèreront.

« L'Association internationale du Congo envisagera la suite favorable donnée à sa demande comme un nouveau témoignage de la bienveillance des puissances *pour une œuvre appelée, par son origine, ses conditions d'existence et son but, à seconder l'accomplissement des vues généreuses de la Conférence.*

« Je suis avec un profond respect, de Votre Altesse Sérénissime, le très humble et très obéissant serviteur ».

Le Président de l'Association internationale du Congo,

« Colonel STRAUCH. »

Berlin, 26 *février* 1885.

3° Pouvoirs conférés au colonel Strauch :

« Nous, Léopold II, Roi des Belges ; agissant comme fondateur de l'Association internationale du Congo, donnons par les présentes, pleins pouvoirs à M. Strauch, président de cette Association, de signer l'acte d'adhésion au traité général adopté par la Conférence de Berlin. »

Bruxelles, 15 *février* 1885.

« LÉOPOLD. »

Le prince de Bismark fit suivre cette communication des paroles suivantes :

« Messieurs, je crois répondre au sentiment de l'Assemblée, en saluant avec satisfaction la démarche de l'Association internationale du Congo et en prenant acte de son adhésion à nos résolutions. *Le nouvel État du Congo est appelé à devenir un des principaux gardiens de l'œuvre que nous avons en vue,* et je fais des vœux pour son développement prospère et pour l'accomplissement des nobles aspirations de son illustre fondateur. »

La Conférence de Berlin se sépara sur ces paroles. Sa

tâche était ainsi terminée. Comme le disait le prince de Bismark, l'État indépendant devait être le principal gardien de l'œuvre de liberté commerciale que venait d'instituer la Conférence. Sans lui, ces dispositions fussent restées lettre morte, n'ayant à compter sur aucune autorité pour les faire respecter dans le centre africain. La création de l'État indépendant, quoique l'Acte général l'ait passée sous silence — j'ai dit pourquoi — était la condition absolue de l'application de la législation coloniale que l'on établissait. Ce qui ne veut pas dire que la Conférence de Berlin ne fut d'aucune utilité pour l'État indépendant. Elle lui rendit des services immenses. Peut-on dire que sans elle et s'il n'eût pas accepté le régime qu'elle fondait l'État eût pu se constituer? Eût-il traité aussi avantageusement qu'il le fit avec le Portugal et la France?

Les plénipotentiaires de Berlin avaient marqué, à la suite de M. de Courcel et de sir Malet, leur désir de voir le roi Léopold devenir le chef du nouvel État. N'était-ce pas son œuvre? N'était-ce pas lui qui avait présidé à ses débuts bien modestes en 1877? N'y avait-il pas mis généreusement une partie de sa fortune? Et si la Conférence s'était abstenue d'organiser le régime politique qui allait présider aux destinées du nouvel État, n'était-ce pas parce qu'elle s'en remettait à ce sujet, en toute confiance, à la prudence du fondateur de l'œuvre qui, à diriger la Belgique, avait déjà donné la mesure de sa profonde expérience gouvernementale?

Aucune opposition ne pouvait se manifester du côté des puissances, mais le roi, aux termes de l'article 2 de la Constitution belge (1), ne pouvait être le chef d'un autre

(1) Ce n'est que pour mémoire que je parle ici de cette autorisation demandée par le roi. J'y reviendrai avec les réflexions qu'elle comporte en examinant les rapports entre l'État indépendant et la Belgique.

État sans l'assentiment du Parlement de Belgique. Il demanda cette autorisation, qui lui fut accordée par la Chambre des représentants le 28 avril 1885 et par le Sénat le 30 avril, en ces termes :

« Sa Majesté Léopold II, roi des Belges, est autorisé à être le chef de l'État fondé en Afrique par l'Association internationale du Congo. L'union entre la Belgique et le nouvel État sera exclusivement personnelle. »

A la suite de ce vote, le roi fit parvenir le 1er août 1885 à toutes les puissances deux déclarations, l'une notifiant aux puissances la constitution du nouvel État, l'autre sa neutralité perpétuelle.

Voici la première de ces déclarations :

« Le gouvernement de Votre Majesté a bien voulu reconnaître le pavillon de l'Association internationale du Congo comme celui d'un État ami.

Lors de la signature de l'Acte général de la Conférence de Berlin, le président et les membres de cette haute Assemblée ont, en recevant l'adhésion de l'Association à l'œuvre de la Conférence, manifesté leurs sympathies pour son entreprise. Aujourd'hui que la position de l'Association est fixée au point de vue international, que sa constitution territoriale est établie et que sa mission a reçu de précieux encouragements, je suis en mesure de porter à la connaissance de Votre Majesté et de son gouvernement, que les possessions de l'Association internationale du Congo formeront désormais l'*État indépendant du Congo*. J'ai en même temps l'honneur d'informer Votre Majesté et son gouvernement, qu'autorisé par les Chambres législatives belges à devenir le chef du nouvel État, j'ai pris, d'accord avec l'Association, le titre de *souverain de l'État indépendant du Congo*. L'union entre la Belgique et cet État sera exclusivement personnelle.

Le nouvel État, j'en ai la ferme confiance, répondra à l'attente des puissances qui ont, en quelque sorte, salué à l'avance son entrée dans la famille des nations.

J'ai la ferme confiance que le nouvel État saura se montrer

digne de la bienveillance de toutes les puissances ; je m'efforcerai
de le guider dans cette voie et j'ose espérer que Votre Majesté et
son gouvernement voudront bien faciliter ma tâche en faisant un
favorable accueil à la présente notification.

Je suis avec empressement, etc. »

« LÉOPOLD. »

Toutes les puissances accueillirent avec satisfaction la
nouvelle de la constitution de l'État indépendant. Dès lors,
cet État est définitivement constitué ; il est reconnu solennellement par les puissances, il a déjà fait acte de puissance en adhérant à l'Acte général de Berlin, enfin il a
un souverain dont la présence à sa tête est approuvée par
toutes les puissances.

CHAPITRE III

L'œuvre capitale de la Conférence de Berlin consiste dans la charte commerciale et humanitaire qu'elle imposa aux territoires qu'elle avait compris dans le bassin conventionnel du Congo. Les obligations qui en découlent pour les puissances qui occupent ce bassin, et en particulier pour l'État indépendant, sont pour elles de véritables servitudes auxquelles elles se sont soumises et dont elles ne peuvent pas se délier, sans l'assentiment des puissances avec lesquelles elles se sont engagées. Ces dispositions de l'Acte général que nous allons étudier ont trait : à la liberté commerciale, à la navigation du Congo, — je laisse de côté le Niger —, à la répression de la traite, à la liberté religieuse.

I. — *Liberté commerciale.*

Le projet de déclaration présenté le jour même de l'ouverture de la Conférence distinguait entre les taxes prélevées à titre de contre-prestation pour services rendus au négoce et les droits d'entrée et de transit. Il autorisait les unes et proscrivait les autres. Les marchandises seraient imposées à l'importation, sauf à stipuler que le tarif y afférent n'aurait point un caractère fiscal.

La Conférence craignait que ces restrictions compro-

missent le principe de la liberté commerciale. L'article 3
de l'Acte général décide que les marchandises de toute
provenance, importées dans le bassin conventionnel sous
quelque pavillon que ce soit, soit par terre, soit par mer,
n'auront à acquitter d'autres taxes, que celles qui seraient
perçues comme une équitable compensation de dépenses
utiles pour le commerce, et qu'à ce titre elles devront être
supportées par tous les commerçants sans distinction de
nationalité. Le comte de Launay, plénipotentiaire d'Italie,
avait demandé que l'on fixât un maximum que les taxes de
compensation ne pourraient dépasser, mais le comte de
Lambermont et le baron de Courcel estimèrent avec la
Conférence que cette disposition découragerait les entreprises privées, qui allaient créer des voies de communi
cation, et qui, d'ailleurs, avaient tout intérêt à ne pas
mettre des taxes trop lourdes pour ne pas détourner le
trafic de leurs voies. Il fut stipulé que tout traitement différentiel serait interdit à l'égard des navires et des marchandises.

L'article 5 interdit de concéder dans le bassin conventionnel des monopoles et des privilèges en matière commerciale, et établit pour tous les étrangers habitant ce bassin les mêmes droits et le même traitement que pour les
nationaux.

On a prétendu que cet article 5 n'avait pas été respecté
par l'État indépendant. Il faut distinguer. Certains jurisconsultes ont déclaré que le droit de propriété privée était
interdit à l'État indépendant, je ne le pense pas ; un monopole est un droit spécial qui donne une situation exceptionnelle à celui qui en est le bénéficiaire, or en possédant
des propriétés privées, l'État ne fait que ce que font les particuliers qui possèdent, et est comme eux soumis aux mê-

mes obligations, il n'y a donc là ni monopole, ni privilège.
On lui a reproché d'avoir concédé de vastes territoires à
des sociétés commerciales. Est-ce là un monopole ? Non,
puisque des sociétés identiques pouvaient se fonder, à qui
on auraitdistribué également de grands espaces. La France
vient d'agir de même au Congo français. Il est bien évident que le commerce et la culture aux colonies ne peuvent être comparés au commerce et à la culture d'Europe,
et ce qui dans nos pays serait un monopole ne l'est pas
en Afrique. Cependant il y a une mesure, je considère
comme un monopole et une violation de l'Acte général de
Berlin, la concession faite le 12 mars 1891 à la Compagnie
du Katanga, detoutlebassin du Lualaba. Ici, c'est tout une
contrée très vaste que l'on annexe entre les mains d'une
Compagnie et ceci est d'autant plus grave, que le Katanga
est le seul district du Congo qui contient un certain nombre de gisements houillers, de zinc, de cuivre, etc. et cela
constitue entre les mains de la Compagnie un véritable
monopole. Enfin, en 1889, M. Coquilhat, administrateur
général du Congo, a émis cette théorie que l'État indépendant avait le droit de faire du commerce, comme les Compagnies et les particuliers. Ainsi présentée, la question
n'offre pas de difficultés, et assurément l'État est dans son
droit en faisant du commerce, il n'exerce pas un monopole
puisqu'il ne fait que ce que les particuliers peuvent faire ;
mais le gouvernement de l'État devient répréhensible lorsqu'il se réserve, comme il l'a fait, le monopole du commerce de l'ivoire et du caoutchouc dans le Haut-Congo,
ceci est une violation évidente de l'Acte général de Berlin.

L'article 4 interdit tout droit d'entrée et de transit. La
Conférence se demanda si cette clause devait être défini-

tive et de nature à préjuger pour toujours le régime
douanier des vastes contrées de l'Afrique centrale. Ces
contrées n'étaient-elles point appelées à subir de profon-
des transformations économiques et sociales, et dans la
prévision certaine des progrès successifs qu'y réservait
l'avenir, serait-il sage de ne point tenir compte des nécessités nouvelles qui pourraient s'y produire, en renon-
çant à jamais à la faculté de modifier une organisation
fiscale, conçue et appliquée en vue d'une situation essentiellement transitoire :

« Ne renouvelons pas, dit à ce propos le baron de
Courcel, l'expérience faite au XVIe siècle, alors que l'on
conduisit des colonies à la ruine, en prétendant fixer
d'Europe, et au seul point de vue de la métropole, leur
mode d'existence financière et administrative. La Conférence irait à l'encontre de son but, en voulant astreindre
à un programme immuable les pays dont elle entend assurer la prospérité. »

M. Woermann, délégué technique, s'associa à ces paroles en faisant remarquer que les commerçants seraient
peut-être heureux un jour que l'exportation ne soit pas
seule à supporter les charges fiscales. La Conférence, en
effet, si elle a prohibé les droits d'entrée n'a nullement
interdit de percevoir des droits à la sortie des marchandises et l'État indépendant devait user bientôt de cette faculté.

Ces arguments amenèrent la Conférence à décider qu'au
terme d'une période de vingt années, les puissances exa-
mineraient s'il y avait lieu ou non de maintenir la franchise d'entrée. Ce délai devait être bien abrégé ; l'État
indépendant profitera en 1889 de la Conférence de Bruxelles pour demander l'autorisation d'établir des droits
d'entrée.

La Conférence n'avait pas prohibé les droits de sortie, considérant avec raison que dans les pays neufs, il est difficile de percevoir un impôt foncier ou d'autres impôts directs qui demandent un nombreux personnel d'agents, rapportent peu et soulèvent souvent des révoltes ; les droits de sortie sont, au contraire, les plus faciles à percevoir et d'autant plus utiles qu'ils sont les seules ressources dans ces pays.

II. — *Acte de navigation du Congo.*

En 1798, au Congrès de Rastadt, la France proclama pour la première fois l'idée d'ouvrir les cours intérieurs des grandes voies navigables européennes aux bâtiments de commerce de toutes les nations. La reprise des hostilités mit fin à ce congrès. Mais à la suite du traité de Lunéville, les propositions de Rastadt au sujet du régime fluvial furent reproduites aux conférences de la députation de l'Empire réunie à Ratisbonne en 1802, et l'Allemagne envoya des délégués à Paris. De ces négociations, sortit la Convention de Paris du 15 août 1804, conclue entre le corps germanique et le gouvernement français au sujet de la commune navigation du Rhin. Cette convention par la volonté de Napoléon resta lettre morte, mais c'est à son article 8 que le Congrès de Vienne a emprunté plusieurs dispositions qu'il a adoptées pour donner effet aux stipulations du traité de Paris du 30 mai 1814, dans lesquelles, les puissances alliées étaient convenues avec la France de déclarer que la navigation sur le Rhin serait libre et ne pourrait être interdite à personne, et d'examiner dans un futur congrès de quelle manière « en vue de faciliter les communications entre les peuples et de les rendre toujours moins étrangers les uns aux autres, ce prin-

cipe de la liberté de la navigation pourrait être étendu à
tous les autres fleuves qui séparent ou traversent différents États (1) ». Remarquons que le Congrès de Vienne
ne fit cependant pas l'œuvre que semblait indiquer le
traité de Paris. Le traité de Paris avait considéré, que la
navigation devait être libre pour tous les États sans distinction, le Congrès de Vienne restreignit ce régime libéral en l'accordant seulement aux États riverains.

Le Congrès de Vienne régla la libre navigation du Rhin
dans l'intérêt de la communauté des États riverains, sous
le contrôle d'une commission formée des représentants
des États riverains. Le régime du Rhin a subi depuis cette
époque bien des changements.

Successivement les principes du Congrès de Vienne furent appliqués à l'Escaut, au Parana, à l'Urugay et enfin,
en 1856 au Danube par le traité de Paris. Le traité de
Paris perfectionna la législation internationale fluviale.
Tout péage fluvial fut interdit à moins qu'il n'eut le caractère d'une contre-prestation ; les étrangers furent assimilés de plein droit aux riverains, et au lieu de laisser le
soin de surveiller cette liberté aux États riverains, comme
le Congrès de Vienne l'avait fait pour le Rhin, le Congrès
de Paris empiéta sur la souveraineté de ces États riverains du Danube en établissant en outre de la commission
riveraine, une commission internationale appelée commission européenne.

C'étaient ces principes contenus dans les articles 108
à 116 de l'Acte final de Vienne et perfectionnés par le traité
de Paris, que le prince de Bismark et M. J. Ferry avaient

_____

(1) Livre jaune, *Affaires du Congo*, 1885. Rapport de la commission
chargée d'examiner les projets d'actes de navigation pour le Congo et
le Niger.

invité les puissances à appliquer au Congo. L'Angleterre
était aussi de cet avis ; nous avons vu que lors de la signature du traité anglo-portugais, lord Granville avait
déclaré qu'il eut préféré une commission internationale
réglant la navigation du Congo et qu'il acceptait une commission mixte avec la plus vive répugnance.

Un grand nombre des délégués de Berlin eussent vu
avec plaisir les principes de Vienne appliqués à tous les
fleuves africains, mais on dut de suite renoncer à cette
extension des principes de Vienne qui eut soulevé des discussions interminables, la conférence décida donc de bor-
ner son travail au Congo et au Niger et encore dut-elle
faire deux actes de navigation distincts, l'Angleterre
s'étant refusé à admettre sur le Niger toutes les dispositions prises pour le Congo.

L'acte du Congo se distingue des actes de navigation
qui l'ont précédé par des différences qui tiennent à la nature des pays traversés. En Europe, les congrès et les
conférences qui ont essayé de faire prévaloir la liberté
de navigation se sont trouvés aux prises avec les prétentions de nombreux et souvent puissants riverains, contre
des privilèges d'origine féodale ou contre les conséquences
de la souveraineté consacrées par le droit public moderne.
Si la diplomatie a réussi à écarter les barrières les plus
gênantes qui subsistaient au commencement de ce siècle
sur le Rhin, l'Escaut, le Danube, elle n'a cependant nulle
part pu introduire la liberté absolue de la navigation,
cest-à-dire le droit pour les pavillons de toutes les nations,
de faire sur le parcours entier de ces fleuves tous les
genres d'opérations dans des conditions d'égalité parfaite.
Dans l'Afrique équatoriale, rien de semblable. Il était
d'autant plus facile d'y proclamer le principe de la liberté

fluviale qu'aucune nation civilisée n'avait élevé des prétentions à l'usage exclusif du Congo, et qu'on n'y rencon-
trait aucun privilège résultant d'une longue possession ;
ainsi que l'a dit Clay « l'œuvre du grand législateur de
l'univers y était encore intacte ».

L'acte de navigation du Congo a déclaré entièrement libre la navigation sur le Congo sans exception d'aucun des
embranchements, ni issues de ce fleuve (art. 13, § 1) sous
la condition de se conformer aux dispositions de l'acte de
navigation.

Les sujets et les pavillons de toutes les nations sont traités sous tous les rapports sur le pied d'une parfaite égalité aussi bien pour la navigation du Congo vers la pleine
mer que pour le cabotage. Et aucun privilège ne peut être
établi au profit de sociétés ou de particuliers (art. 13, § 2
et 3).

Les navires n'ont à acquitter que les droits fixés par
l'acte de navigation et l'acte n'autorise la perception que
de droits qui n'ont aucun caractère fiscal, mais sont la
juste rémunération d'un service rendu à la navigation
(art. 14) : 1° taxes de port pour l'usage effectif de quais,
magasins, etc. ; 2° droits de pilotage, là où il est nécessaire
d'avoir des pilotes brevetés ; 3° droits servant à construire
et à entretenir les phares, jetées, etc. Ces droits doivent
être perçus de manière à n'entraîner aucun traitement différentiel. Les barques indigènes n'en sont pas exemptes,
et c'est juste puisqu'elles profitent comme les autres navires des travaux faits pour faciliter la navigation.

Ce régime s'applique non seulement aux affluents du
Congo, mais à tous les fleuves, rivières, lacs et canaux
compris dans le bassin du Congo, sous la réserve pour les
territoires situés sur l'Océan indien que les États de ces
territoires leur donneront leur assentiment.

L'article 16 stipule une disposition d'une importance considérable au Congo. Il décide que les routes, chemins de fer ou canaux latéraux qui pourront être établis dans le but spécial de suppléer à l'innavigabilité, ou aux imperfections de la voie fluviale sur certaines sections du parcours du Congo, de ses affluents et des autres cours d'eau du bassin conventionnel, seront considérés, en leur qualité de moyen de communication, comme des dépendances de ce fleuve et seront également ouverts au trafic de toutes les nations. Il ne pourra sur ces voies être perçu que des péages qui ne seront que la juste rémunération des travaux et qui ne pourront jamais être différentiels.

Ce que j'ai dit des difficultés à surmonter pour atteindre le Haut-Congo, montre l'intérêt de cet article. Il était évident que tôt ou tard on construirait une voie pour gagner le Haut-Congo, soit route, soit chemin de fer. Ce chemin de fer est aujourd'hui construit, et en vertu de l'acte de navigation du Haut-Congo, il ne peut y être établi de tarifs différentiels.

La Conférence, s'inspirant du traité de Paris de 1856, crut devoir créer un organe qui fût l'expression permanente de ses décisions. L'article 17 de l'Acte général, institue une commission internationale chargée d'assurer l'exécution des dispositions de l'acte de navigation. La commission est composée de délégués nommés par les puissances signataires qui ont la faculté, mais non l'obligation de s'y faire représenter ; chaque puissance ne peut avoir qu'un délégué et chacun d'eux ne dispose que d'une voix, même dans le cas où il représente plusieurs gouvernements. La commission a sous ses ordres des agents nommés par elle, chargés d'exécuter ses dispositions. Délégués et agents, sont investis du privilège de l'inviolabilité dans l'exercice de leurs

fonctions. La même garantie s'étend aux offices, bureaux
et archives de la commission. La Conférence ne crut pas
devoir établir de commission riveraine comme on l'avait
fait pour le Rhin, puis pour le Danube (1).

La commission a des attributions législatives, exécutives, administratives, judiciaires.

1° *Législatives.* — Elle élabore des règlements pour la
navigation, la police du fleuve, le pilotage, etc. (art. 19,
§ 2). Elle fixe le tarif des droits prévus par l'article 14 ;
ces tarifs doivent être soumis à l'approbation des puissances représentées à la commission (art. 19, § 3) ;

2° *Exécutives.* — Elle veille à l'exécution des règlements
qu'elle a faits en vertu de ses attributions législatives.
Elle doit désigner et faire exécuter les travaux nécessaires
pour la navigabilité du Congo. Sur les sections du fleuve
où aucune puissance n'exerce des droits de souveraineté,
elle prendra elle-même les mesures nécessaires pour
assurer la navigabilité du fleuve. Sur les sections du fleuve
occupées par une puissance souveraine la commission
doit s'entendre avec l'autorité riveraine (art. 20, § 1).

Elle doit veiller à l'application des principes libéraux de
l'acte de navigation.

L'article 8 dit : « Dans toutes les parties du territoire
visé dans la présente déclaration où aucune puissance
n'exercerait des droits de souveraineté ou de protectorat,
la commission internationale de la navigation du Congo,
sera chargée de surveiller l'application des principes pro-
clamés et consacrés par cette déclaration. »

---

(1) Mon but est de donner un rapide aperçu des dispositions de l'acte
de navigation du Congo et non pas un commentaire détaillé que l'on trouvera dans : *La navigation internationale du Congo et du Niger* par Georges Pillias, librairie Arthur Rousseau.

La déclaration dont parle l'article 8 est la déclaration relative à la liberté commerciale, par suite, la commission internationale dans ces territoires non occupés serait chargée de surveiller l'application de la plus grande partie des règles de l'Acte de Berlin. La commission n'a jamais existé, si elle voit plus tard le jour, elle n'exercera pas les droits de l'article 8, car maintenant tous les territoires du bassin du Congo sont sous la dépendance d'une puissance.

La commission peut faire appel aux navires de guerre des puissances signataires, si cela était nécessaire pour faire exécuter ses décisions.

3° *Administratives*. — Elle doit assurer les services de pilotage, drainage, éclairage par des phares, entretien des bouées des quais, etc. (art. 20, § 4) ; entretenir les routes, chemins de fer. canaux qui peuvent être établis pour suppléer à l'innavigabilité des rivières et fleuves dans le bassin conventionnel (art. 16). Enfin, elle doit percevoir les taxes, régler son budget, et faire des emprunts si cela est nécessaire, emprunts non garantis par les puissances signataires.

4° *Judiciaires*. — Elle réprime les infractions aux règlements qu'elle a faits, sur les territoires où elle exerce *directement* son autorité (art. 19, § 4), c'est à-dire, là où il n'y a pas de puissance souveraine.

Ces attributions données à la commission internationale du Congo, étaient sensiblement semblables à celles de la commission européenne du Danube.

L'article 19 disait : « La commission internationale du Congo se constituera aussitôt que cinq des puissances signataires du présent Acte général auront nommé leurs délégués. En attendant la constitution de la commission,

la nomination des délégués sera notifiée au gouvernement
de l'empire d'Allemagne, par les soins duquel les démar-
ches nécessaires sont faites pour provoquer la réunion de
la commission. » La commission ne s'est jamais réunie et
les puissances riveraines n'ont pas eu encore à compter avec
elle ; elles se sont chargées seules d'entreprendre les travaux nécessaires et de remplir les devoirs de la commission. Mais ce n'est pas à dire pour cela que la commission
n'existera jamais, aucune date n'a été fixée pour les premières réunions, mais aucune prescription n'a détruit les
résolutions prises par la Conférence, il en résulte que ces
dispositions de l'Acte de Berlin relatives à la commission
qui n'ont pas été appliquées, pourraient l'être dans le cas
où cinq puissances s'aviseraient de constituer la commission.

Enfin l'article 45 prévoyait le cas de guerre ; la Conférence voulait que ce domaine fluvial qu'elle ouvrait au
commerce de toutes les nations n'eût pas à souffrir de l'é-
tat de guerre, et elle décida qu'en temps de guerre, l'acte
de navigation devrait être respecté, que la navigation de
toutes les nations neutres ou belligérantes serait libre,
non seulement sur le Congo et ses affluents, mais aussi
sur la mer territoriale faisant face aux embouchures du
fleuve, et qu'il en serait de même pour toute voie, canal
ou chemin de fer créé pour remédier à l'innavigabilité du
fleuve.

Tous les ouvrages créés par la commission internationale, les délégués et les agents étaient placés sous le régime de la neutralité.

III. — *Dispositions concernant la traite des esclaves.*

Le commerce des esclaves avait été condamné par l'Europe aux Congrès de Vienne, de Vérone et d'Aix-la-Chapelle et proscrit en tant que trafic maritime ; mais aucune stipulation n'obligeait à le poursuivre à son origine, sur les marchés terrestres qui l'alimentent. La déclaration de la Conférence a eu pour but de déplorer une fois de plus l'existence de l'esclavage, et surtout la traite qui est encore plus répugnante. Les puissances s'engagèrent par l'article 9 de l'Acte général « à employer tous les moyens en leur pouvoir pour mettre fin à ce commerce et pour punir ceux qui s'en occupent » sur les territoires où elles exercent ou exerceront leur souveraineté.

Certains membres de la Conférence eussent voulu que la Conférence prît des mesures plus précises pour combattre la traite, mais la Conférence s'en tint à cette déclaration qui reçut son développement logique cinq ans plus tard dans les dispositions prises par la Conférence anti-esclavagiste de Bruxelles de 1889.

IV. — *Liberté de conscience.* — *Liberté des cultes.*

L'article VI de l'Acte général établissait l'obligation pour les puissances exerçant une souveraineté dans le bassin conventionnel du Congo, à veiller à la conservation des populations indigènes et à l'amélioration de leurs conditions morales et matérielles d'existence ; les puissances s'engageaient à protéger et à favoriser, sans distinction de nationalités ni de cultes, toutes les institutions et entreprises religieuses, scientifiques ou charitables tendant à instruire les indigènes et à les civiliser.

Ce même article disait : « La liberté de conscience et la tolérance religieuse sont expressément garanties aux indigènes comme aux nationaux et aux étrangers. Le libre et public exercice de tous les cultes, le droit d'ériger des

édifices religieux et d'organiser les missions appartenant
à tous les cultes ne seront soumis à aucune restriction ni
entrave. »

Ce n'était pas la première fois que les délégués de l'Europe s'occupaient de cette question ; lorsqu'ils avaient eu à
intervenir dans la fondation des principautés danubiennes, ils les avaient obligées à laisser libre l'exercice de tous
les cultes. Ces principes paraissent très naturels et très en
rapport avec les principes libéraux du droit contemporain ; si naturels, que l'on serait porté, à première vue,
d'en considérer la stipulation comme inutile. Cependant,
en beaucoup de pays, les souvenirs des religions prédominantes sont si persistants, les sentiments héréditaires des
individus font que les haines entre confessions différentes
sont si violentes que cette liberté des cultes subit des entraves ; de nombreux pays, comme la Russie et l'Angleterre, ont encore une religion officielle. Il était donc bon
que la Conférence affirmât à nouveau les principes libéraux de liberté de conscience et de liberté des cultes.

CHAPITRE IV

DÉCLARATIONS ÉMISES PAR LA CONFÉRENCE DE BERLIN SUR LA
NEUTRALITÉ DANS LE BASSIN CONVENTIONNEL DU CONGO. —
LA NEUTRALITÉ PERPÉTUELLE DE L'ÉTAT DU CONGO.

J'ai dit que plusieurs jurisconsultes, antérieurement à
la Conférence de Berlin, avaient émis l'idée de neutraliser
soit le fleuve Congo, soit les possessions de l'Association,
M. de Laveleye, M. de Lesseps, sir Travers Twiss étaient
partisans de ces idées. Sir Travers Twiss, en particulier,
comprenait l'idée de la neutralisation du fleuve Congo,
tout en permettant aux navires de guerre de venir à l'embouchure du Congo afin de pouvoir faire la police du
fleuve. Nous avons vu que la Conférence avait retenu cette
pensée et que les navires de guerre tout comme les navires de commerce peuvent naviguer librement, et que la
Commission internationale peut en cas de besoin leur faire
appel.

La Conférence se trouvait donc devant des courants
d'idées de deux sortes sur la neutralité : neutralisation
du fleuve, neutralisation des territoires possédés par l'Association.

Je ne veux nullement contester le caractère de haute
civilisation à l'œuvre faite dans le bassin du Congo, cependant je ne puis passer sous silence le point de vue
pratique qui faisait que la neutralisation était si ardem-
ment désirée par les jurisconsultes belges, et par les

membres de l'Association. J'aurai occasion d'y revenir
plus longuement, mais il est nécessaire d'en dire de suite
quelques mots. Dans l'esprit du roi Léopold II, la création
de l'État du Congo était un acheminement à l'annexion à
la Belgique de vastes territoires africains, mais la Belgique neutralisée de par la volonté des puissances dans
l'intérêt de l'équilibre européen, ne pouvait acquérir des
possessions sans s'exposer à des conflits que son caractère
d'État perpétuellement neutre ne pouvait supporter, à
moins que ces possessions ne fussent comme elle neutra-
lisées. C'est cette neutralité de la Belgique, qui a fait que
son roi a dû prendre des moyens aussi détournés pour
acquérir à son pays un empire colonial, afin de pouvoir
en cas de conflits, désavouer comme souverain belge l'œuvre du fondateur de l'Association du Congo et ne pas lancer son pays dans des aventures qui ne lui sont pas per-
mises. Dès lors que l'œuvre était en bonne voie d'aboutir,
il était nécessaire pour que le succès fut complet, que le
pays que l'on se proposait à annexer plus tard à la Belgique, jouit comme elle du caractère d'État neutre. C'est
pourquoi les partisans de l'œuvre belge demandaient la
neutralité des territoires possédés par l'Association.

C'est à propos de ces territoires que le 19 novembre
1884, la question de la neutralité fut soulevée pour la première fois au sein de la Conférence par M. Kasson, plénipotentiaire des États-Unis. Il indiqua brièvement l'œuvre
faite par l'Association, la reconnaissance de l'Association
par les États-Unis et conclut en disant : « Un arrangement
mettant ce pays par une neutralisation à l'abri des attaques à main armée, avec privilèges égaux pour tous, serait
aux yeux de mon gouvernement de nature à assurer la
satisfaction générale (1). »

(1) Livre jaune, *Affaires du Congo*, 1885, p. 73.

M. Kasson reproduisit la même idée, à peu près dans les mêmes termes le 1er décembre suivant ; et dans une séance de la commission de la Conférence qui eut lieu vers cette époque, l'un des plénipotentiaires d'Allemagne vint préciser cette idée en représentant, qu'une guerre au Congo exposerait les sujets étrangers à perdre le fruit de longues et dispendieuses entreprises.

Dans cette phase initiale à laquelle se rapportent les deux premières déclarations américaines, la neutralité encore vaguement conçue paraissait devoir créer aux États ou aux colonies du centre africain une situation permanente analogue à celle de la Suisse et de la Belgique, sans cependant avoir les mêmes garanties que ces neutralités européennes ; et dans ces conditions la neutralité congolaise se serait plus tard facilement combinée avec la neutralité belge.

Le 10 décembre, M. Kasson profita de la question de la neutralisation du fleuve pour développer plus amplement sa proposition de la neutralisation des territoires. Toutes les nations qui n'étaient pas directement intéressées dans le bassin du Congo, et la Belgique qui avait les raisons spéciales que je viens de donner, accueillirent favorablement le projet du plénipotentiaire américain, en disant qu'en effet la neutralité du fleuve et des cours d'eau serait difficilement assurée si les territoires qu'ils traversent n'étaient pas neutralisés ; mais le Portugal et la France directement intéressés dans la question protestèrent contre cette diminution de leur souveraineté. M. de Courcel démontra qu'on ne pouvait demander à un pays européen de neutraliser une partie de son territoire alors que le reste ne le serait pas. « On ne peut, dit-il, réclamer d'un État belligérant qu'il se prive d'une partie de ses moyens d'action. Quand un État est en guerre, il le fait avec toutes ses ressources. La proposition concernant les voies navigables et les routes réalise tout ce qui est praticable dans le projet de M. Kasson. » M. de Courcel demanda de discuter séparément la question de la neutralité du fleuve et celle des territoires. La Conférence en décida ainsi, et l'on prit les décisions réglant la situation du fleuve en temps de guerre, laissant à plus tard la discussion sur la neutralisation des territoires.

J'ai noté, à propos de l'Acte de navigation, les dispositions prises en cas de guerre. La navigation n'est pas interrompue pas plus pour les belligérants que pour les neutres, sous la condition qu'ils ne fassent pas la contrebande de guerre. C'est la première fois que ce principe recevait toute cette amplitude. L'Acte de navigation du Danube s'est borné à assurer l'inviolabilité aux établissements et au personnel du service public de la navigation fluviale, et même, l'inviolabilité des agents du service de la navigation, qui avait été empruntée au premier Acte de navigation du Rhin, a disparu de la nouvelle convention concernant le Rhin (Convention de 1868).

Les dispositions de l'Acte de navigation du Congo ont assuré la libre navigation sur ce fleuve à tous les navires, soit belligérants, soit neutres, en temps de guerre, soit que le conflit fût local (sur les bords du Congo), soit que les hostilités fussent déclarées et poursuivies sur un théâtre étranger.

Le Congrès de Paris avait solennellement déclaré que le pavillon neutre couvrait la marchandise ennemie. Désormais, la marchandise ennemie flottant sur le Congo sera indemne, même sous pavillon ennemi. C'est un principe nouveau qu'il serait bon que les puissances étendent sur tout le domaine maritime, de manière que les navires de commerce, sans exception, ne soient pas exposés à être capturés en temps de guerre, sauf dans le cas ou après une visite, il serait constaté qu'ils font de la contrebande de guerre ;

La Conférence revint plus tard sur la proposition de M. Kasson au sujet de la neutralisation des territoires. A la séance du 22 décembre, la proposition du plénipotentiaire des États-Unis remaniée par le comité de rédaction fut présentée à la Conférence. Il y était dit notamment : « La totalité du bassin, y compris les territoires qui s'y trouvent soumis à la souveraineté ou au protectorat d'une des puissances belligérantes, sera considérée comme territoire d'un État non belligérant (1). »

Cette proposition, comme les précédentes, se brisa contre l'opposition de l'ambassadeur de France, et la Conférence remit *sine die* la discussion d'une déclaration sur la neutralité.

Quelque temps après, la situation se modifia, l'Association s'était fait reconnaître de toutes les puissances, avait traité avec la France et le Portugal et se présentait avec des frontières suffisamment déterminées. Dès lors, les chances de conflits paraissaient éloignées, et le baron de Courcel pour se conformer au désir de la Conférence, présenta une solution transactionnelle, formule très heureuse, qui tout en donnant satisfaction au désir de l'Association et du roi Léopold, respectait l'intégrité des droits souverains de la France et du Portugal dans leurs possessions congolaises.

La Conférence ajouta quelques dispositions à la propo-

(1) Livre jaune, *Affaires du Congo*, 1885, p. 191.

sition de Courcel qui fut adoptée, et ces résolutions prises
sur la neutralité furent comprises dans l'Acte général dans
les articles 10, 11, 12, établissant chacun des garanties
différentes en temps de guerre, et réunis sous le titre de :
*Déclaration relative à la neutralité des territoires compris
dans le bassin du Congo.*

L'article 10 est l'expression de la nouvelle formule ap-
portée par le baron de Courcel, qui crée une neutralité
facultative. Les territoires du bassin conventionnel ne sont
pas placés forcément sous le régime de la neutralité ; les
puissances auxquelles appartiennent ces territoires peuvent en se proclamant neutres, assurer à leurs possessions
la bienfait de la neutralité, et — là se trouve le point fondamental de cette neutralité — les puissances signataires
et celles qui adhéreront à l'Acte général, s'engagent à respecter cette neutralité des territoires ou partie des territoires dépendant des dites contrées, *aussi longtemps que les
puissances qui se sont proclamées neutres rempliront les
devoirs que la neutralité comporte* (1).

Aucune limite n'est imposée à la durée de la neutralité,
elle peut être temporaire ou perpétuelle ; quant aux mots
« parties des territoires dépendant desdites contrées », ils
faisaient allusion aux puissances qui posséderaient des

---

(1) *Article 10 de l'Acte général :*
« Afin de donner une garantie nouvelle de sécurité au commerce et à
l'industrie et de favoriser, par le maintien de la paix, le développement
de la civilisation dans les contrées mentionnées à l'article 1er et placées
sous le régime de la liberté commerciale, les Hautes Parties signataires
du présent Acte et celles qui y adhéreront par la suite, s'engagent à respecter la neutralité des territoires ou parties de territoires dépendant des
dites contrées, y compris les eaux territoriales, aussi longtemps que les
Puissances qui exercent ou qui exerceront des droits de souveraineté ou
de protectorat sur ces territoires, usant de la faculté de se proclamer
neutres, rempliront les devoirs que la neutralité comporte. »

territoires dont une partie serait dans le bassin conventionnel et une autre partie en dehors (1), l'article 10 ne s'appliquait qu'à la partie située dans le bassin conventionnel.

On entend d'ordinaire par neutralité, la situation d'un État qui reste étranger à une lutte où sont engagés d'autres États, c'est la neutralité temporaire et volontaire, déclaration d'une puissance nullement garantie par les autres. La neutralisation d'un État ne ressemble pas à cette neutralité, souvent elle n'est pas désirée par la puissance qui la subit, toujours elle est l'œuvre d'un concert de puissances qui considèrent qu'elle est nécessaire pour le maintien d'un équilibre entre nations et éviter ainsi des luttes inutiles.

La neutralité que M. de Courcel a imaginé, et que la Conférence a institué dans l'article 10 n'est ni l'une, ni l'autre de ces neutralités. Ce n'est pas une neutralisation ; les puissances ne l'ont nullement imposée et le caractère facultatif qu'on lui donne montre bien qu'elle ne paraît pas nécessaire à l'équilibre des grandes puissances ; elle n'est stipulée que dans l'intérêt de la puissance qui, en vertu de l'article 10, se déclare neutre, puisque si cette puissance ne remplit pas les devoirs que la neutralité comporte les autres puissances pourront tenir cette neutralité comme non avenue ; la neutralisation au contraire est faite plus dans l'intérêt de toutes les puissances que de la puissance à qui on l'a imposée et si celle-ci voulait violer les devoirs de la neutralité, les puissances ne prononceraient pas la déchéance de la neutralité, mais obligeraient la puissance neutralisée à rester neutre ; les puissances n'ont

(1) Le Congo français ne fait pas partie en entier du bassin conventionnel. Il en est de même de la colonie allemande du Cameron.

pas non plus marqué la nécessité de la neutralité qu'ils ins-
tituaient dans l'article 10 en ne s'obligeant pas comme
elles le font quand elles neutralisent un pays, à défendre
la puissance neutralisée si elle était attaquée.

C'est pourtant quelque chose de plus que la neutralité
temporaire en usage en temps de guerre, quoique comme
elle, elle soit volontaire, car cette neutralité, n'est qu'une
déclaration unilatérale d'une puissance que les autres
puissances ne promettent pas de respecter, alors que les
puissances signataires et adhérentes de l'Acte général de
Berlin se sont obligées à respecter la neutralité déclarée
en vertu de l'article 10.

Voici ce que disait M. de Courcel au moment du vote :
« Il est entendu que le mot de neutralité, employé à l'article 10, est pris dans son sens propre et technique, c'est-
à-dire qu'il qualifie la situation légale d'un tiers qui s'abs-
tient de prendre part à la lutte de deux ou plusieurs parties belligérantes. Pour qu'on parle de neutres, il faut qu'il
y ait des belligérants et il n'y a pas de neutralité en temps
de paix. Cependant rien n'empêche un État de se proclamer perpétuellement neutre, c'est-à-dire de déclarer qu'en
aucun cas, il ne prendra volontairement part à une guerre
engagée entre d'autres puissances. »

L'article 10 était fait à l'intention de l'Association internationale. Les articles 11 et 12 visent plutôt les autres
parties du bassin conventionnel, tout en étant pourtant
parfaitement applicables à l'État indépendant, et ont pour
but au moment d'un conflit, d'écarter la guerre du bassin
conventionnel. L'article 11 vise le cas où la guerre aurait
éclaté en dehors du bassin conventionnel et non à cause de
ses territoires ; l'article 12, le cas où le conflit serait né
dans le bassin conventionnel ou à propos de ses territoires.

L'article 11 est ainsi conçu : « Dans le cas où une puissance exerçant des droits de souveraineté ou de protectorat dans les contrées mentionnées à l'article 1er et placées sous le régime de la liberté commerciale serait impliquée dans une guerre, les Hautes-Parties signataires du présent Acte et celles qui y adhéreront par la suite, s'engagent à prêter leurs bons offices pour que les territoires appartenant à cette Puissance et compris dans la zone conventionnelle de la liberté commerciale soient, du consentement commun de cette puissance et de l'autre ou des autres parties belligérantes, placés pour la durée de la guerre sous le régime de la neutralité et considérés comme appartenant à un État non belligérant ; les parties belligérantes renonceraient, dès lors, à étendre les hostilités aux territoires neutralisés, aussi bien qu'à les faire servir de base à des opérations de guerre. »

Ces dispositions respectent les déclarations faites par les ambassadeurs de France et de Portugal, qui désiraient qu'aucune obligation ne soit créée qui puisse diminuer leurs droits en cas de guerre, ni paralyser aucun de leurs moyens. Si les États interviennent, en effet, pour éloigner le théâtre de la guerre du bassin du Congo, du moins ce résultat ne pourra être obtenu que si les puissances belligérantes y consentent. Dans le cas où les belligérants en vertu de cet article 11, se mettraient d'accord pour ne pas porter la guerre sur les territoires du Congo, il en résulterait une neutralité partielle. On rencontre en dehors de ces stipulations de l'Acte général d'autres exemples de neutralité partielle, et en particulier la neutralisation qui est assurée au canal de Suez, même au cas d'une guerre dans laquelle l'empire ottoman serait intéressé.

L'article 12 s'exprime ainsi : « Dans le cas où un dissentiment sérieux, ayant pris naissance au sujet ou dans les limites des territoires mentionnés à l'article 1er et placés sous le régime de la liberté commerciale, viendrait à s'élever entre des Puissances si-

gnataires du présent Acte ou des puissances qui y adhéreraient par
la suite, ces puissances s'engagent, avant d'en appeler aux armes
à recourir à la médiation d'une ou de plusieurs puissances amies.

« Pour le même cas, les mêmes Puissances se réservent le recours facultatif à la procédure de l'arbitrage. »

Cet article n'est pas non plus très gênant pour les puis
sances, il ne fait que de les obliger à se prêter à une tentative de conciliation, si elles veulent absolument la
guerre, elles pourront passer outre à la médiation. Cette
disposition relative à la médiation fut introduite sur la
proposition de M. de Launay, ambassadeur d'Italie. La
commission a eu en cette stipulation une certaine confiance ; voici ce qu'en disait son rapport (1) : « C'est moins
que l'arbitrage, que le respect du principe de l'indépendance des États empêche d'imposer *à priori*, mais c'est
plus que le simple recours aux bons offices. Dans la réalité, la médiation sera généralement efficace et conduira
le plus souvent à l'aplanissement des difficultés internationales. Pour l'État naissant du Congo, que toutes les
puissances désirent entourer de garanties pacifiques, cette
disposition offre une sérieuse valeur puisqu'elle oblige les
États qui auraient un dissentiment avec lui, à recourir d'a-
bord à la médiation des puissances amies. »

Quant à la phrase sur l'arbitrage, elle avait été ajoutée
sur le désir de M. Kasson. Elle n'entraînait aucune obligation et ne présente pas grand intérêt puisqu'elle ne fait
que rappeler les principes ordinaires, à savoir que les puissances peuvent recourir à l'arbitrage. Il n'était peut-être
pas très utile de le dire.

En résumé, les dispositions des articles 10, 11, 12 de

---

(1) Livre jaune, *Affaires du Congo*, 1885, p. 276.

l'Acte général de Berlin présentent un caractère commun : elles n'établissent aucune obligation pour les puissances établies dans le bassin conventionnel à se placer sous le régime de la neutralité. L'obligation à la médiation est la seule obligation qui ait été acceptée par les puissances et cela parce qu'elle n'était pas bien gênante. Ces dispositions n'excluent pas complètement les possibilités de guerre dans le bassin conventionnel.

Quoi qu'il en soit, en même temps qu'il notifiait aux puissances la naissance de l'État et son avènement au trône de cet État, le roi Léopold, le 1ᵉʳ août 1885, s'empressait de mettre le nouvel État sous la protection des dispositions de l'article 10 et faisait adresser aux puissances la déclaration suivante :

« Le soussigné, administrateur général du département des affaires étrangères de l'État indépendant du Congo, est chargé par le Roi-Souverain de cet État de porter à la connaissance de son Excellence ......, ministre des affaires étrangères de ....., qu'en conformité de l'article 18 de l'Acte général de la Conférence de Berlin, l'État indépendant du Congo se déclare, par les présentes, *perpétuellement* neutre, et qu'il réclame les avantages garantis par le chapitre III du même acte, en même temps qu'il assume les devoirs que la neutralité comporte. Le régime de la neutralité s'appliquera au territoire de l'État indépendant du Congo renfermé dans les limites qui résultent des traités successivement conclus par l'Association Internationale avec l'Allemagne, la France et le Portugal, traités notifiés à la Conférence de Berlin et annexés à ses protocoles et qui sont ainsi déterminées savoir (1). » (Suivent les frontières de l'État).

                              Signé : EDM. VAN EETVELDE. »

L'État du Congo est donc un État perpétuellement neu-

_____
(1) Banning, *Le partage politique de l'Afrique*, p. 129,

tre. De ce que nous venons de voir il résulte que les puissances ne l'ont pas obligé à se réfugier dans cette neutralité et que cette neutralité n'éloigne pas de cet État toutes chances de guerre :

1° Les États signataires et adhérents de l'Acte de Berlin se sont engagés à respecter la neutralité déclarée en vertu de l'article 10, mais ne se sont pas engagés à la faire respecter ; par suite, l'État du Congo peut être attaqué soit par des tribus barbares de l'Afrique, soit par des puissances non signataires de l'Acte général et être ainsi forcé de se défendre. Nous verrons plus tard la combinaison de la neutralité de l'État avec la neutralité belge, mais j'indique de suite que l'État du Congo en se défendant ainsi contre une puissance, pourra mettre la Belgique, si elle est devenue sa métropole, dans l'obligation de le défendre, or la Belgique est neutralisée, et ne peut se livrer à aucune guerre. Devra-t-elle s'abstenir ? Le pourra-t-elle ?

2° L'État peut avoir à lutter contre une puissance signataire ou adhérente de l'Acte de Berlin. Les puissances se sont obligées à respecter la neutralité de l'État qui se déclare neutre, tant que celui-ci remplira les devoirs que la neutralité comporte. Ces devoirs sont multiples.

En temps de paix, l'État neutralisé ne peut signer de traités d'alliance offensive ou défensive, qui pourraient l'entraîner dans une guerre. Il est difficile de l'autoriser à consentir un traité d'union douanière avec une puissance voisine. En 1841, l'Angleterre s'est opposée à ce que la Belgique fît partie d'une union douanière. On a trouvé cette mesure rigoureuse. Je la trouve juste surtout à notre époque où les intérêts de leur commerce sont considérés par les États comme primordiaux, et où la

guerre est souvent faite pour défendre ces intérêts ; or
une union douanière entre un État neutre et une autre·
puissance aboutirait à ce résultat : l'État neutre est un
État faible, dans cette union, l'autre puissance serait la
plus forte, elle prendrait la direction des intérêts com-
muns et souvent pourrait ainsi entraîner l'État neutre à
des conflits.

En temps de guerre. l'État neutre doit s'abstenir de
tout acte hostile, ne pas essayer de faire des conquêtes,
garder envers les belligérants une conduite impartiale,
ne pas lui fournir de troupes, ni de vaisseaux, défendre à
ses sujets de s'enrôler dans les armées ennemies, ou de
prendre part à la course maritime, ne fournir aux belligérants ni armes, ni matériel de guerre, ni argent, faire
respecter son territoire en n'y laissant pas traverser les
troupes des belligérants, ne pas les laisser faire des dépôts
d'armes, ne pas laisser ses représentants soit dans le
pays, soit à l'étranger ou ses journaux officiels tenir un
langage qui pourrait être considéré comme un encoura-
gement envers l'un ou l'autre des belligérants.

Tous ces devoirs à observer peuvent donner lieu à de
nombreuses discussions, et l'État indépendant lorsqu'il se
réclamerait de sa déclaration de neutralité, pourrait se voir
opposer deux sortes de fins de non-recevoir soit qu'un État
veuille déloyalement lui chercher querelle, soit qu'il ait
vraiment violé les devoirs que la neutralité comporte.

Le premier cas n'est pas une hypothèse qui ne puisse
se réaliser à une époque où un des grands principes des
États est : La force prime le droit. Il nous faut donc l'envisager. L'État qui voudra attaquer l'État du Congo préten-
dra que celui-ci a violé les devoirs de la neutralité. Ces
devoirs sont si délicats, si multiples, qu'une puissance qui

voudra lui chercher une mauvaise querelle, saura bien
découvrir une raison plus ou moins bonne que sa diplomatie arrivera à parer de couleurs suffisantes pour lui
donner un certain cachet de vérité. Que fera alors l'État
du Congo? Demandera-t-il aux puissances de le défendre?
Elles n'ont pas garanti sa neutralité. Il y a bien la médiation : mais si la puissance qui cherche le conflit veut absolument la guerre, la médiation n'aboutira pas. Les nations
qui auront pu juger par la médiation de la fausseté des
raisons invoquées par la puissance qui veut attaquer, in-
terviendront-elles outrées de tant d'impudence? Non, probablement. L'histoire est là pour nous prouver, qu'à l'époque contemporaine, quand une nation n'a pas un intérêt
très net, très personnel à intervenir dans une guerre, elle
n'intervient que lorsqu'elle s'est engagée par des traités à
intervenir, et encore le fait-elle avec beaucoup de répugnance.

L'État indépendant peut, par sa conduite, avoir vraiment
violé les devoirs que lui impose sa neutralité et ainsi
justifier l'offensive d'une puissance. Ici nous n'avons pas
que des hypothèses, mais des faits. Evidemment l'État n'a
pas eu la guerre, mais il eût pu l'avoir. Une des conditions
primordiales pour que la neutralité soit efficace, c'est que
les États connaissent d'une manière précise les frontières
de l'État neutre, et que ces frontières soient si bien déterminées qu'il ne puisse naître des conflits à leur propos.
C'est pour cette raison, que l'État du Congo avait jugé bon
et avait bien fait de joindre à sa déclaration de neutralité
le tableau de ses frontières. Mais, la contrée était encore
mal connue et ces indications étaient très inexactes ; il y
eut discussion entre la France et l'État au sujet de l'Oubanghi ; je n'insiste pas maintenant sur cet incident de la

vie extérieure de l'État, devant en parler plus loin, ces
dissidences d'interprétation de la Convention du 5 février
1885 s'arrangèrent, mais il est évident qu'un conflit eût
pu en résulter non pas que l'État était dans son tort, mais
la question était discutable et prouve surabondamment
qu'un État neutre doit avoir des frontières précises dont il
ne doit pas essayer de sortir, car les causes de guerre sont
souvent des incidents de frontière, surtout en Afrique où
les territoires à cette époque étaient mal définis, ayant été
souvent délimités sans que l'on eût eu une connaissance
exacte de la topographie des lieux. Il en résulte, qu'il y
avait une certaine anomalie à un État de se déclarer neutre dans une période de son existence qui était encore une
période de conquête. Être perpétuellement neutre, c'est
se renfermer dans un territoire bien déterminé, éloigner
de soi toute cause de conflits ; être sans frontières précises
c'est courir à un conflit, c'est être obligé d'être prêt à
appuyer par les armes des prétentions souvent justes. En
Europe, des pays neutres comme la Belgique, comme la
Suisse, ne peuvent changer quelque chose à leur territoire
sans en recevoir l'autorisation de leurs garants.

Sous prétexte de rectification de frontières, l'État du
Congo s'est encore attribué une partie du territoire de
Lunda. Mais il y a eu dans la vie de l'État du Congo des
faits plus graves, où l'État ne pouvait invoquer la question
de rectification de frontières que pour masquer ses projets
et où il agissait en véritable conquérant. Je veux parler
des expéditions vers le Nil qui précédèrent la conclusion
du traité anglo-congolais de 1894, et de l'occupation de la
rive droite du M'Bomou par les troupes congolaises. Dans
ces deux cas, que j'aurai l'occasion de préciser, l'État violait les devoirs que la neutralité lui impose, et si la France

signataire de l'Acte de Berlin eût envahi le territoire de l'État, elle eût été dans son droit.

La neutralité, stipulée par l'article 10 de l'acte de Berlin et qui s'applique à l'État du Congo, n'éloigne donc pas, comme l'aurait fait une neutralisation plus rigoureuse, tout risque de guerre du bassin conventionnel. Les frontières de l'État sont maintenant parfaitement délimitées et les craintes de guerre ont ainsi diminué. Le 11 janvier 1895, l'État indépendant a renouvelé sa déclaration de neutralité (1), dans laquelle sont indiquées ses frontières telles qu'elles résultent des arrangements de 1887, 1891, 1894 avec la France, le Portugal et l'Angleterre. Cependant toutes chances de guerre ne sont pas écartées, on peut citer le cas où l'État céderait une partie de son territoire en violation de son traité avec la France relativement au droit de préférence.

J'ai parlé des différences existantes entre la neutralité volontaire et la neutralité obligatoire, telle qu'elle a été imposée à certains États européens. Examinons brièvement la situation de ces États. Trois États européens sont neutralisés : la Belgique, le Grand-Duché de Luxembourg, la Suisse. Ces trois États sont neutralisés perpétuellement par les puissances qui garantissent leur neutralité. A l'encontre de l'État du Congo, ils ne peuvent se soustraire à cette neutralité, et si cette neutralité était violée par une puissance, les États qui ont établi cette neutralité devraient prendre les armes pour défendre leur œuvre.

La Belgique a été neutralisée, et cette neutralité garantie, par le traité de Londres du 15 novembre 1831. Les dispositions du traité de 1831 ont été reproduites en 1839

(1) Lettre de M. Van Eetvelde à M. Bourée, Livre jaune, *Affaires du Congo*, 1895.

dans le traité qui intervint alors entre la Belgique et la Hollande. Cette neutralité fut établie dans l'intérêt de l'équilibre européen. La Belgique a été de tout temps un des grands champs de bataille de l'Europe, et les puissances s'empressèrent en 1831 à la soustraire ainsi à une annexion plus ou moins rapprochée à la France.

La possession du Luxembourg était aussi d'un grand intérêt pour les puissances conquérantes de l'Europe occidentale. On attachait une grande importance à la possession de la forteresse de Luxembourg. A la suite des événements de Sadowa et des négociations de la France en 1867 pour posséder le grand duché, celui-ci fut neutralisé et placé sous la garantie des puissances par le traité de Londres du 11 mai 1867, et le roi de Hollande, qui était alors grand duc de Luxembourg, promit de ne plus rétablir les fortifications de la ville, et de ne plus avoir d'armée. C'est encore l'intérêt de l'Europe qui a amené cette neutralisation, qui présente cette différence avec la neutralité suisse et belge, que le Luxembourg ne peut avoir d'armée alors que la Suisse et la Belgique peuvent avoir et ont une armée, et peuvent défendre leur pays si on violait sa neutralité, alors que le Luxembourg devrait compter uniquement sur les puissances.

La neutralité de la Suisse date du 20 novembre 1815. Comme la Belgique et le Luxembourg, la Suisse était l'un des passages des armées européennes ; sa possession fut de tout temps très disputée et plusieurs parties de son territoire furent successivement occupées par l'Autriche, par l'Italie, par la France. Elle eut beaucoup à souffrir de ces luttes dont elle était un des enjeux, et à la suite des guerres du premier Empire, pendant lesquelles son territoire avait été envahi plusieurs fois, elle obtint d'être neutralisée sous la garantie des puissances. C'est dans son intérêt et aussi dans l'intérêt de l'Europe que les puissances ont neutralisé la Suisse.

En neutralisant la Suisse, le Luxembourg, la Belgique, l'Europe a eu pour but de supprimer, dans son intérêt, autant de brandons de discorde.

CHAPITRE V

La reconnaissance de l'État du Congo n'a pas été faite dans les mêmes termes par toutes les puissances. Dans la déclaration échangée avec les États-Unis, ceux-ci ne semblaient pas considérer tout à fait l'Association comme un État. Ils regardaient l'Association comme une personne du droit des gens gérant les intérêts d'États libres ; les autres déclarations : celle de l'Allemagne et celles faites pendant la réunion de la Conférence de Berlin, reconnaissent l'Association comme un État.

Bien souvent, un État nouveau entre de plein pied dans le concert des États, parce qu'il est créé par les puissances et reconnu de suite par elles. Il en a été ainsi pour la plupart des nouveaux États qui ont apparu dans ce siècle, ils ont passé sans transition au rang d'État. Ces créations se faisaient d'ordinaire dans des congrès. C'est ainsi que furent créés : la Grèce, la Belgique, la Roumanie et la Bulgarie. C'est un sentiment d'humanité qui a poussé à la création de la Grèce, l'intérêt des puissances pour les trois autres pays.

Il n'en a pas été de même pour le Congo. S'occupant d'un pays situé au centre de l'Afrique, l'œuvre congolaise à son début, au moment où l'opinion européenne n'était pas encore captivée par les choses africaines, n'intéressait pas assez les gouvernements des puissances européennes pour qu'ils s'avisent de réunir un congrès. L'Association dut donc elle-même gravir péniblement les différents échelons qui devaient la faire monter au rang des États. Elle dut entreprendre avec chaque puissance les négociations qui devaient pour cette puissance la faire considérer comme un État. Reconnue tour à tour par treize puissances, l'Association ne devenait pas un État au même jour pour chaque puissance et en dehors de celles-ci restait pour le reste du monde une simple compagnie privée. Le baron Lambermont, parlant de ce travail, disait dans son rapport à la Conférence : « L'État que l'Association internationale du Congo est *en train* de fonder ».

La transition avait commencé à s'opérer par la reconnaissance des États-Unis. « État aux yeux des américains, dit M. Moynier (1), société privée pour le reste du monde, telle fut la situation bizarre dans laquelle l'Association se trouva alors. Mais par suite de conventions analogues conclues successivement avec divers pays, le caractère d'État alla en grandissant, et celui de société en s'affaiblissant jusqu'au jour », où la Conférence de Berlin « faisant pour son propre compte ce que les États représentés dans son sein avaient déjà fait individuellement, reconnut à l'Association, en l'admettant à adhérer à l'Acte général, les droits d'un être juridique de droit public. Dès lors on put dire

---

(1) M. Moynier, *La fondation de l'État indépendant du Congo au point de vue juridique*. Séances et travaux de l'Académie des sciences morales et politiques,1887, 2e semestre, p. 460. Au point de vue des mots : *État aux yeux des Américains*, je fais les réserves indiquées précédemment lorsque j'ai dit que la déclaration des États-Unis ne considérait pas l'Association tout à fait comme étant un État.

cette association entrée dans le droit international universel (1) ».

Entre temps, l'Association avait réussi, à faire qu'un congrès s'intéressât à sa situation, l'intérêt qui n'existait pas tout d'abord pour les puissances européennes s'était fait jour, le prince de Bismark y avait démêlé un puissant intérêt pour le commerce allemand, et de même que la Belgique, la Roumanie, la Bulgarie avaient été créées par des congrès, de même un intérêt étant né pour la collectivité des États, ceux-ci allaient donner une investiture solennelle à l'État nouveau. Je dis une investiture solennelle, non pas une création, car l'Association avait fait elle-même l'œuvre de sa reconnaissance par les États, et cette reconnaissance était suffisante pour qu'elle fût un État. Le Liberia a été reconnu successivement par les États dans les traités de commerce qu'il a faits avec eux depuis 1848. Ce n'est qu'à la Conférence de Bruxelles de 1889 que les États ont reconnu dans un congrès son existence. Ce qui ne l'empêchait pas de vivre et d'être un État avant comme après cette déclaration.

Cependant l'œuvre de la Conférence de Berlin fut loin d'être inutile à la formation du nouvel État. Les traités conclus n'avaient abouti à la création d'un État que vis-à-vis des puissances signataires. La plupart de ces traités, à l'exception de ceux avec la France, l'Allemagne et le Portugal n'indiquaient pas les frontières du nouvel État. L'État pour être solidement établi aux yeux de tous et sans aucun conteste sur son caractère, devait arriver à la combinaison de tous ces traités. La Conférence de Berlin réalisa cette combinaison dans la séance du 23 février

(1) Rapport Nothomb à la Chambre des députés, 20 mars 1885.

1885, en annexant la copie des traités au protocole des
séances, et ainsi que le fait remarquer Banning (1) « les
traités firent partie, avec les limitations qu'ils consacraient,
des actes mêmes de la Conférence et furent indirectement
couverts par sa sanction ». La déclaration qu'envoya le roi
Léopold II le 1er août 1885, mentionne, ainsi que nous
l'avons vu, le rôle de la Conférence dans la fondation de
l'État du Congo.

Cependant il ne faudrait pas exagérer l'œuvre des puissances dans la fondation de l'État indépendant, et croire
celui-ci tenu à des obligations que l'on n'a pas pensé à lui
imposer. Que sans d'illustres protections, sans de nombreuses sympathies, l'État n'eût pu se créer aussi facilement, ceci saute aux yeux ; mais, parce qu'à sa naissance,
il a vécu parce que l'on a bien voulu le laisser vivre, ce n'est
pas une raison pour faire dire — ce que l'on fait souvent
— à l'Acte de Berlin et aux protocoles de la Conférence
ce qu'ils ne disent pas. On dit que la Conférence de Berlin
a créé l'État, que celui-ci est par suite, la création des
puissances, qu'elles ont fixé son régime commercial, qu'elles ont désigné son souverain, et qu'aucune transformation
ne peut s'opérer dans cet État sans qu'elles interviennent.
Il y a là de notables exagérations : le régime commercial
que les puissances ont créé, elles ne l'ont pas créé seulement pour l'État indépendant, il s'étend sur un territoire
double ; le gouvernement, elles ne l'ont nullement établi ;
les représentants des puissances dans le but d'être agréa-
bles au roi Léopold ont indiqué dans les discours repro-
duits précédemment, que l'État prospérerait sous la direction habile du roi des Belges, ce sont des vœux, rien de

(1) Banning, *Le partage politique de l'Afrique*, p. 126.

plus. L'Europe n'a nullement indiqué quelle devrait être l'organisation de l'État, ni sa forme de gouvernement, ni ses rouages administratifs, et le baron de Courcel le disait à la Conférence en émettant des vœux pour le nouvel État : « J'émets, au nom de mon gouvernement, le vœu que l'État du Congo, territorialement constitué aujourd'hui dans des limites précises, arrive bientôt à pourvoir d'une organisation gouvernementale régulière, le vaste domaine qu'il est appelé à faire fructifier (1). »

A ce point de vue, la Conférence n'a rien institué, rien fait. C'est le roi Léopold, fondateur de l'Association, qui indiqua quelle serait la forme du gouvernement et en institua tous les rouages : personne autre que lui n'intervint. L'Europe ne s'en occupa pas et ce fut affaire entre le roi et l'Association. Mais l'Association n'était-ce pas le roi ? N'est-ce pas lui, qui seul prenait les décisions ? Et lorsqu'il s'agit de faire passer entre les mains de l'État les possessions de l'Association, aucun consentement ne fut demandé à celle-ci. L'Association savait que ses jours étaient comptés. Elle devait être résignée d'avance à cesser d'exister lorsque le moment psychologique serait venu, où des formes gouvernementales pourraient être avantageusement substituées à celles d'une institution privée. Le silence des documents officiels autorise à croire que le fondateur de l'Association internationale estima avoir l'autorité nécessaire pour consentir, de son propre chef, à l'abdication des droits territoriaux de cette association. Ses co-intéressés en tous cas, ne la lui contestèrent pas, car aucun d'eux n'éleva de réclamation à ce sujet, et cela n'a rien de surprenant, si comme l'a dit M. Bara au sein du parlement

(1) Livre jaune : *Affaires du Congo,* 1885, page 225.

belge « l'Association internationale se résumait dans le roi (1) ».

Précisons quelles sont les conditions auxquelles la Conférence a soumis les territoires de l'État du Congo : L'État doit respecter les stipulations de l'Acte de Berlin, comme les autres puissances possédant des territoires dans le bassin conventionnel doivent les respecter. Mais dire qu'il a des devoirs supérieurs à ceux des autres territoires du bassin conventionnel, qu'il ne peut s'y opérer de changements au sujet de sa nature sans que l'Europe intervienne, c'est faux. En droit civil, chaque fois qu'il s'agit de restrictions à mettre aux droits d'un individu il faut que des textes précis l'indiquent, il en est de même en droit international lorsqu'il s'agit de restreindre la capacité de l'État, c'est-à-dire de diminuer ses droits souverains. Tant que l'État du Congo ou les puissances qui lui succéderont respecteront les stipulations de l'Acte général de Berlin, les puissances n'ont pas à intervenir.

D'ailleurs, quand la Conférence décida que les traités faits par l'Association seraient annexés à l'un de ses protocoles, elle n'avait pas seulement pour but de constater solennellement l'existence du nouvel État, mais aussi de joindre à ses travaux des traités qui réglaient la situation de certaines puissances dans le bassin conventionnel du Congo, et qui permettaient ainsi à la Conférence de compléter son œuvre mieux qu'elle n'eût pu le faire elle-même, puisque M. J. Ferry n'avait consenti à la réunion d'une Conférence que sous la condition que les conflits qui s'étaient élevés dans le Congo seraient réglés en dehors de la Conférence. Voici ce que disait M. de Bismark en clôturant la Confé-

---

(1) M. Moynier, voir article cité précédemment.

rence : « L'esprit de bonne entente mutuelle qui a distingué vos délibérations a présidé également aux négociations qui ont eu lieu en dehors de la Conférence dans le but de régler des questions difficiles de délimitation *entre les parties qui exerceront des droits de souveraineté dans le bassin du Congo*, et qui, par la nature de leur position, sont appelées à devenir *les principaux gardiens* de l'œuvre que nous allons sanctionner. »

*   * *

En fait, l'État du Congo est bien un État. Il est reconnu comme tel par toutes les puissances ; il traite directement avec elles par ses agents. Nous devons nous demander si juridiquement il constitue un État.

L'État est une société d'hommes indépendants, établie d'une façon permanente sur un territoire fixe et déterminé, avec un gouvernement autonome chargé de la diriger vers un but commun.

Cette définition de l'État est celle qu'acceptent la grande majorité des auteurs : Heffter, Calvo, Pradier-Fodéré, etc.

Trois éléments sont donc nécessaires à l'État :

1° C'est une société d'hommes indépendants ;

2° Cette société est établie sur un territoire déterminé ;

3° Cette société est organisée et son gouvernement est autonome.

L'État indépendant remplit-il ces trois conditions ?

1° L'État indépendant n'est pas une société d'hommes indépendants. La société que l'on nomme État a presque toujours comme caractère l'unité, d'où découle la solidarité. L'unité nationale fait que tous les individus de la même société ont les mêmes aspirations générales, les mêmes intérêts et constituent une unité politique se suffi-

sant à elle-même. Ces hommes sont unis non seulement
par leurs intérêts matériels, mais aussi moralement ; il
existe entre eux une union d'idées, une sympathisation de
sentiments qui constituent le fondement de l'État et que
l'on appelle l'esprit national.

L'État indépendant ne possède pas ces caractères. Il a
été formé arbitrairement par les traités de délimitation
avec la France, le Portugal, l'Allemagne et l'Angleterre,
ses frontières ont été fixées avant que beaucoup de ses
territoires aient été explorés, et les sauvages du bassin de
l'Aruwimi ou du Katanga étaient déjà citoyens de l'État
alors qu'ils n'avaient aucune connaissance de son existence. Bien mieux, ces individus n'avaient aucune notion
de l'idée d'État, car on ne peut pas dire que toutes ces pe-
tites bourgades du centre africain, qui ont chacune leur
chef ou leur roi, soient des États ; leur organisation politique ressemble assez à celle de l'Europe féodale alors
qu'elle était hérissée de châteaux où commandaient des
seigneurs en luttes continuelles, ne reconnaissant souvent
qu'une suzeraineté purement nominale et changeante.
Aucune idée morale n'unit les sujets de l'État, ils n'ont
nullement conscience de l'unité nationale. Ils ne sont pas
plus indépendants qu'ils ne sont unis ; personne ne leur a
demandé leur autorisation pour les constituer en un grand
État et ils ne peuvent suffire à l'organisation gouvernementale de cet État. Qui établit les chemins de fer, qui
paie les fonctionnaires, qui construit les routes ? un pouvoir extérieur qui ne leur demande pas leur autorisation.
Il est inutile d'insister sur ce manque de cohésion nationale qui est manifeste ; un fait caractérise bien la manière
dont l'indigène a été laissé de côté dans cette formation de
l'État, c'est la façon dont fut proclamée la naissance de

l'État sur son territoire même. L'acte de naissance de l'État a revêtu la forme d'un décret royal par lequel le 29 mai 1885 le roi Léopold a proclamé l'existence de l'État indépendant et son propre avènement au trône. Il fut porté à la connaissance de l'administrateur général du Congo, M. de Winton, lequel, le 19 juillet 1886, réunit à Banana dans une cérémonie de circonstance, les représentants des maisons de commerce établies sur la rive droite du fleuve, et leur lut le décret royal. C'est ainsi que les individus d'un territoire de 3.000.000 de kilomètres carrés qui la veille n'avaient aucun lien entre eux, formèrent le lendemain un État !

2° L'État du Congo au moment de sa fondation, en 1885, ne constituait pas un territoire fixe et bien déterminé. Maintenant il obéit à cette condition. Mais en 1885, ses limites avaient été fixées un peu au hasard puisque l'on ne connaissait pas tous ses territoires. Les cours de l'Oubanghi et du M'Bomou qui forment la limite nord actuelle n'étaient pas encore explorés, et ont donné lieu depuis à des changements de frontières qui, nous le verrons, sont très importants. Il arriva qu'ainsi plusieurs centaines de mille d'indigènes qui, en 1885, faisaient partie de l'État indépendant de par la volonté des plénipotentiaires de la France et de l'Association n'en faisaient plus partie en 1887, et ces indigènes avaient si peu le sentiment de l'unité nationale et de ce qui se passait qu'ils ne se sont pas doutés du changement qui s'était fait.

3° L'État doit avoir un gouvernement autonome chargé de diriger la société vers un but commun. Un État puise les éléments de son organisation dans son sein. Le souverain de l'Allemagne est allemand, les fonctionnaires sont allemands, les chefs de l'armée sont allemands, et le peu-

ple consent à être gouverné par eux. Au Congo il n'en est
pas ainsi, les indigènes ne gouvernent pas : le chef de
l'État est à l'extérieur et n'a jamais mis les pieds sur le
territoire de l'État, ses gouverneurs lui viennent de l'extérieur, les officiers de l'armée sont étrangers, le conseil
supérieur de l'État qui assiste le souverain dans ses principales décisions est à Bruxelles. Peut-on dire que l'État
a un gouvernement auquel les indigènes se sont soumis
même tacitement ? Assurément non, et pendant longtemps
une partie du pays a fait la guerre à l'autre ; les Belges,
depuis quinze ans qu'ils dirigent l'État du Congo luttent
contre les indigènes du bassin de l'Aruwimi, et ces indigènes ne se doutent pas qu'ils ne défendent pas leur sol
contre des envahisseurs, mais qu'ils sont des sujets en
rébellion contre les gouvernants qu'ils ont accepté !

Il est évident que l'État possède tous les organes nécessaires à sa vie, et que l'organisation de son administration
prouve qu'il a à sa tête une main experte dans l'art de
gouverner (1). Son souverain a à ses côtés un conseil supérieur, sorte de Conseil d'État, ou plutôt sorte de conseil
semblable à l'ancien Conseil du roi en France, des secrétaires généraux qui sont les ministres de l'État ; l'État possède un gouvernement local composé d'un gouverneur
général ayant sous ses ordres des sous-gouverneurs. Toute
cette organisation est très judicieuse, mais au point de vue
où nous nous plaçons, il est difficile de penser que tous ces
éléments de son gouvernement qui sont étrangers, constituent le gouvernement autonome choisi par la société qui
constitue l'État.

(1) Je ne parle pas de l'organisation intérieure de l'État. Je me suis
donné comme tâche de traiter la fondation de l'État et la vie extérieure
de l'État au point de vue international. Mon sujet est déjà assez vaste
et je n'ai pas voulu lui faire dépasser ces limites

J'ai parlé des analogies qui existent entre l'État du Congo et la République de Libéria, il existe entre eux une grande différence. Au point de vue juridique, pour qu'une société soit un État, il suffit qu'elle en ait tous les caractères, peu importe qu'elle soit reconnue ou non comme telle par les puissances, or l'État de Libéria avait tous les caractères de l'État avant d'être reconnu par les puissances. C'était une société d'hommes indépendants établie dans un territoire déterminé, ayant à sa tête un gouvernement autonome avant 1848, date à laquelle cet État contracta son premier traité avec une puissance. L'État du Congo, au point de vue des puissances, est un État, il est reconnu comme tel par toutes les puissances, puis par un congrès de puissances, mais au point de vue juridique, il ne possède pas plus les caractères de l'État que l'Association ne les possédait avant ces reconnaissances.

Qu'est-ce donc ? M. Rolin-Jaequemyns a dit : « C'est une colonie internationale *sui generis*, fondée par l'Association internationale du Congo, dont le généreux promoteur a été investi par la reconnaissance et la confiance de tous les États civilisés, du pouvoir et de la mission de gouverner, dans l'intérêt de la civilisation et du commerce général des territoires africains compris dans certaines limites conventionnelles déterminées. »

M. Bernaert, au moment où le roi demanda aux Chambres l'autorisation de prendre la direction de l'État indépendant a dit à la tribune de la Chambre des représentants : « L'État dont le roi sera le souverain constituera en quelque sorte une colonie internationale. »

Par ces paroles, MM. Rolin-Jaequemyns et Bernaert et tous ceux qui ont répété après eux que le Congo était une colonie internationale, ont voulu dire que, par suite du régime colonial que l'Europe avait imprimé à ses territoires, des garanties avaient été données au point de vue de la liberté commerciale aux commerçants du monde entier qui pourraient y venir commercer, tous sur le même pied d'égalité. C'est vrai, cependant le Congo français, en grande partie, est soumis au régime de l'Acte général de Berlin, de même le Congo portugais ; que dit-on de ces territoires ? Que ce sont des colonies françaises, des colonies portugaises.

En effet, quel que soit le régime libéral que l'on adopte et malgré que tout tarif différentiel entre les commerçants des nations soit interdit, il n'en est pas moins vrai que les nationaux d'un pays ont toujours tendance à venir dans une colonie dépendante de leur nation ; c'est ce qui est arrivé pour le Congo. Malgré son nom et malgré qu'aux yeux des puissances il soit un État, l'État indépendant a tous les caractères d'une colonie, et d'une colonie belge. Que demain, cet État soit annexé à la Belgique, qu'est-ce qui sera changé dans son organisation ? Le titre trompeur d'État indépendant aura disparu, et le nom de ces territoires : colonie belge du Congo, sera en parfaite harmonie avec la réalité.

L'Etat indépendant a tous les caractères qui constituent une colonie. Comme une colonie, l'État indépendant est composé d'individus n'ayant aucune unité nationale ; la délimitation de la colonie est faite dans un intérêt purement économique. Quand un pays organise ses colonies pour en faire plusieurs administrations distinctes, il n'essaie pas d'unir ensemble les individus de la même race, il unit les territoires présentant pour lui les mêmes intérêts commerciaux. L'État indépendant forme un tout économique, traversé par un grand fleuve auquel ses affluents amènent toutes les richesses commerciales du territoire. De même que dans les autres colonies africaines, les frontières de son territoire ont dépassé les limites de son occupation et ces frontières ont été indiquées avant que le pays soit connu. Son gouvernement central qui est à Bruxelles, peut être assimilé à un ministère des colonies chargé de diriger de la métropole les dépendances coloniales, ses administrateurs locaux sont étrangers, les chefs indigènes qui ont certaines attributions administratives sont placés sous les ordres de ces administrateurs locaux, les chefs de l'armée sont des officiers européens, les entreprises qui fécondent ses territoires sont créées en Europe. Enfin il ne peut subvenir à ses charges qu'avec l'aide d'une puissance qui constitue sa métropole.

Je dis que cette colonie a tous les caractères d'une colonie belge parce que son chef est belge, ses administrateurs sont belges, les chefs de son armée sont belges, les sociétés commerciales qui se sont fondées et entre autres celles qui ont reçu des privilèges ont leur siège social à Bruxelles, enfin c'est la Belgique qui a fourni les fonds grâce auxquels l'État indépendant a pu subvenir à ses charges.

Inutile donc de chercher des expressions nouvelles pour caractériser la situation de l'État indépendant du Congo. Il a tous les caractères d'une colonie et d'une colonie belge. Rien d'étonnant à cela, puisque dans l'esprit de celui qui a amoureusement guidé ses premiers pas et surveillé avec soin sa croissance, l'État indépendant n'est comme les associations qui l'ont précédé, qu'une forme transitoire pour arriver à faire de ces grands territoires africains une colonie belge.

QUATRIÈME PARTIE

LES PRINCIPAUX ÉVÉNEMENTS DE LA VIE INTERNATIONALE DE L'ÉTAT

———

Nous devons examiner maintenant les principaux événements auxquels l'État a été mêlé par sa politique extérieure. Les rapports de l'État avec la Belgique ont un caractère tout particulier, par suite, il sera préférable de les étudier séparément. Les principales manifestations extérieures de l'État indépendant que nous allons examiner sont : la Conférence anti-esclavagiste de Bruxelles qui a révisé certaines dispositions de l'Acte général de Berlin, les traités de délimitation, notamment ceux avec la France et le traité anglo-congolais de 1894, et les diverses péripéties par lesquelles a passé le droit de préférence consenti à la France en 1884 par l'Association.

CHAPITRE PREMIER

LA TRAITE DES NÈGRES. — LA CONFÉRENCE ANTI-ESCLAVAGISTE
DE BRUXELLES (1).

Parler en détail de la traite des esclaves, des mesures prises par les puissances pour la réprimer, des résultats obtenus au Congo par les œuvres belges qui la combattirent, est un travail qui déborderait de beaucoup le sujet que j'ai entrepris de traiter. Aussi, si j'ai à parler de la Conférence anti-esclavagiste de Bruxelles, c'est plus au point de vue de ses décisions qui ont modifié les dispositions de l'Acte général de Berlin sur la liberté commerciale qu'au sujet de la traite elle-même.

Lorsque l'esclavage florissait à peu près dans toutes les colonies fondées par les européens soit en Amérique, soit en Afrique, le commerce des esclaves était une institution officielle et c'était grâce à leur travail que les européens pouvaient faire fructifier à bon marché les territoires de l'Amérique. Ce ne fut qu'au commencement de la deuxième moitié du XVIIIe siècle que quelques voix, et parmi elles, celle de Montesquieu, commencèrent à stigmatiser cette pratique odieuse.

L'Afrique était la terre par excellence des négriers, c'est de là que pendant plusieurs siècles des centaines de mille

(1) Les documents officiels cités dans ce chapitre au sujet de la Conférence de Bruxelles, se trouvent dans le livre jaune publié sous le titre de : *Conférence internationale de Bruxelles*, novembre 1889, février 1891, 18 novembre 1889, 2 juillet 1890.

de nègres furent emportées vers le Nouveau-Monde. Les nègres d'Angola et du Bas-Congo étaient particulièrement recherchés, et nous avons vu que les quelques bastions qu'avaient construits les Portugais l'avaient été dans le but de protéger les négriers qui étaient les seuls commerçants de la contrée.

Poursuivie dans ce siècle par toutes les nations, la traite maritime a vécu dans l'Océan Atlantique, et les dernières saisies de navires négriers faites dans le Bas-Congo remontent à 1868.

Mais à côté de ces contrées où, faute de débouchés par suite de l'abolition de l'esclavage en Amérique, la traite avait disparu, il en existait d'autres qui pourvoyaient d'esclaves les pays mahométans et où la traite sévissait plus effroyable que jamais.

Trois régions étaient surtout en proie à ce fléau : le Soudan, le Haut-Nil et le plateau central que traverse le Haut-Congo.

Dans ces trois régions, les procédés étaient les mêmes. On entourait et on incendiait les villages, on tuait tout ce qui résistait ou paraissait impropre à la marche, au travail, au plaisir et on emmenait le reste. Au Soudan, dans le Baguirmi et l'Ouadaï, les princes opéraient eux-mêmes par razzias et tiraient de la traite leurs principales ressources. Le Dr Nachtigal a assisté pendant plusieurs mois à ces meurtres et à ces incendies pendant son voyage au sud du Baguirmi : « Je me souviens, dit-il, toujours avec une nouvelle horreur du 31 mars 1872, jour où nous attaquâmes le village de Koli. Au sortir de la forêt, nous atteignîmes la clairière où baigné de soleil s'étalait le paisible village. Les habitants à notre approche, après avoir incendié leurs demeures, se retirèrent derrière un rempart

d'argile, à hauteur d'épaule ; au centre, un épais fourré
entouré d'un fossé et d'un second rempart, recueillait les
femmes et les enfants. Après la sommation, repoussée
avec une froide résolution, commença le combat qui se
prolongea jusqu'à trois heures de l'après-midi. Les armes
à feu décidèrent de l'issue de la journée.

« Des hommes blessés, à moitié morts, expiraient sous
les coups des vainqueurs avides qui s'en disputaient la
possession. Des femmes et des filles défaillantes étaient
entraînées avec la plus extrême brutalité ; de pauvres enfants enlevés violemment des bras de leurs mères, rou-
laient les membres brisés sur le sol. Vingt à trente hommes se rendirent à merci ; le roi de Baguirmi possédait trois
à quatre cents esclaves de plus et un heureux et florissant
village avait disparu de la terre. Je parcourus navré les
ruines fumantes et je comptai encore vingt-sept cadavres
de nourrissons que leurs mères, dans un transport d'hé-
roïsme sauvage, avaient étranglés ou jetés dans les flam-
mes...

« Ce fut là notre existence pendant des mois. Notre
camp se remplit d'esclaves, surtout de femmes et d'enfants. A mesure que s'accroissait le nombre de ces mal-
heureux les provisions s'épuisaient, la dysenterie éclata
avec la famine. Les cadavres empoisonnaient l'air dans
le voisinage des cabanes. Les esclaves fatigués ne pouvaient plus marcher, malgré les coups de bâton et de fouet
dont on les gratifiait largement ; il fallut les abandonner,
mais pour l'exemple des autres, on les mettait impitoya-
blement à mort ; le maître restait décemment quelques
pas en arrière, tirait son couteau d'un air de résignation
et lui coupait la gorge (1). »

(1) *Deutsche Rundschau*, t. X, p. 371 à 374.

Ces esclaves étaient vendus dans les marchés du Bornou dont Kouka était l'un des principaux, et où 5 ou 6.000 esclaves étaient vendus par semaine. Que de victimes, quand on pense que certains voyageurs estiment que pour un esclave qui arrivait vivant dix étaient morts !

Sur le deuxième théâtre de la traite, le trafic des esclaves s'exerçait de Khartoum aux Grands Lacs. C'est le commerce de l'ivoire qui a été le point de départ de la traite et qui sert à la déguiser encore aujourd'hui. Là aussi, c'est le désastre, la ruine, la mort qui marquent le passage des traitants : « Des contrées riches et bien peuplées, dit Baker, sont converties en désert ; d'un paradis terrestre on a fait une région infernale. » Le gouvernement égyptien était le complice des traitants. Les traitants amenaient leurs troupeaux jusqu'à Khartoum sur des bateaux recouverts de blé en vrac. Baker saisit un de ces bateaux : « Le blé fut enlevé, les planches qui entouraient l'avant et l'arrière furent brisées, et on vit alors une foule pressée de créatures humaines, garçons, filles et femmes, amoncelés comme des harengs dans une tonne. Malgré leur atroce situation sous l'empire des menaces qui leur avaient été faites, ces pauvres gens avaient gardé jusque-là le silence le plus absolu. Au premier mouvement qu'ils firent, une odeur suffocante se répandit dans l'atmosphère. 150 esclaves chargés de chaînes étaient arrimés dans une aire d'une inconcevabe exiguïté (1). » Samuel Baker estime que 20.000 hommes étaient annuellement ainsi capturés. Schweinfurth dit que ce chiffre est au-dessous de la réalité. L'occupation du Soudan par Gordon permit au pays de respirer un peu.

(1) *Ismailia*, traduction française de M. Vattemare, Paris, 1875, p. 71.

Le troisième terrain de chasse des traitants était le bassin du Haut-Congo. C'est vers 1830 que les arabes de Zanzibar arrivèrent en recherchant l'ivoire jusqu'à Tabora. Dix ans après, ils avaient pénétré jusqu'au Tanganika et s'installèrent à Udjiji. En 1868, ils atteignirent pour la première fois Nyangwé qui devint leur quartier général. Ils remontèrent ensuite jusqu'aux Falls, au Lomami et vers l'Urua inondant de plus en plus de leurs dévastations le territoire de l'État du Congo.

Il semble d'après les récits de tous les voyageurs qui ont traversé ces régions, que dans son dernier refuge et au moment où elle allait disparaître, la traite s'y exerçait avec une recrudescence de barbarie dont rien n'approche.

« Maître, disait à Stanley un des capitaines de son escorte, quand je vins ici pour la première fois, il y a huit ans, toute cette plaine entre Mana-Mamba et Nyangwé avait une population si dense, que tous les quarts d'heure nous traversions des jardins, des champs, des villages. Chaque hameau était entouré de troupeaux de chèvres et de porcs. Vous pouvez voir vous-même ce que le pays est devenu aujourd'hui. » Je vis, ajoute Stanley, une contrée à peu près inhabitée et retombée dans l'état sauvage.

Les arabes avouaient à Stanley qu'ils faisaient de 9 à 10 expéditions par mois, dans lesquelles on procédait avec une barbarie systématique. Tout ce qui porte une lance est tué ; les adultes mâles sont massacrés, les cadavres sont mis en pièces et les membres accrochés aux arbres, afin de terrifier les villages et les disposer à une soumission passive. Les femmes et les enfants sont enlevés pour être vendus. Ils sont tous dirigés à Udjiji d'où on les mène à Tabora. Les esclaves sont placés en longues files, habituellement bâillonnés par un morceau de bois, semblable

à un bridon, lié à leur bouche. Ils ont le cou engagé dans
de lourds carcans et les mains liées derrière le dos. A Tabora, les chasseurs indigènes les remettent entre les mains
des traitants arabes de Zanzibar qui les dirigent soit vers
la côte de Somalis et en Arabie, soit vers l'Egypte d'où
on les exporte vers la Perse. Les carcans les maintenant,
le fouet pour les faire marcher, la mort s'ils s'arrêtent,
tel est leur sort.

C'est en 1883 que Tippo Tib, le traitant arabe de Zanzibar le plus connu, atteignit Stanley-Falls. Le capitaine Van
Gèle occupa aussi la station au nom de l'État, mais le
28 août 1886, la station gardée par deux européens fut
attaquée et occupée par Rachid, neveu de Tippo Tib.

L'État ne disposait pas de forces assez considérables
pour entreprendre la lutte contre les bandes arabes. On
usa d'un expédient, et Tippo Tib qui n'avait pas été présent à l'attaque de la station, fut nommé vali des Falls en
février 1887 par Stanley qui le rencontra à Zanzibar. Le
17 juin, Tippo Tib arrivait aux Falls qu'il dirigea au nom
de l'État, cette occupation des Falls par Tippo Tib ne dura
que peu de temps ; le 15 juin 1888, les Falls étaient réoccu-
pés par le capitaine Van Gèle.

A cette époque, un grand mouvement se faisait sentir
dans le monde civilisé en faveur de la lutte contre la traite
arabe qui devenait de plus en plus menaçante. Le cardinal Lavigerie, avait pris la noble initiative de ce mouvement qui avait pour but de combattre la traite dans tout
le continent noir, il avait fondé des ordres religieux pour
aller évangéliser l'Afrique, et ses missionnaires s'étaient
installés au centre du continent africain sur les rives du
Tanganika. En 1888, cette croisade contre l'esclavage reçut
une consécration solennelle qui donna au cardinal Lavi-

gerie un nouvel élan. Le 5 mai 1888, le pape Léon XIII dans une encyclique adressée aux évêques du Brésil appelait l'attention du monde catholique sur le trafic de l'homme et sa répression. Le cardinal Lavigerie créa alors la *Société anti-esclavagiste*, chargée de fournir tant aux initiatives privées qu'aux Pères Blancs les sommes nécessaires pour lutter contre le fléau. Il parcourut l'Europe créant dans chaque capitale une société anti-esclavagiste et eut surtout du succès en Belgique.

Cette croisade ne devait pas rester stérile, les chefs d'État s'émurent des souffrances qu'on leur dépeignait, et dès lors on parla de convoquer une conférence, qui indiquerait les remèdes les meilleurs pour combattre efficacement la traite.

Ce n'était pas la première fois que les diplomates européens allaient avoir à s'occuper de cette question. Par un article séparé du traité de Paris de 1814, la France et la Grande-Bretagne s'étaient engagées à réunir leurs efforts au Congrès de Vienne pour faire prononcer par toutes les puissances l'abolition de la traite des nègres. Le Congrès de Vienne, le 8 février 1815, émit une déclaration flétrissant la traite ; le Congrès de Vérone fit de même le 28 novembre 1822.

Le 20 décembre 1841, fut signée à Londres une convention, d'après laquelle les États européens s'engageaient à mettre en croisière un certain nombre de vaisseaux de guerre pour surveiller les navires marchands qui trafiquaient dans certains parages. Le droit de visite, entendu dans son sens le plus large, devait permettre de s'assurer si ces bâtiments ne se livraient pas à la traite des noirs. Le gouvernement français, sur le désir exprimé par le Parlement, refusa de ratifier ce traité. Et, qui plus est, le 29 mai

1845, la France et l'Angleterre conclurent un traité par lequel elles renonçaient au droit de visite perpétuel, qu'elles s'étaient accordées par les conventions du 30 novembre 1831 et 22 mars 1833, et y substituaient, pendant une période de dix ans, le droit réciproque de s'assurer de la nationalité réelle des navires portant pavillon français ou anglais et paraissant faire un commerce illicite.

La Convention de 1845 ne fut pas renouvelée, mais des instructions données à la marine des deux pays y suppléèrent tout en permettant de ne pas être engagé par des conventions à long terme.

En 1885, à la Conférence de Berlin, on ne se trouvait plus en face de la même situation. La traite sur mer n'existait presque plus ; c'était à sa naissance qu'il fallait combattre l'esclavage. La Conférence, sur l'initiative de plusieurs de ses membres et notamment de sir Malet, voulut prendre quelques mesures, mais l'ambassadeur de la Porte s'y opposa en disant que la lettre d'invitation qui contenait le programme de la Conférence ne parlait pas de cette question. Le comte de Launay avait demandé alors que, dans l'intérêt de la race nègre, le commerce des armes et des spiritueux fût interdit dans le bassin conventionnel du Congo ; la Conférence ne prit aucune décision efficace à ce sujet, craignant, malgré son désir de prémunir les nègres contre l'alcoolisme, de gêner un commerce qui avait déjà pris une certaine extension. L'Acte de Berlin ne contient rien à ce sujet, mais la Conférence émit un vœu qui indiquait les deux pensées quelque peu contradictoires qui créaient son incertitude : « Les puissances représentées à la conférence, désirant que les populations indigènes soient prémunies contre les maux provenant de l'abus des boissons fortes, émettent le vœu qu'une entente s'établisse entre elles pour régler les difficultés qui pourraient naître à ce sujet, d'une manière qui concilie les droits de l'humanité avec les intérêts du commerce en ce que ces dernières peuvent avoir de légitime. »

Le comte de Launay avait proposé d'assimiler le traité à la piraterie, et M. Kasson avait demandé que les puissances exerçant une souveraineté dans le bassin conventionnel s'engagent à ne jamais donner asile aux traitants, qu'ils fussent ou non leurs nationaux, mais cette proposition ne fut pas acceptée par la conférence par suite de l'opposition du baron de Courcel et du plénipotentiaire de Hollande, qui firent remarquer que les lois de la France et de la Hollande ne permettent pas d'expulser les nationaux sans un jugement, ou ne contiennent pas la peine du bannissement.

La Conférence de Berlin, se borna à émettre une déclaration concernant la traite, contenue dans l'article 9 de l'Acte général ainsi conçu :

« Conformément aux principes du droit des gens tels qu'ils sont reconnus par les puissances signataires, la traite des esclaves étant interdite, et les opérations qui, sur terre ou sur mer, fournissent des esclaves à la traite devant être également considérées comme interdites, les puissances qui exerceront des droits de souveraineté ou une influence dans les territoires formant le bassin conventionnel du Congo, déclarent que ces territoires ne pourront servir ni de marché, ni de voie de transit pour la traite des esclaves de quelque race que ce soit. Chacune de ces puissances s'engage à employer tous les moyens en son pouvoir pour mettre fin à ce commerce et pour punir ceux qui s'en occupent. »

Cet article interdisait la traite, mais ne supprimait pas

l'esclavage. C'était dans l'article 6 qui a trait à la conservation et à la protection des populations indigènes que les puissances ayant des possessions dans le bassin conventionnel du Congo s'engageaient « à concourir à la suppression de l'esclavage. »

L'acte de Berlin contenait donc certaines dispositions de principe, mais le programme limité de la Conférence n'avait pas permis d'aborder la discussion des mesures d'application propres à supprimer la traite.

Ce fut l'œuvre de la Conférence de Bruxelles qui est en cette question la continuation de l'œuvre entamée par la Conférence de Berlin en 1885.

Le 25 mars 1889, sous l'émotion de la compagne qui se faisait en Europe contre la traite, un débat eut lieu à la Chambre des communes au sujet de la traite. Les divers députés qui y prirent part, se mirent d'accord pour réclamer du gouvernement la réunion d'une conférence intertionale, qui devrait faire passer dans la pratique les déclarations des congrès de Vienne et de Vérone. Le sous-secrétaire d'État au Foreign Office répondit qu'il était prêt à entrer dans cette voie. Lord Salisbury, en exécution de cette promesse, invita le roi Léopold qui était le principal intéressé dans cette question comme souverain de l'État du Congo, à prendre l'initiative d'une conférence qui se réunirait à Bruxelles.

En septembre 1889, le roi des Belges, invita les puissances qui avaient pris part à la Conférence de Berlin et l'État du Congo, à envoyer des délégués à Bruxelles « dans le but de prendre des mesures pour empêcher efficacement la traite dans l'intérieur de l'Afrique », il disait qu'il ne serait possible de la combattre « que par des déploiements réguliers de forces supérieures à celles dont disposent les auteurs de cet abominable trafic », et « que le devoir d'encourager les puissances qui font le recrutement dans l'intention méritoire de combattre la traite s'impose de toute évidence ».

La conférence s'ouvrit à Bruxelles le 18 novembre 1889 sous la présidence de M. de Lambermont. La France y était représentée par M. Bourée, ambassadeur à Bruxelles, M. Cogordan, assistés de MM. Ballay, Deloncle, Lacau, consul à Zanzibar, et l'amiral Humann.

Je ne veux pas m'attarder sur la plupart des dispositions que prit la conférence, je n'insisterai que sur celles qui modifient le régime commercial établi par l'Acte de Berlin et qui furent faites sur la proposition et dans l'intérêt de l'État indépendant.

La Conférence de Bruxelles aboutit à la rédaction d'un Acte général divisé en 6 chapitres : 1° et 2° Répression de la traite au lieu de capture ; 3° Répression de la traite sur mer ; 4° Mesures à prendre aux pays de destruction de la traite en Afrique ou au dehors ; 5° Création d'une institution permanente d'information ou de contrôle ; 6° Réglementation du trafic des spiritueux.

Les décisions de la conférence poursuivent la traite sur terre et sur mer.

1° *Sur mer.* — De longues discussions eurent lieu, la France ne voulant accepter en rien le droit de visite. Il fut décidé qu'un droit de surveillance serait exercé seulement sur les boutres, bâtiments à voiles de moins de 500 tonneaux et qui sont surtout employés par les populations arabes de Zanzibar, de l'Egypte, de l'Arabie et de la Perse et sur lesquels se pratique la traite. Le droit de surveillance n'existe sur ces boutres que dans une zone maritime limitée par le nord de l'île de Madagascar, le Zanzibar, le

Somalis, l'Arabie, la Perse et le Belouchistan. Si le boutre
porte un pavillon soumis au droit de visite par des traités
antérieurs à l'Acte de Bruxelles, ce droit continue à s'exercer ; s'il n'y a pas de ces conventions, l'officier du navire
de guerre qui arrête le boutre se livre à l'enquête du pavillon pour s'assurer si le boutre a le droit de porter les
couleurs qu'il arbore. Si malgré l'examen des papiers du
navire et le rôle d'équipage, il conserve des doutes, il doit
le conduire jusqu'au plus prochain port de la nation dont
le boutre se réclame, et c'est là où l'on examinera s'il contient ou non des esclaves.

2° *Sur terre.* — Les puissances s'engagent à établir le
plus vite possible les services nécessaires pour civiliser
le pays et maintenir l'ordre. Elles doivent créer des stations qui seront autant de redoutes contre les trafiquants.
Elles établiront des camps là où la traite est le plus à craindre. La conférence instituait des bureaux d'affranchisse-
ment et un bureau international à Zanzibar pour concen-
trer tous les renseignements sur la traite. Elle décida que
dans une zone située entre le 20° latitude nord et le 22° latitude sud parallèles, le commerce des armes à feu est
limité aux fusils non rayés à silex, et celui des poudres aux
poudres dites « de traite ».

Telles sont les dispositions de l'Acte de Bruxelles que
je ne voulais qu'indiquer, mais à côté de ces dispositions
il en est d'autres qui présentent un intérêt capital pour
l'État indépendant du Congo.

Dans la lettre d'invitation qu'il avait fait remettre aux
puissances, le roi Léopold avait parlé vaguement d'encouragements à donner aux puissances qui luttaient contre la
traite. L'importance que dans les délibérations de la conférence prit la question des droits d'entrée a fait dire que

le roi des Belges, en prenant l'initiative de la Conférence de Bruxelles, n'avait eu d'autre but que de chercher à faire établir des droits d'entrée qui pourraient, pensait-il, parvenir à équilibrer le budget de l'État du Congo.

La question financière a eu une grande importance dans la politique de l'État indépendant. C'est elle qui a suscité depuis quinze ans les rapports de plus en plus nombreux et étroits entre lui et la Belgique. C'est, qu'en effet, on ne crée pas une colonie sans argent. Toutes les colonies naissantes ont entraîné pour leur métropole des dépenses considérables. L'Algérie, après 70 ans d'occupation, nous coûte encore un nombre assez respectable de millions et nous a coûté plusieurs milliards ; le Tonkin nous a entraîné aussi à de grosses dépenses. Et cela se comprend facilement : toute colonie, comme toute entreprise, demande une première mise de fonds. Pays neufs, sans voies de communication, sans villes, il est nécessaire d'y créer tout à la fois et de suite, pour pouvoir récolter plus vite. De plus, une colonie se crée rarement sans luttes, ce sont des dépenses de guerre qui viennent se joindre d'ordinaire aux dépenses économiques, pourtant déjà si importantes. Il n'y a donc que des nations, et des nations riches, qui puissent se donner le luxe de créer des colonies.

Le roi Léopold II en a fait l'expérience, il n'a pu faire face avec son budget personnel aux dépenses que réclamait la colonie naissante ; et, ceci d'autant plus, que rien ne fut ménagé pour que l'État du Congo fut mis vite en situation de donner des résultats satisfaisants : routes, chemins de fer, villes, stations nombreuses, furent créés à la fois avec une fébrile et magnifique activité. La difficulté était grande pour le roi de trouver de l'argent. La Belgique, aux débuts, était peu enthousiaste et par suite, le roi Léopold ne négligeait aucune occasion qui pouvait lui procurer quelques ressources, aussi saisit-il avec empressement celle que lui présentait la Conférence de Bruxelles.

Mais je ne pense pas qu'il soit vrai de dire qu'il avait seulement ce but financier en perspective lorsqu'il eut l'idée de réunir une conférence. La Conférence de Bruxelles nous apparaît comme la conséquence logique des paroles prononcées par plusieurs plénipotentiaires à la Conférence de Berlin, et comme la suite désirée du magnifique mouvement créé en Europe par la belle campagne anti-esclavagiste du généreux Cardinal algérien. La conférence mit assez de charges au compte de l'État du Congo, qui en définitive, était presque le seul pays au sein duquel la traite exerçait ses ravages, pour que ces charges aient dévoré à elles seules les ressources nouvelles que lui donna la conférence, et par suite le roi Léopold n'a guère profité de ces droits puisqu'avec de nouvelles ressources, la conférence créait de nouvelles charges.

Je dois cependant pour rester dans une juste appréciation, constater que l'État du Congo avait tout intérêt à combattre la traite, non seulement au point de vue humanitaire, mais aussi dans l'intérêt de sa puissance, car s'il n'avait pris des mesures énergiques, il n'eût pu résister aux traitants arabes dont la marche prenait les proportions d'une véritable invasion. Hier à Nyangwé, aujourd'hui aux Falls, ils eussent atteint bientôt les contrées occidentales de l'État avançant toujours vers l'Atlantique à mesure que derrière eux, ils avaient semé la ruine et créé le désert.

L'Acte général de Berlin avait interdit toute taxe à l'importation dans son article 3 et l'article 4 disait : « Les puissances se réservent de décider, au terme d'une période de

20 années, si la franchise sera ou non maintenue ». Il en résultait que l'État du Congo se voyait privé d'une des ressources les plus importantes en pays neuf, où l'impôt direct est difficile à percevoir. Le roi Léopold, avant l'ouverture de la Conférence de Bruxelles, était donc décidé ainsi qu'il l'indiquait vaguement dans la lettre d'invitation aux puissances à demander l'abrogation de ces articles, comme une compensation aux charges que les décisions de la conférence allaient faire peser surtout sur l'État indépendant, puisqu'il était le principal foyer de la traite.

C'est dans la séance du 10 mai 1890 que la question fut soulevée devant la Conférence par le baron Lambermont qui présenta une proposition ainsi conçue : « Considérant d'une part, que depuis 1885 il a été organisé dans le bassin conventionnel du Congo des services publics utiles aux intérêts du commerce, et au bien-être des populations, et tenant compte, d'autre part, de la nécessité de faciliter aux États ou possessions compris dans ce bassin les moyens de faire face aux dépenses que le présent traité leur impose en vue de la répression de la traite, les puissances signataires admettent que des droits d'entrée pourront être perçus sur les marchandises importées dans les dits États et possessions.

« Le tarif de ces droits ne pourra toutefois dépasser un taux équivalent à 10 0/0 de la valeur des marchandises au lieu d'importation. »

L'exposé des motifs qui accompagnait cette proposition et qui était l'œuvre de plénipotentiaires de l'État du Congo disait :

« Le Congrès de Berlin se préoccupe d'ouvrir le centre de l'Afrique aux entreprises de toute nature qui devaient y apporter les bienfaits de la civilisation. Dans ce but, il a voulu exempter ces entreprises des charges fiscales qui sont équitables seulement lorsque l'État procure, en retour, une protection résultant de l'organisation des services publics. Or cette protection faisait défaut en 1885. »

Mais, continuait l'exposé, on avait prévu que lorsqu'une organisation gouvernementale serait établie, il serait juste de mettre des droits d'entrée ; le délai de 20 ans fut établi pour reviser l'Acte de Berlin en ce qui concerne les droits d'entrée.

La réalité a dépassé les espérances les plus optimistes. Cinq ans après la Conférence de Berlin, l'État du Congo qui a organisé son domaine avec une louable activité est doté d'une organisation suffisante. Le délai de vingt ans n'a plus de raison d'être ; d'ailleurs, le droit qui ne dépassera pas 10 0/0 ne pourra entraver le commerce, et les taxes ne seront pas différentielles. Enfin, ces droits sont absolument nécessaires pour faire face aux frais qui vont résulter pour l'État de l'obligation de combattre la traite ; sans eux, il ne pourrait le faire et l'œuvre de la conférence resterait stérile.

Il était vrai qu'en mettant un délai de vingt ans pour reviser l'article 3 de son Acte général, la Conférence de Berlin avait pensé qu'il ne fallait pas doter un pays d'un régime commercial immuable qui puisse n'être plus en harmonie avec les besoins du commerce ou du pays.

Aussitôt que la proposition fut émise, lord Vivian, ambassadeur d'Angleterre, le fit remarquer : « La parfaite exactitude de l'interprétation donnée dans l'exposé des motifs aux intentions des plénipotentiaires qui ont établi le régime économique actuellement en vigueur dans le bassin conventionnel se trouve confirmé par les protocoles de la Conférence de Berlin. »

Mais, se demandait ensuite lord Vivian, la conférence est-elle compétente pour sanctionner cette modification à l'Acte général de Berlin?

« La réponse n'est pas douteuse, la Conférence de Bruxelles étant composée des représentants des mêmes puissances qui ont signé l'Acte général de Berlin a le droit de le modifier si tous ses membres sont d'accord pour le faire.

« D'ailleurs, la conférence s'est déjà déclarée compétente à cet égard en imposant des restrictions au commerce des armes et en frappant les spiritueux d'un droit d'entrée dans le bassin conventionnel...

« Soucieux de ne pas trop entraver l'avenir, la Conférence de Berlin a établi un régime provisoire qui, par la grande liberté d'allures qu'il garantissait, avait pour but d'encourager la création d'entreprises commerciales. C'est ainsi que l'on a interdit l'établissement de droits d'entrée pour une période déterminée, parce qu'on ne supposait guère à ce moment que les transformations que l'on avait en vue puissent se réaliser avant l'expiration de ce terme... Cette transformation s'est accomplie plus vite qu'on ne pensait. Le moment est arrivé où les merveilleux progrès accomplis par le jeune État créent des nécessités nouvelles...

« Pourrions-nous reprocher au jeune État la rapidité d'un progrès qui a dépassé les prévisions les plus optimistes? »

Quant au taux du droit, lord Vivian pensait que l'on pouvait accepter le chiffre proposé, car un chiffre inférieur couvrirait à peine les dépenses à faire pour récupérer ce droit d'entrée au moyen des douanes.

Tous les plénipotentiaires approuvèrent ces déclarations,

à l'exception du plénipotentiaire de Hollande, le baron
Gericke de Herwynen, qui s'abstint de tout commentaire,
mais devait ensuite combattre la proposition jusqu'à la fin
de la Conférence.

Dans la séance du 2 juin, M. Van Maldeghem, plénipotentiaire de l'État du Congo, expliqua que le droit n'avait
aucunement le caractère d'un droit protecteur, ne favori-
sait aucune nation et qu'il serait facilement récupéré par
le commerçant sur le consommateur, car l'industrie indigène n'existait pas et serait longtemps encore inexistante.

« Le transit restera libre. Les produits qui entreront
dans les ports pour être réexportés ou qui traverseront le
pays à destination de territoires voisins ne payeront naturellement pas de droits. » Mettre un droit d'entrée aussi
peu élevé, ce n'est pas charger le producteur, c'est indirectement percevoir sur l'indigène un impôt direct impossible
maintenant à percevoir.

Le ministre de Hollande, dans la séance du 14 juin, commença à émettre les critiques qu'il dirigea contre la proposition de l'État du Congo jusqu'à la fin de la Conférence.

On présente à la Conférence, disait-il, une proposition
de mettre des droits d'entrée qui doivent couvrir les dépenses engagées contre la traite, mais on n'a nullement
fourni à la Conférence une évaluation de ces dépenses ; si
on avait cette évaluation, on pourrait trouver la somme
nécessaire peut-être autrement que dans des droits d'entrée. Il contestait la prospérité si vantée de l'État du Congo,
et insinuait qu'on pourrait peut-être simplement augmenter les droits de sortie.

M. Van Maldeghem répondit que les dépenses pour
combattre la traite monteraient probablement à 1.200.000 fr.
par an, et l'ambassadeur d'Autriche-Hongrie, le comte

Khevenhuller-Metsch, s'éleva avec éloquence contre la prétention de la Hollande de demander en quelque sorte à l'État du Congo de présenter à la Conférence ses prévisions budgétaires.La Conférence ne serait plus une conférence internationale pour rechercher les mesures à prendre pour combattre la traite des nègres, mais la première assemblée constitutionnelle de l'État du Congo. « Évitons, disait-il, la confusion des rôles qui nous sont assignés. L'État du Congo est souverain comme tous les autres pays représentés à cette table. La souveraineté est seulement renfermée dans certaines limites dont l'une est formée par l'article 4 de l'Acte général de Berlin. »

M. Lambermont proposait d'inscrire les dispositions sur les droits d'entrée dans un chapitre spécial de l'Acte général de Bruxelles sous ce titre : mesures financières destinées à faciliter l'exécution de l'Acte général. Mais, outre l'opposition de la Hollande, une difficulté d'un autre ordre s'élevait : les États-Unis n'avaient pas encore ratifié l'Acte général de Berlin, et M. Terrell, ambassadeur des États-Unis, fit remarquer que si la Conférence introduisait dans l'Acte de Bruxelles des dispositions modifiant l'Acte de Berlin, ceci rendrait encore plus délicate la ratification de l'Acte de Berlin par le Sénat américain.Il demandait donc, que les dispositions modifiant l'Acte de Berlin soient inscrites dans un acte séparé distinct de l'Acte de Bruxelles, ce qui ferait que les États-Unis pourraient ratifier l'Acte général de Bruxelles sans avoir à s'occuper de prime abord des dispositions modifiant l'Acte de Berlin.

Le plénipotentiaire de Hollande trouva dans cette proposition, l'échappatoire qu'il cherchait pour que son pays pût ratifier l'Acte de Bruxelles sans accepter les dispositions établissant un droit d'entrée.

La Conférence se rallia à cette proposition des États-Unis de modifier les articles 3 et 4 dans une déclaration séparée de l'Acte de Bruxelles, mais dans les séances des 25 et 27 juin, M. Van Maldeghem ayant dit que l'État du Congo ne signerait pas l'Acte de Bruxelles si les puissances n'étaient pas obligées en le signant à signer l'acte annexe relatif aux droits d'entrée, la Conférence décida que la puissance qui signerait l'Acte de Bruxelles serait considérée comme signant l'acte séparé sur les droits d'entrée, mais il fut entendu que l'un et l'autre ne deviendraient exécutoires que lorsque toutes les puissances dont le consentement était nécessaire pour modifier l'Acte général de Berlin y auraient accédé.

La Conférence n'avait pu agir autrement, car si elle avait donné satisfaction à la Hollande en lui permettant de signer l'acte sans signer la déclaration annexe, l'État du Congo n'aurait rien signé et l'œuvre de la Conférence serait restée lettre morte ; si, d'un autre côté, elle avait décidé de passer outre à la signature des Pays-Bas, elle aurait manqué à une règle capitale du droit international. Certaines nations s'étant entendues à Berlin pour signer un traité qui les engageait mutuellement, il fallait, pour modifier cet acte, l'entente de toutes les nations qui avaient signé l'Acte de Berlin ; la nation mise à l'écart eût pu avec raison considérer qu'aucune stipulation de l'Acte de Berlin n'existait plus pour elle.

Voici la déclaration qui fut faite à Bruxelles au sujet des droits d'entrée :

DÉCLARATION.

« Les Puissances réunies en conférence à Bruxelles, qui ont ratifié l'Acte général de Berlin du 26 février 1885 ou qui y ont adhéré ;

Après avoir arrêté et signé de concert, dans l'Acte général de ce jour, un ensemble de mesures destinées à mettre un terme à la traite des nègres sur terre comme sur mer et à améliorer les conditions morales et matérielles d'existence des populations indigènes ;

Considérant que l'exécution des dispositions qu'elles ont prises dans ce but impose à certaines d'entre elles, qui ont des possessions ou exercent des protectorats dans le bassin conventionnel du Congo, des obligations qui exigent impérieusement, pour y faire face, des ressources nouvelles ;

Sont convenues de faire la déclaration suivante :

Les Puissances signataires ou adhérentes qui ont des possessions ou exercent des protectorats dans le dit bassin conventionnel du Congo pourront, pour autant qu'une autorisation leur soit nécessaire à cette fin, y établir sur les marchandises importées des droits dont le tarif ne pourra dépasser un taux équivalant à 10 0/0 de la valeur au port d'importation, à l'exception toutefois des spiritueux qui sont régis par les dispositions du chapitre VI de l'Acte général de ce jour.

Après la signature du dit Acte général, une négociation sera ouverte entre les Puissances qui ont ratifié l'Acte général de Berlin ou qui y ont adhéré, à l'effet d'arrêter, dans la limite maxima de 10 0/0 de la valeur, les conditions du régime douanier à instituer dans le bassin conventionnel du Congo.

Il reste néanmoins entendu :

1º Qu'aucun traitement différentiel ni droit de transit ne pourront être établis ;

2º Que dans l'application du régime douanier qui sera convenu, chaque Puissance s'attachera à simplifier, autant que possible, les formalités et à faciliter les opérations du commerce;

3º Que l'arrangement à résulter de la négociation prévue restera en vigueur pendant 15 ans à partir de la signature de la présente déclaration.

A l'expiration de ce terme et à défaut d'un nouvel accord, les Puissances contractantes se retrouveront dans les conditions prévues par l'article 4 de l'Acte général de Berlin, la faculté d'imposer à un maximum de 10 0/0 les marchandises importées dans le bassin conventionnel du Congo leur restant acquise.

Les ratifications de la présente déclaration seront échangées en même temps que celles de l'Acte général du même jour.

En foi de quoi, les soussignés plénipotentiaires ont dressé la présente déclaration et y ont apposé leur cachet.

Fait à Bruxelles, le 2 juillet 1890. »

Ce régime existe donc pour tous les pays faisant partie du bassin conventionnel.

L'Acte de Bruxelles donna également des ressources à l'État du Congo en établissant des droits sur les spiritueux. C'était aussi une modification de l'Acte général de Berlin, et pourtant ces dispositions n'ont pas soulevé les discussions que souleva la déclaration annexe.

L'État du Congo avait, antérieurement à la Conférence de Bruxelles, pris des mesures contre l'alcoolisme. En 1888, il avait édicté un décret qui obligeait les commerçants faisant le trafic des alcools au delà de l'Inkisi à se munir d'une licence annuelle de 2.000 francs par établissement, et de 5.000 francs par bateau ou embarcation débitant des boissons alcooliques en dehors des intallations permanentes. Le 17 juin 1890, un arrêté du gouverneur général interdisait la distribution ou la vente des spiritueux à bord des bâtiments mouillant dans les ports de Banana, Boma, Matadi.

En 1885, la Conférence de Berlin avait abordé ce sujet des boissons alcooliques et plusieurs délégués des puissances avaient regretté que la conférence n'ait pas pris de résolutions à cet égard. La Conférence de Bruxelles s'inspira de cette pensée, et elle édicta contre l'importation des boissons alcooliques des dispositions consignées dans son Acte général sous le chapitre VI intitulé : « *Mesures restrictives du trafic des spiritueux* » et comprenant les articles 92 à 94. Ces articles décident que dans les pays où l'usage des boissons distillées n'existe pas ou ne s'est pas développé, c'est-à-dire dans les régions du Niger, leur entrée et leur fabrication seront interdites, sauf pour la consommation des non indigènes. En ce qui concerne la région du Congo, un droit d'entrée de 15 francs par hectolitre à 50° centigrades sera perçu pendant les 3 années qui suivront la mise en vigueur de l'Acte général ; à l'expiration de cette période, ce droit pourra être porté à 25 francs pendant une nouvelle période de 3 ans. De plus, il sera établi un droit d'accise au moins égal au minimum des droits d'entrée.

La ratification de l'Acte général de Bruxelles souffrit de nombreuses difficultés tant du côté des Pays-Bas que de la France. La Chambre des députés française, à la suite d'un discours de M. Piou, avait refusé d'approuver l'Acte général de Bruxelles, considérant que d'une manière détournée il établissait le droit de visite. Ce ne fut qu'après de longues discussions que cet incident fut vidé le 18 décembre 1891, par la signature d'un protocole où les puissances s'obligeaient à respecter les dispositions de l'Acte de Bruxelles et autorisaient la France à signer l'acte tout en réservant les stipulations sur le droit de surveillance des navires qui ne lui seraient pas opposables. La France sous ce rapport est restée sous le régime des instructions concertées avec l'Angleterre en 1867. Après toutes ces péripéties, l'Acte de Bruxelles fut enfin ratifié par toutes les puissances le 18 mars 1892.

Il apportait d'importants changements au régime économique des pays situés dans le bassin conventionnel. Il donnait à l'État du Congo une haute mission civilisatrice de plus, en comptant sur lui pour anéantir la traite dans ses derniers retranchements ; il modifiait son régime commercial en même temps que son régime financier, en établissant des droits d'entrée et des droits sur les alcools.

Il est nécessaire que nous examinions quel usage l'État du Congo a fait de ces nouveaux pouvoirs que lui donnait la Conférence de Bruxelles.

I. *Répression de la traite.* — L'État du Congo a créé deux camps retranchés contre les arabes de Zanzibar qui faisaient la traite, l'un en 1889 à Basiko, l'autre à Luzambo en 1890. La société anti-esclavagiste belge envoya de nombreuses expéditions militaires de 1891 à 1894, qui, sous le commandement d'officiers belges, parcoururent les contrées entourant le Tanganika, et contrecarrant ainsi l'œuvre néfaste du sultan d'Ujiji.

De nombreux combats eurent lieu vers l'Uele ; dans les bassins du Lomami et du Lualaba les troupes de l'État durent lutter contre le fils de Tippo Tib. C'est le baron Dhanis, qui actuellement commande encore les troupes de l'État dans ces régions, qui battit les bandes arabes et s'empara de Nyangwé et de Kasongo en avril 1893. Aux Falls, Rachid neveu de Tippo Tib se révolta et fut également battu ; il en fut de même du sultan d'Ujiji. En 1894 Rachid était pris, et la province de Manyema conquise.

N'exagérons pas cependant la portée de ces expéditions au point de vue anti-esclavagiste, car même si les décisions de la Conférence de Bruxelles n'eussent pas existé, l'État eut dû combattre les trafiquants arabes qui gagnaient de jour en jour du terrain.

II. *Droits sur les spiritueux.* — L'État du Congo, avait en 1890 interdit l'importation, le débit et la fabrication de l'alcool au delà de l'Inkisi et imposé une licence annuelle aux débitants. Après la Conférence de Bruxelles, le protocole de Lisbonne du 8 avril 1892 vint régler par une entente entre la France, l'État du Congo, et le Portugal le taux des droits d'entrée sur les spiritueux conformément aux stipulations de la Conférence de Bruxelles. Un décret du 9 avril 1892 fait à la suite de ce protocole, établit sur le territoire de l'État une taxe de 15 francs par hectolitre à 50 degrés. Le 4 mars 1896 un décret ramena la zone de prohibitions de l'Inkisi au Kwilu ; et le 15 avril 1898 un nouveau décret la ramenait à la Mzopo. Par décret d'octobre 1898, l'État a prohibé dans toute l'étendue de son territoire l'entrée des liqueurs à base d'absinthe. La Conférence de Bruxelles avait établi sur les spiritueux, à titre d'essai et de transaction, un tarif sujet à révision d'après les résultats qu'il aurait produits. Dans le but de revoir ce tarif en profitant de l'expérience acquise, une conférence s'est réunie à Bruxelles le 20 avril 1899. L'Allemagne, la Belgique, l'Espagne, l'État du Congo, la France, la Grande-Bretagne, l'Italie, les Pays-Bas, le Portugal, la Russie, la Suède et la Norvège, la Turquie y étaient représentés. Le 8 juin 1899, la Conférence clôtura ses travaux, qui aboutirent à une convention qui porte, dans toute l'étendue de la zone où l'Acte de Bruxelles n'a pas prohibé l'entrée des spiritueux, le droit d'entrée au taux de 70 francs par hectolitre à 50 degrés pendant une période de 6 ans. Au bout de 6 ans ce tarif sera sujet à révision. Le droit pourra être augmenté proportionnellement pour chaque degré au-dessus de 50 degrés, et diminué proportionnellement pour chaque degré au-dessous de 50 degrés. Quant aux boissons distillées fabriquées dans les régions visées à l'article 92 de l'Acte de Bruxelles, elles seront grevées d'un droit d'accise, qui ne pourra pas être inférieur au minimum du droit d'entrée fixé par la convention.

III. *Droits d'entrée.* — A la suite de la Conférence de

Bruxelles, la France, l'État et le Portugal négocièrent, en vue d'arriver à l'établissement d'un tarif commun pour les droits d'entrée, dans les limites de 10 0/0 *ad valorem* indiquées par la déclaration annexe de la Conférence de Berlin. Ces négociations aboutirent au protocole signé à Lisbonne, le 8 avril 1892, qui règle ainsi le tarif des droits d'entrée : 1° armes, munitions, poudre, sel, 10 0/0 de la valeur ; 2° spiritueux, 15 francs par hectolitre à 58 degrés centésimaux ; 3° navires et bateaux, machines à vapeur, appareils mécaniques servant à l'industrie ou à l'agriculture, outils d'un usage industriel ou agricole, 3 0/0 de la valeur ; 4° locomotives, voitures et matériel de chemin de fer, 3 0/0 ; 5° autres marchandises quelconques, 6 0/0.

« Sont exempts de droits d'entrée : les instruments de science et de précision ; les objets servant au culte ; les effets d'habillement et bagages à l'usage personnel des voyageurs et des personnes qui viennent s'établir sur le territoire de l'État ; les animaux vivants de toute espèce ; les graines destinées à l'agriculture. »

Les droits d'entrée y compris les droits sur les alcools ne sont plus à dédaigner dans le budget de l'État et ont déjà donné des résultats satisfaisants pour ses finances

Ils ont produit :

en 1894.	447.520	francs.
1895.	480.205	—
1896.	615.200	—
1897.	720.000	—
1898.	1.000.000	—

CHAPITRE II

Lorsque le roi Léopold avait notifié aux puissances la neutralité perpétuelle de l'État du Congo, il avait joint à cette déclaration l'indication des frontières de l'État telles qu'elles étaient établies par les conventions du 5 février 1885 avec la France, du 14 février 1885 avec le Portugal et du 8 novembre 1884 avec l'Allemagne ; mais à ce moment certaines contrées, notamment le nord, le nord-ouest et le sud-ouest de l'État, n'étaient pas assez connues pour permettre une délimitation suffisamment précise. Il devait naître de là un certain nombre de conflits qui donnèrent lieu à des négociations souvent très épineuses entre l'État et ses puissants voisins.

La France au nord et au nord-ouest, l'Angleterre et l'Allemagne à l'est, le Portugal au sud et au sud-ouest, tels étaient les voisins avec lesquels l'État devait compter.

Sept conventions ont déterminé définitivement les frontières du Congo. Ce sont :

1° Convention du 21 novembre 1885 avec la France relative à la délimitation dans les environs de Manyanga ;

2° Protocole du 29 avril 1887 avec la France relatif à la délimitation du côté de l'Ubanghi et du 4e parallèle nord ;

3º Convention du 25 mai 1891 avec le Portugal concernant le Bas-Congo, les environs de Noki et le tracé de la frontière jusqu'au Kwango ;

4º Déclaration du 24 mars 1894, délimitant les sphères de souveraineté du Portugal et de l'État indépendant dans la région du Lunda ;

5º Arrangement du 12 mai 1894 avec l'Angleterre réglant la question des frontières du côté du Nil et des lacs Albert, Tanganika, Moero et Bangwelo ;

6º Convention du 14 août 1894 avec la France, relative à la frontière le long du M'Bomou ;

7º Déclaration du 5 février 1895 réglant la limite du Congo français dans le Stanley-Pool.

Les négociations avec le Portugal, quoique assez difficiles, n'entraînèrent pas de grands changements. La convention du 25 mai 1891 délimita la région du Bas-Congo aux environs de Noki et l'enclave de Cabinda. Le Portugal fit quelques concessions du côté de Noki et l'État en fit du côté de Cabinda. Quant à la convention du 24 mars 1894, elle agrandit les possessions de l'État et celles du Portugal, ces deux pays se partagèrent à peu près également la région de Lunda où se trouve le royaume de Muata-Yamvo.

C'est avec la France que les négociations furent les plus difficiles, et il est nécessaire que nous examinions le protocole du 29 avril 1887 et surtout les importants traités de 1894 avec l'Angleterre et avec la France qui présentent des particularités très intéressantes au point de vue du droit international.

La convention du 5 février 1885 avec la France avait stipulé dans son article 5 qu'une commission irait sur place exécuter le tracé de la frontière comme l'article 4 l'indiquait. La France nomma comme commissaires M. le lieutenant de vaisseau Rouvier et le Dr Ballay. Du côté de Manyanga aucune difficulté ne s'éleva, et le travail de la commission aboutit à la convention du 21 novembre 1885.

Il n'en fut pas de même quand on arriva plus à l'Est. L'article 3 de la convention du 5 février 1885 donnait pour frontières à la France notamment :

« Le Congo jusqu'à un point à déterminer en amont de la rivière Likona-Kundja :

Une ligne à déterminer depuis ce point jusqu'au 17e degré de longitude est de Greenwich, en suivant, autant que possible, la ligne de partage des eaux du bassin de la Likona-Kundja qui fait partie des possessions françaises :

Le 17e degré de longitude est de Greenwich. »

Ces données étaient erronées, la Likona-Kundja était mal connue et son confluent avec le Congo n'était pas au 0°28 de latitude sud comme l'avait pensé M. de Brazza et comme l'indiquait la carte jointe au traité du 5 février 1885 ; mais à ce 0°28', M. Grenfell, missionnaire anglais, venait de découvrir en 1885 l'Ubanghi. M. de Brazza qui se trouvait à ce moment au Pool, alla de suite prendre possession sur l'Ubanghi et prétendit qu'il y avait erreur et que la convention de 1885 avait voulu parler non de la Likona mais de l'Ubanghi. Les commissaires de l'État indépendant répondirent à cela : que s'il y avait erreur dans le cours de la Likona, du moins cette erreur n'était pas d'une importance aussi grande que le disait M. de Brazza, que la Likona existait bien réellement et qu'en tous cas la convention de 1885 établissait comme limite extrême le 17e qui n'était pas sujet à controverse, que l'Ubanghi était au delà du 17° dans la sphère réservée à l'État et que par suite, l'Ubanghi ne pouvait être choisi comme frontière, que d'ailleurs un fleuve coulait bien vers le 17e degré et avait le cours indiqué auparavant par M. de Brazza c'était le Likuala, qui devait former la limite des possessions franco-congolaises.

L'entente ne pouvant se faire, les deux puissances au mois de juillet 1886 se mirent d'accord pour déférer le litige à l'arbitrage du président de la Confédération Helvétique. C'était une ressource suprême empruntée à l'article 12 de l'Acte général de Berlin. Mais les deux puissances n'attendirent pas la décision de l'arbitre et se ravisant préférèrent transiger. L'État indépendant cédait sur la question territoriale et obtenait du gouvernement français une déclaration politique relative au droit de préférence et un arrangement financier profitable aux finances de l'État.

La convention du 29 avril 1887 portait la frontière orientale de la colonie française du 17ᵉ méridien à la rive droite de l'Ubanghi (19ᵉ méridien) *et interdisait à l'État toute action politique sur la rive droite de l'Ubanghi au nord du 4ᵉ parallèle*. Cette convention était un succès pour la diplomatie française. Elle ouvrait à notre colonisation un pays riche, borné par un grand fleuve navigable et laissait à notre influence le champ ouvert vers l'intérieur de l'Afrique et le Nil.

La déclaration politique qu'obtenait l'État du Congo se rapportait à la convention du 23 avril 1884, d'où résultait en faveur de la France le droit de préférence. Il fut établi par un échange de lettres entre M. Von Eetvelde, secrétaire d'État, et M. Bourée, ministre de France à Bruxelles, que la réserve en faveur de la France n'était pas opposable à la Belgique, mais que l'État du Congo ne pourrait céder ces mêmes possessions à la Belgique sans lui imposer l'obligation de reconnaître le droit de préférence de la France pour le cas où elle-même voudrait ultérieurement en transférer la souveraineté.

Le compromis financier avait ses antécédents dans la promesse faite le 5 février 1885 au nom de M. J. Ferry « désireux de seconder les efforts généreux de l'Association et de reconnaître ses dispositions conciliantes ». Le gouvernement français s'était engagé à autoriser dans des conditions spéciales, l'émission en France d'une loterie de 20 millions dont le produit indemniserait l'Association de la perte de ses établissements sur le littoral et dans la vallée du Niadi-Kwilu. L'exécution de cet engagement ayant présenté des difficultés, le gouvernement de l'État indépendant consentit à son annulation, moyennant l'engagement pris par la France de ne pas s'opposer à l'admission à la cote officielle de la Bourse de Paris, jusqu'à concurrence de 80 millions de francs, des titres d'un emprunt à primes qui serait émis en Belgique. L'emprunt dont parlait la déclaration était un emprunt de 150 millions dont le projet était soumis à cette époque aux Chambres belges et qui fut autorisé par la loi du 27 avril 1887. Il figure à la cote officielle de la Bourse de Paris.

C'est du côté de l'Uele, cours supérieur de l'Ubanghi, que devaient s'élever les plus graves conflits auxquels fut mêlé l'État indépendant. L'Uele avait été découvert par Schweinfurth en 1870, mais le célèbre voyageur allemand n'avait pu se rendre compte où allait ce fleuve. En 1884, Hanssens reconnaissait vers Bangala le confluent de l'Ubanghi avec le Congo, et Grenfell en 1885 le remontait sur une longueur de 500 kilomètres. M. Wauters émit à cette époque l'idée que l'Ubanghi était peut-être la continuation de l'Uele, et en 1888 le capitaine Van Gèle confirmait cette hypothèse en remontant l'Ubanghi jusqu'à Mokoango. Les Belges s'établirent solidement à Mokoango, à Bangasso et à Djabir sur l'Uele.

Dans la pensée du roi Léopold, ce dernier poste devait être le point d'appui pour la marche vers le Nil qu'il méditait. L'expédition qui devait réaliser cette extension de l'État vers l'est se prépara secrètement en 1890. Elle était placée sous le commandement du capitaine Vankerchoven. Vers la fin de 1891 elle se mit en marche, et remonta l'Uele en créant les postes de Bima, Bomokandi, Amadi, Wurungu, Nyangara, Dongu. M. Vankerchoven mourut le 10 août 1892 un peu avant d'atteindre le Nil ; l'expédition continua sa route sous le commandement du lieutenant Milz, et atteignit le Nil à Wadelaï en septembre 1892. En juin 1893, les troupes de l'État occupaient Kiri, Mugi, Labore et Dufile sur le Nil dans l'ancienne province d'Emin-Pacha. En même temps d'autres colonnes se dirigeaient vers le nord. L'une suivant la vallée du Schinko affluent du M'Bomou franchissait la ligne de faîte du Nil et occupait Katuaka sur l'Ada, affluent du Bahr-el-Gazal, en juin 1893. L'autre poussa plus loin encore. Elle s'engagea par la vallée du Bali et le Haut-Koko dans le bassin du Chari, poussa vers l'Ouest jusqu'à El-Kuti et fonda un camp à Bele en 1894. Mais bientôt les trois expéditions belges furent en présence des Mahdistes qui firent rétrograder la première jusqu'à Mundu sur l'Uele, les deux autres vers le M'Bomou.

C'est alors qu'intervint le traité du 12 mai 1894 avec l'Angleterre (1). Par cette convention, la Grande-Bretagne

(1) Traité anglo-congolais du 12 mai 1894.

Le roi des Belges, souverain de l'État indépendant du Congo, ayant reconnu la sphère d'influence britannique, telle qu'elle est déterminée dans l'arrangement anglo-allemand du 1er juillet 1890, la Grande-Bretagne s'engage à donner à bail à Sa Majesté certains territoires situés dans le bassin ouest du Nil aux conditions spécifiées dans les articles suivants :

ART. 1er. — a) Il est convenu que la sphère d'influence de l'État indé-

donnait à bail au souverain du Congo pour être occupée
et administrée pendant la durée de son règne, la rive gauche du Nil depuis Mahagi sur le lac Albert au sud, jus-

pendant du Congo sera limitée au nord de la sphère d'influence allemande dans l'Est africain par une frontière suivant le 30ᵉ méridien Est
de Greenwich, jusqu'à son intersection avec la crête de partage des eaux
du Nil et du Congo et cette crête de partage dans la direction du Nord
et du Nord-Ouest.

b) La frontière entre l'État indépendant du Congo et la sphère britannique au nord du Zambèze suivra une ligne allant directement de l'extrémité du cap Akalunga sur le lac Tanganika, situé au point le plus septentrional de la baie de Cameroun, par environ 8°15 de latitude Sud, à
la rivière droite de la rivière Luapula, au point où cette rivière sort du
lac Moëro. La ligne sera ensuite prolongée directement jusqu'à l'embouchure de cette rivière dans le lac, toutefois vers le sud du lac, elle dé-
viera de façon à laisser l'île de Khiva à la Grande-Bretagne. Puis elle
suivra le thalweg de la Luapula jusqu'au point où cette rivière sort du
lac Bangwelo. Elle suivra ensuite dans la direction du sud, le méridien
de longitude passant par ce point, jusqu'à la frontière portugaise.

Art. 2. — La Grande-Bretagne donne à bail à Sa Majesté Léopold II,
souverain de l'Etat indépendant du Congo, les territoires ci-après déter-
minés pour être occupés et administrés par lui, aux conditions et pour
la période de temps ci-après stipulée. Ces territoires seront limités par
une ligne partant d'un point situé à la rive occidentale du lac Albert,
immédiatement au sud de Mahagi, et allant jusqu'au point le plus rap-
proché de la frontière définie au paragraphe a) de l'article précédent.
Cette ligne suivra ensuite la crête de partage des eaux du Congo et du
Nil jusqu'au 15ᵉ méridien Est de Greenwich et ce méridien jusqu'à son
intersection avec le 10ᵉ parallèle Nord ; puis elle longera ce parallèle directement vers un point à déterminer au nord de Fashoda. Elle suivra
ensuite le thalweg du Nil dans la direction du sud jusqu'au lac Albert et
la rive occidentale de ce lac jusqu'au point indiqué ci-dessus au sud du
Mahagi. Ce bail restera en vigueur pendant la durée du règne de Sa
Majesté Léopold II, souverain de l'Etat indépendant du Congo. Toutefois à l'expiration du règne de Sa Majesté il restera en vigueur de plein
droit en ce qui concerne toute la partie des territoires mentionnés plus
haut, situés à l'Ouest du 30ᵉ méridien de Greenwich, ainsi qu'à une
bande de 25 kilomètres d'étendue en largeur, à déterminer de commun
accord, se prolongeant de la crête de partage des eaux du Nil et du Congo
jusqu'à la zone occidentale du lac Albert et comprenant le port de Mahagi. Ce bail prolongé restera en vigueur aussi longtemps que les territoires du Congo resteront, comme État indépendant ou comme colonie
belge, sous la souveraineté de Sa Majesté et des successeurs de Sa Ma-

qu'à Fashoda au nord, ainsi que la partie du bassin du Bahr-el-Gazal limitée, à l'ouest, par le 25ᵉ méridien et au nord par le 10ᵉ parallèle. A l'expiration du règne de Léopold II, la rive gauche du Nil, ainsi que la partie de territoire comprise entre le fleuve et le 30ᵉ méridien feront retour à l'Angleterre, tandis que l'État du Congo, ou éventuellement la colonie belge qui le remplacerait, conservera un droit de bail sur la partie du Bahr-el-Gazal, située à l'ouest du 30ᵉ méridien, ainsi que sur une route de 25 ki-

jesté. Pendant toute la durée du bail, il sera fait usage d'un pavillon spécial dans les territoires donnés à bail.

ART. 3. — L'État indépendant du Congo donne à bail à la Grande-Bretagne, pour être administrée lorsqu'elle l'occupera, sous les conditions et pour la période ci-après déterminée, une bande de terre d'une étendue de 25 kilomètres en largeur, se prolongeant du port le plus septentrional du lac Tanganika, lequel port est compris dans la bande, jusqu'au point le plus méridional du lac Albert-Edouard. Ce bail aura la même durée que celui qui s'applique aux territoires situés à l'Ouest du 30ᵉ méridien de Greenwich.

ART. 4. — Sa Majesté le roi Léopold II, souverain de l'État indépendant du Congo, reconnaît qu'il n'a d'autres droits politiques dans les territoires qui lui sont cédés à bail dans le bassin du Nil qu'en conformité du présent arrangement. De même la Grande-Bretagne reconnaît qu'elle n'a et ne cherche à acquérir d'autres droits politiques dans la bande de territoire qui lui est concédée à bail entre le lac Tanganika et le lac Albert-Edouard qu'en conformité du présent arrangement.

ART. 5. — L'État indépendant du Congo autorise la construction à travers ses territoires par la Grande-Bretagne ou par une Compagnie dûment autorisée par le gouvernement anglais d'une ligne télégraphique reliant les territoires anglais de l'Afrique du Sud à la sphère d'influence anglaise du Nil. Le gouvernement de l'État du Congo aura toute facilité pour relier cette ligne à son propre système télégraphique. Cette autorisation ne confère ni à la Grande-Bretagne, ni à aucune Compagnie ou personnes, déléguées aux fins de construire la ligne télégraphique, aucuns droits de police ou d'administration dans le territoire de l'Etat du Congo.

ART. 6. — Dans les territoires donnés à bail par le présent arrangement, les nationaux de chacune des parties contractantes jouiront réciproquement des droits et immunités des nationaux de l'autre partie et ne seront soumis à aucun traitement différentiel.

J. — 14

lomètres de largeur partant de la frontière de l'État la plus proche pour aboutir à Mahagi sur le lac Albert.

L'État donnait à bail à l'Angleterre, aussi longtemps que l'État du Congo existerait ou serait colonie belge, une bande de terre de 25 kilomètres de largeur longeant la frontière orientale de l'État, de l'extrémité sud du lac Albert-Edouard à l'extrémité nord du Tanganika ; ce qui lui permettait de pouvoir mettre à exécution l'idée de Cecil Rhodes : faire un chemin de fer du Cap à Alexandrie ; le passage était ainsi trouvé.

Le traité souleva immédiatement des protestations véhémentes. L'État dépassait ses frontières et par suite manquait à sa déclaration de neutralité, violait ses engagements avec la France, l'Acte général de Berlin, en créant un monopole commercial au profit de l'Angleterre ; et l'Angleterre donnait ce qui ne lui appartenait pas.

Il est nécessaire, pour bien juger des droits de chacun sur les territoires cédés par l'Angleterre, d'établir la propriété des territoires ainsi cédés.

Au moment de la domination égyptienne dans le Soudan, les territoires au sud de Fashoda, de Lado et de Wadelaï dépendaient d'une province d'Egypte : l'Equatorie, dont Gordon était gouverneur. En 1877, il devint gouverneur général du Soudan avec résidence à Khartoum ; le docteur Edouard Schnitzer, plus connu sous le nom d'Emin-Pacha, devint alors gouverneur de l'Equatorie. A ce moment apparut le Mahdi qui souleva le Soudan. Après la mort de Gordon, le Mahdi envoya un de ses lieutenants Karam-Allah pour conquérir l'Equatorie. L'effort fut mou, et Emin-Pacha se contenta de se retirer de Lado à Wadelaï d'où il continua à administrer la province pour le Khédive. Depuis 4 ans Emin était à Wadelaï, et avait maintenu la domination du Khédive dans sa province alors que depuis plusieurs années le reste du Soudan obéissait au Madhi. Stanley partit alors à la recherche d'Emin avec ordre de le relever de sa mission. Il était porteur d'un firman du Khédive enjoignant à Emin-Pacha d'abandonner l'Equatorie. Stanley atteignit Emin à Wadelaï et tous deux se dirigèrent vers Zanzibar le 10 avril 1889 abandonnant le Soudan.

Le Khédive avait donc renoncé à toute occupation de l'Equatorie, et cette province ne dépendait plus par suite de son Khédivat. La succession de cette province était bien ouverte. Allemands, anglais, belges, français se précipitèrent sur cette proie.

Les allemands et les anglais affectèrent simultanément de considérer la province abandonnée comme le complément indispensable de leurs établissements de la côte orientale. Les premiers, aux prises avec des difficultés dans leurs territoires, se désistèrent bientôt. Par la convention anglo-allemande du 1er juillet 1890, l'Equatorie était laissée en dehors de la zone d'influence allemande. Les géographes de Londres représentèrent alors cette province comme dévolue à l'influence anglaise.

Mais les anglais n'en prirent jamais possession malgré les efforts qu'ils firent par leur colonie de la côte orientale. C'est le 25 mai 1885, que lord Granville avait appris à M. de Bismarck que « quelques capitalistes considérables avaient formé le dessein de créer un établissement britannique dans la région située entre la côte et les lacs qui sont les sources du Nil Blanc et de les rattacher au littoral par un chemin de fer ». En effet, à cette époque, M. William Mac-Kinnon créa la *British East African Association* pour exploiter la contrée dont parlait vaguement lord Granville.

Le 3 septembre 1888, cette compagnie recevait une charte et devint « *l'Imperial British East African Company* » en abréviation l'Ibea, I.B.E.A. Désormais les intérêts de l'Angleterre de ce côté sont confondus avec ceux de cette compagnie. La convention du 29 octobre 1886, entre l'Angleterre et l'Allemagne, fixait, comme limite des zones d'influence allemande et anglaise, une ligne tracée de l'embouchure de la Wanga dans l'Océan Indien à l'intersection de la côte orientale du lac Victoria avec le 1er degré de latitude australe. Les anglais se mirent en marche pour conquérir cet Hinterland.

En 1890, le capitaine Lugard arrive dans l'Ouganda, fait signer au roi Mouanga un traité le plaçant sous la protection de la Compagnie, et après avoir embauché les bandes d'Emin-Pacha qui venaient d'assassiner leur chef alors au service de la colonie allemande, il atteint Kavali avec le projet de s'emparer de la province équatoriale en s'établissant à Wadelaï. Mais il ne put atteindre Wadelaï faute de vapeurs, et ne put dépasser la rive nord du lac Albert. C'est au retour de cette expédition manquée que Lugard acquit une triste célébrité en faisant canonner dans l'île Bulingugwé sur le lac Victoria des missionnaires français, des femmes et des enfants sans défense. En 1894, l'I.B.E.A avait mangé toute sa fortune, l'Angleterre déclara s'annexer l'Ouganda.

Les anglais n'avaient pu atteindre une partie quelconque de la province d'Equatorie. Dès lors de quel droit venaient-ils céder cette province à l'État du Congo par un traité ? Ce que Lugard n'avait pu faire, les officiers belges l'avaient fait. Ils avaient conquis la province, et par suite, l'Angleterre n'avait pas à céder à l'État indépendant du Congo une province qui ne lui appartenait pas et ne lui avait jamais appartenu.

Mais en faisant ces conquêtes, l'État du Congo avait violé
le traité du 29 avril 1887 avec la France. Ce traité disait :
« Depuis son confluent avec le Congo, le thalweg de l'Oubanghi formera la frontière jusqu'à son intersection avec
le 4ᵉ parallèle nord. L'État indépendant du Congo s'engage,
vis-à-vis du gouvernement de la République française, à
n'exercer aucune action politique sur la rive droite de
l'Oubanghi au nord du 4ᵉ parallèle. Le gouvernement de
la République française s'engage de son côté à n'exercer
aucune action politique sur la rive gauche de l'Oubanghi
au nord du même parallèle, le thalweg formant dans les
deux cas la séparation.

« En aucun cas, la frontière septentrionale de l'État du
Congo ne descendra au-dessous du 4ᵉ parallèle nord, limite
qui lui est déjà reconnue par l'article 5 de la convention du
5 février 1885. » Or l'Uele qui est le haut cours de l'Oubanghi descendant au-dessous du 4ᵉ parallèle, c'était ce
parallèle qui formait la frontière. Les troupes de l'État du
Congo avaient dépassé ce parallèle et s'étaient établies sur
le M'Bomou. Bien plus, la diplomatie de l'État du Congo ne
pouvait même pas arguer que le M'Bomou pouvait être considéré comme le haut cours de l'Oubanghi aussi bien que
l'Uele, car les troupes de l'État avaient dépassé de beaucoup le M'Bomou, puisqu'elles avaient été jusqu'à El Kuti, et
des postes avaient été fondés sur la rive droite du M'Bomou.

La situation de l'État du Congo était périlleuse. En traitant avec l'Angleterre au sujet des territoires situés vers le
Nil, il avait contrecarré les projets d'expansion de la France
vers le Nil, et il se mettait en péril en lui donnant le droit
d'intervenir par les armes puisqu'en dépassant ses frontières, en établissant des postes sur les territoires français il
violait de la manière la plus flagrante sa déclaration de

neutralité. Enfin, quoique à cette époque le droit de préférence ne fût pas fixé d'une manière bien précise, on
pouvait facilement considérer que cette cession à bail qui
équivalait à une annexion, violait le droit que l'Association
avait reconnu à la France en 1883, et que l'État avait confirmé en 1887 par l'échange des lettres dont j'ai parlé entre M. Van Eetvelde et M. Bourée.

D'un autre côté, l'État en donnant à bail à l'Angleterre
une bande de terre le long des possessions allemandes
soulevait les protestations de l'Allemagne. Il blessait cette
puissance en accordant à l'Angleterre ce que l'Allemagne
avait refusé à l'Angleterre sur son territoire et elle la mettait en droit de protester, soit en disant qu'en traitant ainsi
avec l'Angleterre l'État manquait aux devoirs que la neutralité impose, soit en considérant qu'en donnant une route
pour établir un chemin de fer, l'État violait les stipulations
de Berlin en créant un véritable monopole au profit de
l'Angleterre.

L'État dut s'incliner devant les protestations de l'Allemagne, et une déclaration parut au *Bulletin officiel* de
l'État par laquelle l'Angleterre et l'État renonçaient à l'article 3 de la convention, qui avait trait à la route au centre
de l'Afrique à travers l'État.

Quant à la France, la question était plus délicate. L'État
avait dépassé ses frontières et conquis des territoires sur
le Nil que la convention du 29 avril 1887 ouvrait à l'influence de la France. La question fut réglée par le traité
du 14 août 1894. La France par esprit de conciliation admettait que la frontière entre ses possessions et l'État fût re-
portée sur le M'Bomou, mais l'État renonçait aux bénéfices
que lui donnait le traité anglo-congolais sur le Nil. Il ne
gardait comme territoire à bail qu'un territoire allant du

l ac Albert jusqu'à Lado sur le Nil, renonçait à toute occupation soit actuellement, soit dans l'avenir à l'ouest et au
nord de ce territoire. Ce territoire est connu sous le nom
d'*Enclave de Lado*, Redjaf en est le chef-lieu. La convention anglo-congolaise du 12 mai a fixé le terme du bail du
territoire de Redjaf à la fin du règne de Léopold II ; quant
au bail de la route vers le lac Albert, il durera aussi longtemps que durera l'État indépendant ou son annexion à la
Belgique.

Quel avait été l'esprit du traité anglo-congolais du 12 mai
1894 ? L'Angleterre avait poursuivi deux buts : 1° avoir
une route pour construire le chemin de fer transafricain ;
2° ne pouvant atteindre de suite le Haut-Nil, elle avait
donné cette région à l'État du Congo, pour empêcher
ainsi la France de s'en emparer. Aussi M. Hanotaux,
ministre des affaires étrangères, déclara le 7 juin 1894
à la tribune de la Chambre qu'il considérait le traité
comme nul et non avenu. La Chambre fut de son avis et
vota un crédit de 1.800.000 francs pour prendre les mesures que nécessitait la situation au centre de l'Afrique.
Le colonel Monteil reçut l'ordre de se rendre dans le
Haut-Oubanghi, mais un contre-ordre l'arrêta et ce fut au
commandant Marchand que revint l'honneur d'aller planter au sein du Soudan égyptien le drapeau français. La
France avait-elle le droit d'agir ainsi ? Ce que j'ai expliqué dans les pages précédentes l'a démontré. L'Égypte
avait renoncé à sa puissance sur le Soudan qui d'ailleurs
avait été de courte durée, car le Soudan avait peu de temps
avant été indépendant, et les Anglais en ont jugé ainsi,
puisqu'ils ont considéré qu'ils pouvaient s'annexer le Soudan comme ne dépendant pas de l'Egypte. Quant à l'Angleterre aucune de ses expéditions n'avait réussi : L'État

du Congo seul avait conquis en partie le territoire souda-
nais, mais il n'avait pas le droit de le faire. Le protocole
de 1887 avec la France ouvrait à cette puissance la route
vers le Nil. Le traité du 12 août 1894 remit les choses en
état. A la suite de ce traité, la lutte pour la conquête de
l'Équatorie devait se circonscrire entre la France et l'Angleterre. Elle devait appartenir à la plus diligente des
deux nations, dès lors à la France, puisque le commandant Marchand arriva le premier à Fashoda.

Le traité du 12 mai 1894, s'il n'a pas eu de grandes conséquences politiques puisque la plupart de ses dispositions
sont restées lettre morte par suite des protestations de la
France et de l'Allemagne, n'en a pas moins une importance
considérable au point de vue du droit international. On
sait combien les États sont jaloux de leur souveraineté et
désireux, par suite, de conserver sur leurs territoires la
plénitude de leur autorité. La prise à bail des territoires
d'un État par un autre État, c'est-à-dire l'abandon des
droits de souveraineté pendant un temps très long sur partie d'un territoire, était une dérogation importante à la
conduite suivie jusqu'alors par les États : conserver la
plénitude de la souveraineté sur leurs territoires. Il y a
même là quelque chose qui jure avec l'idée d'État ; autre
chose est le droit souverain d'un État, autre chose le droit
de propriété d'un particulier ; il semble qu'en donnant
ainsi des territoires à bail, l'État se considère plus comme
un commerçant que comme un État. Les droits de souveraineté d'un État ont comme contre-partie des devoirs
pour cet État, et quand il cède à bail avec des pouvoirs
aussi complets que les États l'ont fait dernièrement certains
territoires, il fait bon marché de ses devoirs et cède un
territoire comme un propriétaire louerait des terres.

C'est la première fois que pareil fait se présentait. L'histoire rapporte que François Iᵉʳ lors de son alliance avec Soliman le Magnifique avait délégué ses droits souverains sur la ville de Toulon à Barberousse, amiral de Soliman, mais outre que cette sorte de bail fût de courte durée, trois ou quatre années seulement, il était fait à une époque où les souverains n'avaient pas encore sur la souveraineté les idées en honneur dans le droit international moderne.

Ce qui est caractéristique dans le traité de 1894, c'est de voir deux puissances, toutes deux ayant à leur tête des gouvernements très civilisés, et dont l'une était une des grandes puissances européennes, abandonner de leur *plein gré* une part de leur souveraineté.

Cette cession était une annexion déguisée, car pour une grande partie des territoires cédés, notamment pour la bande de terre cédée à l'Angleterre par l'État du Congo, le bail devait durer aussi longtemps que durerait l'État du Congo soit indépendant, soit annexé à la Belgique. C'était dire un temps illimité. C'était même plutôt une donation avec condition résolutoire qu'un bail. Telle était, en effet, la pensée de l'Angleterre, puisqu'en faisant ce bail elle avait espéré acquérir le terrain qui lui était nécessaire pour faire un chemin de fer d'Alexandrie au Cap, et elle avait employé cette forme de cession dans l'espérance que cette acquisition passerait ainsi inaperçue.

Les précédents ont une grande importance en droit international et sont de suite imités. Les puissances ont suivi cet exemple. Chaque fois qu'elles ont employé cette nouvelle pratique, elles l'ont fait avec la pensée de s'acheminer à l'annexion des territoires qu'elles prenaient à bail. L'acquisition d'un territoire à bail tend de plus en plus à remplacer la forme du protectorat, qui fut pendant longtemps employée pour déguiser les annexions de colonies par les grandes puissances.

C'est en Chine que se sont présentées les plus nombreuses applications de cette nouvelle pratique. Le 14 novembre 1897, les Allemands à la suite de massacres de leurs missionnaires firent occuper la baie de Kiao-Tchéou, et la convention du 5 janvier 1898 entre l'Allemagne et la Chine stipula la cession à bail par la Chine pour une période de 99 ans du territoire de Kiao-Tchéou. L'Allemagne exerce sur ce territoire tous les droits souverains, elle y a planté son pavillon, dressé des fortifications, elle légifère, elle administre. Cette prise de possession par l'Allemagne fut le signal de conventions analogues par lesquelles les autres grandes puissances européennes cherchèrent à acquérir un pied-à-terre en Chine. La Russie reçut pour sa part Port-Arthur, port de guerre avantageusement situé à proximité de Pékin. La France s'établit par bail et pour la même durée que le bail de l'Allemagne dans la baie de Kouang-Chou, et l'Angleterre obtint Weï-Haï-Weï lorsque le Japon qui avait occupé ce port après la guerre sino-japonaise l'eut évacué.

Toutes ces prises de possession en Chine ont été des annexions déguisées ; c'est un moyen de s'emparer du territoire en y mettant les formes. De même que les puissances en Afrique se sont d'abord établies sur les côtes pour ensuite s'avancer vers l'Hinterland, de même elles espèrent que ces ports sur les côtes de Chine feront tache d'huile vers l'intérieur, et qu'autour de ces petits territoires viendront s'adjoindre les provinces voisines.

Une dernière application de ces baux territoriaux a été faite lors de la convention qui a réglé en 1898 les frontières

de la France et de l'Angleterre dans la région du Niger.
La France a reçu à bail deux enclaves sur le Niger pour
servir de dépôts de charbon. Il semblerait que ce bail fait
pour un temps limité entre deux grandes puissances n'est
pas une annexion déguisée. Mais il semble cependant
bien difficile qu'à la fin du bail, la puissance bailleresse
puisse reprendre ses enclaves. Des droits se seront créés,
et il est probable que comme les autres cette cession sera
définitive.

Ces exemples que nous trouvons en cinq années, suffisent
pour montrer quelle place considérable tient maintenant
dans la politique coloniale, la pratique des cessions à bail
que pour la première fois le traité anglo-congolais avait
employée.

CHAPITRE III

Nous avons vu comment l'Association vers 1883 s'était trouvée exposée aux ambitions de puissances voisines, notamment de la France et du Portugal. Le traité anglo-portugais du 26 février 1884 dénoua brusquement la situation. La France et l'Association se tournèrent alors l'une vers l'autre ; la France préférant prendre sous sa protection l'Association que de voir ses territoires échoir à une puissance qui donnait des droits importants à l'Angleterre ; l'Association heureuse de trouver dans sa voisine, rivale d'hier, un appui contre le Portugal lié avec l'Angleterre. Les 23 et 24 avril, avait lieu entre le colonel Strauch et M. Jules Ferry, l'échange des deux lettres suivantes qui donnaient naissance en faveur de la France à ce que l'on a nommé depuis le droit de préférence :

M. Strauch à M. J. Ferry,

Bruxelles, 23 avril 1884.

Monsieur le Ministre,

« L'Association internationale du Congo, au nom des stations et territoires libres qu'elle a fondés au Congo et dans la vallée du Niadi-Quillou, déclare formellement qu'elle ne les cédera à aucune puissance, sous réserve des conventions particulières qui pourraient intervenir entre la France et l'Association, pour fixer les limites et les conditions de leur action respective. Toutefois l'Association, désirant donner une nouvelle preuve de ses sentiments amicaux pour la France, s'engage à lui donner le droit de préférence si, par des circonstances imprévues, l'Association était amenée un jour à réaliser ses possessions. »

« STRAUCH. »

M. Jules Ferry à M. Strauch :

Paris, 24 avril 1884.

« Monsieur, j'ai l'honneur de vous accuser réception de la lettre, en date du 23 courant, par laquelle, en votre qualité de président de l'Association internationale du Congo, vous me transmettez des assurances et des garanties destinées à consolider nos rapports de cordialité et de bon voisinage dans la région du Congo. Je prends acte avec une grande satisfaction de ces déclarations et, en retour, j'ai l'honneur de vous faire savoir que le Gouvernement français prend l'engagement de respecter les stations et territoires libres de l'Association et de ne pas mettre obstacle à l'exercice de ses droits. »

« JULES FERRY. »

Le 31 mai 1884, M. Jules Ferry portait à la connaissance des ambassadeurs, ministres plénipotentiaires et chargés d'affaires français à l'étranger les termes de cette convention et il concluait en disant : « L'entente, ainsi intervenue, aura donc pour effet immédiat de faciliter les opérations du commissaire du gouvernement français dans l'ouest africain. Elle garantit pour l'avenir, l'œuvre poursuivie dans ces régions par le gouvernement de la République contre l'intention d'une puissance tierce qui se substituerait à l'Association. »

La convention ainsi intervenue était très normale. L'Association à cette époque était une société commerciale, et comme telle, pouvait prendre des engagements semblables à ceux en usage dans le commerce, aussi bien l'expression « *réaliser* » montre-t-elle le caractère de l'Association et du contrat qu'elle faisait avec la France.

L'année suivante, l'Association était devenue un État et

avait été reconnue comme telle par la France le 5 février
1885. Ce traité était un traité de commerce, de délimitation, et en même temps une déclaration politique, puisque
la France y reconnaissait le drapeau de l'Association comme
celui d'un État ; il ne faisait aucune allusion au droit de
préférence. Mais le même jour, 5 février 1885, M. Strauch
avait par une lettre confirmé l'existence du droit de préférence. On s'est demandé si le droit de préférence subsistait
à la disparition de l'Association et s'il était compatible avec
la forme étatique qu'elle avait revêtue en disparaissant. La
lettre de M. Strauch coupe court à toute discussion dans
la pratique, mais même si cette lettre n'avait pas été écrite
il faut estimer que le droit n'en eut pas moins existé. En
effet, ne rien dire c'était admettre que les choses demeu-
raient sous le nouveau régime ce qu'elles étaient auparavant, et que chacune des parties à la convention de 1884
continuait à supporter vis-à-vis l'une de l'autre le poids des
obligations qu'elles avaient assumées. Les changements
qui se produisent dans l'état des contractants ne portent
pas atteinte à leurs obligations antérieures ; ce principe
fondamental s'applique aussi bien entre nations qu'entre
particuliers.

Au point de vue de la forme *étatique* qu'avait revêtue
l'Association, il y avait évidemment quelque bizarrerie
d'avoir promis à un autre État de lui céder ses territoires
s'il était appelé à les réaliser, car un État ne peut promet-
tre de céder ses territoires puisque du jour où il cède ses
territoires il n'existe plus, il n'est plus un État. Mais l'État
indépendant n'est État que de nom, il a tous les caractères
d'une colonie ; et le droit de préférence s'adaptait parfaitement avec la forme gouvernementale qu'il avait prise.
L'Association consistait pour ainsi dire en la personne de

son président, le roi Léopold ; celui-ci ayant établi une monarchie absolue et patrimoniale, il en résultait que l'État était comme sa propriété qu'il pourrait céder et léguer comme il l'a fait depuis, dès lors le droit de préférence ne présentait pas l'anomalie qu'il eût présentée, s'il eût existé sur un État normal ; qui plus est, on peut ajouter, que ce droit prenait une importance d'autant plus grande que plus l'État vieillira, plus il démontrera qu'il ne peut subsister seul et qu'il sera obligé de chercher un appui.

Cet appui, il devait naturellement le chercher du côté de la Belgique, pour laquelle son fondateur l'avait créé, et en 1887 il avait déjà assez besoin de son secours pour que l'on put penser dès lors que cette annexion serait assez proche ; et à la suite et comme condition du protocole de délimitation de 1887 dont j'ai parlé, un échange de lettres eut lieu entre M. Van Eetvelde, administrateur général des affaires étrangères de l'État, et M. Bourée, ministre de France à Bruxelles. Voici ces lettres :

Bruxelles, 22 avril 1897.

« L'Association internationale africaine lorsqu'elle a fait avec le gouvernement de la République l'arrangement de 1884, *confirmé par la lettre du 5 février* 1885, n'a pas entendu et n'a pas pu entendre qu'en cas de réalisation de ses possessions, le droit de préférence accordé à la France envers toutes les autres puissances pût être opposé à la Belgique dont le roi Léopold était souverain.

« Mais il va de soi que l'État du Congo ne pourrait céder ces mêmes possessions à la Belgique sans lui imposer l'obligation de reconnaître le droit de préférence de la France pour le cas où elle viendrait elle-même à les réaliser.

« Ces explications n'enlèvent et n'ajoutent rien aux actes rappelés ci-dessus ; loin de leur être contraire, elle ne peut qu'en constater le sens.

« Je suis autorisé à ajouter que c'est celui qu'y a attaché l'Auguste fondateur de l'Association internationale africaine en les autorisant.

« VAN EETVELDE. »

Bruxelles, 29 avril 1887.

« Vous m'avez fait l'honneur de m'écrire à la date du 22 avril une lettre qui a pour objet d'établir que l'Association internationale africaine, lorsqu'elle a contracté avec le gouvernement de la République l'arrangement de 1884, confirmé par la lettre du 5 février 1885, n'avait pas entendu qu'en cas de réalisation de ses possessions, le droit de préférence reconnu à la France envers toutes les autres puissances pût être opposé à la Belgique dont le roi Léopold était souverain.

« Vous ajoutez qu'il allait de soi, que l'État du Congo ne pourrait céder ces mêmes possessions à la Belgique sans lui imposer l'obligation de reconnaître le droit de préférence de la France pour le cas où elle voudrait elle-même les réaliser.

« Vous faites remarquer d'autre part que ces explications n'enlèvent ni n'ajoutent rien aux actes rappelés ci-dessus ; que loin de leur être contraire, elles ne font qu'en constater le sens et que tel est bien celui qu'y a attribué l'Auguste fondateur de l'Association internationale africaine en les autorisant.

« En vous accusant réception de votre lettre, je suis autorisé à vous dire que je prends acte au nom du gouvernement de la République de l'interprétation qu'elle renferme et que vous présentez comme ayant toujours été celle que vous avez attachée à la convention de 1884, en tant que cette interprétation n'est pas contraire aux actes internationaux préexistants. »

« BOURÉE » (1).

Le commentaire que M. Van Eetvelde faisait de la convention de 1884 était erroné. Au moment où l'association avait traité avec la France, elle n'avait aucun lien officiel avec la Belgique ; il n'y a qu'à lire à ce sujet les nombreuses lettres du colonel Strauch soit à la Société de géogra-

(1) Livre jaune : *Affaires du Congo*, 1895.

phie de Bruxelles, soit à celle de Lisbonne, soit à Stanley ; les œuvres de Banning de cette époque font voir qu'il protestait bien haut que jamais la Belgique ne serait unie à l'Association ; et après la déclaration royale du 1ᵉʳ août 1885 la situation restait la même, puisqu'il avait été bien entendu que l'union serait exclusivement personnelle entre la Belgique et l'État du Congo. Les hommes politiques belges n'avaient consenti à autoriser le roi Léopold à prendre la couronne du Congo qu'à cette condition, et la Belgique et l'État dans leurs rapports agissaient comme s'ils étaient deux États différents. Dès lors, pourquoi la France aurait-elle pensé que son droit n'était pas opposable à la Belgique ? Cette explication de la convention de 1884 n'eût donc pas été acceptée, si elle n'avait été une concession faite à l'État du Congo en échange des concessions territoriales que celui-ci faisait dans le protocole de délimitation de 1887 relatif à l'Oubanghi. Le plus grand pas au point de vue des difficultés que le droit de préférence pouvait susciter à la Belgique dans ses projets d'annexion était franchi. La lettre de M. Bourée était, il est vrai, très prudente ; il ne faisait que donner acte à M. Van Eetvelde de sa lettre en tant qu'elle n'était pas contraire aux engagements antérieurs. Mais en réalité ces réserves avaient peu de valeur. Dès ce moment, la Belgique était assurée de l'intention où était la France de ne pas lui opposer son droit, à condition qu'elle fasse siens les engagements pris par l'Association envers la France.

C'est ce qui ressort d'un échange de lettres qui eut lieu en 1890 entre M. Ribot, ministre des affaires étrangères, et M. Bourée à l'occasion de la convention de 1890 entre la Belgique et l'État à la suite de la publication du testament royal. M. Ribot écrivait à M. Bourée le 12 juillet 1890 (1) :

« L'initiative qui vient d'être prise par le roi Léopold nous met, de notre côté, dans la nécessité de faire connaître au Parlement français la situation telle qu'elle résulte des documents que je viens de rappeler (ces documents sont les lettres échangées en 1887).

« Si je suis amené à m'expliquer devant les Chambres (2), mon intention est, bien entendu, de me placer sur le terrain circonscrit par votre lettre du 22 avril 1887, avec les réserves qu'elle comporte.

« Vous voudrez bien faire connaître exactement la situation au roi Léopold ou à son représentant, et en même temps, lui rappeler que nous entendons, quoi qu'il arrive, maintenir les autres passages des communications précitées desquelles il résulte :

« 1° Que l'État du Congo ne pourra céder ses possessions à la Belgique sans lui imposer l'obligation de reconnaître le droit de préférence de la France pour le cas où elle voudrait elle-même les réaliser ;

« 2° Et que l'explication en question n'enlève ni n'ajoute rien aux actes de 1884 et 1885, et que, loin de leur être contraire, elle ne fait qu'en consolider le sens. »

Quelques jours plus tard, M. Ribot écrivait de nouveau à M. Bourée :

« M. Beernaert n'a pas fait davantage allusion (dans son discours à la Chambre des représentants) aux observations que nous a suggérées le projet de loi soumis à la Chambre des représentants, en ce qui concerne l'exercice futur du droit de préférence reconnu à notre pays. D'après les ter-

---

(1) Tous les documents diplomatiques au sujet du droit de préférence se trouvent réunis dans le Livre jaune de 1895 : *Affaires du Congo.*
(2) M. Brisson demandait à interpeller M. Ribot à ce sujet.

mes de la déclaration de 1884, ce droit, s'ouvrait dans le
cas « où l'Association serait amenée un jour à réaliser ses
possessions ». Cette expression « réaliser » se comprenait
parfaitement quand il s'agissait d'une association commerciale qui ne pouvait consentir à céder ses droits qu'à titre
onéreux ; en présence du nouvel état des choses, qui résulterait d'une cession au profit d'un État souverain comme
la Belgique, il ne nous avait point paru superflu de préciser le sens du mot « réaliser », et de bien spécifier que
toute cession qui serait faite par la Belgique de ses droits
sur le Congo donnerait équitablement ouverture au droit
de préférence de la France. »

Le gouvernement belge avait envoyé à Paris M. de Lambermont pour traiter avec le gouvernement français au
sujet de la réglementation du droit de préférence, et M. Ribot lui avait expliqué que le gouvernement français était
tout prêt à ne pas opposer son droit de préférence à la
Belgique, « mais il n'en serait pas de même d'une autre
puissance qui viendrait à être substituée à la Belgique par
un mode de cession quelconque », et M. Ribot écrivait à
M. Bourée : « M. Bernaert a exactement traduit notre
pensée sur ce point, en disant que « si la France voit avec
satisfaction la Belgique s'installer sur les rives du Congo,
toute modification à la souveraineté de ces territoires autre
que celle réglée par la convention soumise à la Chambre
des représentants ne laisserait pas la France indifférente. »

Les pourparlers de 1890 n'aboutirent pas à la convention que le gouvernement français aurait désirée pour fixer
ses droits d'une manière plus précise, car, ainsi que le
disait M. Ribot, les lettres de 1884 employant le mot « réaliser », l'État en cédant, soit à titre gratuit, soit par voie
d'échange aurait pu arguer que le droit de préférence ne

s'ouvrait pas dans ces cas. Cependant les paroles de
M. Bernaert que nous venons de lire montrent bien que
le gouvernement belge et par suite celui de l'État, puisque
M. Bernaert, premier ministre de Belgique, n'était en ces
circonstances que le porte-parole du roi Léopold, comprenait que dans la pensée du gouvernement français, toute
cession, de quelque manière que ce soit, à un État autre
que la Belgique donnerait ouverture à son droit de préférence.

Les événements se précipitèrent, nous avons vu comment l'État du Congo, par le traité du 12 mai 1894, cédait
à bail à l'Angleterre des parts importantes de son territoire, sans se préoccuper du droit de préférence. Cette
forme de cession avait été employée pour tourner la difficulté présentée par le droit de préférence et pouvoir dire
à la France que l'État du Congo ne cédant pas définitivement son territoire, le droit de préférence ne s'ouvrait pas.
Le traité fut annulé, mais c'était un avertissement qui
prouvait combien il devenait de plus en plus nécessaire
de préciser les termes des conventions précédentes.

L'occasion se présenta bientôt d'entamer à ce sujet les
négociations avec la Belgique. Le roi Léopold n'attendant
pas l'année 1900, date fixée par la convention de 1890 pour
la décision de la Belgique sur l'annexion de l'État du Congo,
désirait que l'annexion se produisît de suite. M. Hanotaux,
alors notre ministre des affaires étrangères, profita de cette
circonstance et, le 5 janvier 1895, il écrivait à M. Bourée
pour lui dire qu'il serait nécessaire de s'entendre avec le
gouvernement belge sur le droit de préférence.

Le 6 janvier, M. Bourée répondait au ministre que M. de
Mérode, ministre des affaires étrangères belges et président du conseil, « estimait qu'à la suite de la mission du

baron Lambermont à Paris, en 1890, toutes les obscurités avaient été dissipées et que l'accord était devenu parfait entre les deux gouvernements. »

Ces paroles du ministre belge étaient d'avance démenties par les faits, puisque le traité du 12 mai 1894 avait prouvé que les obscurités n'avaient nullement disparu ; aussi M. Hanotaux, le 9 janvier, insistait-il pour qu'un arrangement intervienne notamment sur la question « de l'aliénation éventuelle à titre gratuit » qui n'avait pas été abordée par MM. Ferry et Strauch. Le même jour, M. Bourée faisait savoir à M. Hanotaux que M. de Mérode était prêt à faire un arrangement, mais craignant que le ministre belge voulût traîner les négociations en longueur, M. Hanotaux, le 10 janvier, chargeait M. Bourée de remettre à M. de Mérode une note ainsi conçue :

« Le gouvernement français ayant été informé de la signature de l'acte de cession du Congo à la Belgique qui doit être très prochainement soumis à la ratification du Parlement belge, croit devoir formuler à ce sujet toutes les protestations et réserves résultant de la situation de droit qui lui est acquise, tant par les actes synallagmatiques intervenus entre la France et l'Association internationale du Congo ou l'État indépendant les 23-24 avril 1884 et 22-29 avril 1887, que par tous autres engagements et actes internationaux pouvant être mis en cause par la convention entre la Belgique et l'État du Congo, incluse dans le projet de loi dont il s'agit. »

Le février 1895, la convention suivante était signée :

« Considérant qu'en vertu des lettres échangées les 23-24 avril 1884 entre M. Strauch, président de l'Association internationale du Congo et M. Jules Ferry, président du conseil et ministre des affaires étrangères de la République française, un droit de préférence a été assuré à la France pour le cas où l'Association serait amenée un jour à réaliser ses possessions ; que ce droit de préférence a été maintenu, lorsque l'État du Congo a remplacé l'Association internationale ; — Considérant qu'en vue du transfert à la Belgique des possessions de l'État indépendant du Congo, en vertu du traité de cession du 9 janvier 1895, le gouvernement belge se trouvera substitué à l'obligation contractée sous ce rapport par le gouvernement du dit État. — Les soussignés sont convenus des dispositions suivantes qui régleront désormais le droit de préférence de la France à l'égard de la colonie belge du Congo.

« Art. 1er. — Le gouvernement belge reconnaît à la France un droit de préférence sur ses possessions congolaises, en cas d'aliénation de celles-ci à titre onéreux en tout ou en partie.

« Donneront également ouverture au droit de préférence de la France, et feront, par suite, l'objet d'une négociation préalable entre le gouvernement de la République française et le gouvernement belge, tout échange des territoires congolais avec une puissance étrangère, toute location des dits territoires en tout ou en partie, aux mains d'un État étranger ou d'une compagnie étrangère investie de droits de souveraineté.

« Art. 2. — Le gouvernement belge déclare qu'il ne sera jamais fait de cession à titre gratuit de tout ou partie de ces mêmes possessions.

« Art. 3. — Les dispositions prévues aux articles ci-dessus s'appliquent à la totalité des territoires du Congo belge.

« En foi de quoi, les soussignés ont dressé le présent arrangement qu'ils ont revêtu de leur cachet.

« Fait en double exemplaire, à Paris, le 5 février 1895.

« Signé : Hanotaux et baron d'Anethan. »

Cette convention fixe définitivement les droits de la France. Au point de vue de la Belgique, il enlevait à cette puissance tout souci sur une intervention de la France au moment de l'annexion de l'État et permettait à son gouvernement de répondre catégoriquement à un argument dont l'opposition se servait pour combattre l'annexion.

La France avait aussi tout à gagner à cette convention.

Il y était dit que son droit de préférence n'était pas opposable à la Belgique, mais à la vérité elle ne perdait rien à cette disposition, car après l'échange de lettres de 1887 et les conciliabules de 1890, elle n'eût pu avantageusement résister à la Belgique sur le terrain diplomatique. Elle gagnait à la convention en ce que son droit était désormais irrévocablement fixé dans un contrat qui, par sa précision, éloignait toutes les controverses que les lettres de 1884 pouvaient si aisément soulever soit au point de vue du caractère commercial de l'Association qui avait consenti le droit de préférence, soit au sujet de l'expression « réaliser » qui semblait ne pas interdire la cession gratuite ou les cessions à bail.

L'arrangement du 5 février prévoit à peu près tous les cas de cession. La Belgique s'interdit toute cession de tout ou partie de ses territoires à titre gratuit. Elle reconnaît l'ouverture du droit de préférence au cas où elle aliénerait à titre onéreux tout ou partie de ses territoires, où elle ferait un échange avec une puissance étrangère et où elle consentirait une location de tout ou partie de ses territoires à un État ou à une Compagnie souveraine de colonisation.

Ce droit ainsi fixé, grève l'État indépendant d'une véritable servitude. Vis-à-vis de la France, l'État indépendant est dès lors immobilisé dans les frontières qu'il avait en 1895 ; l'État ou la Belgique ne pourront vendre, échanger ou céder une partie des territoires du Congo, alors même que cet échange ou cette cession à bail ne serait que le contrepoids d'une acquisition nouvelle sans engager auparavant une négociation avec la France. C'est un véritable droit d'intervention qui est ainsi donné à la France chaque fois qu'un traité interviendra modifiant les frontières de l'État en touchant aux territoires possédés en 1895. C'est surtout à ce point de vue que le droit de préférence est important, car la cession entière de l'État, telle que la visait la convention de 1884, est un fait très improbable, l'État sera annexé à la Belgique et celle-ci est assez riche pour en supporter facilement la charge et en faire une colonie prospère.

Nous devons nous demander, étant donné le droit de préférence tel qu'il est déterminé par la convention de 1895, ce qu'il adviendrait si l'État ou la Belgique ne respectaient pas les clauses de cette convention. La convention exige que préalablement à un échange ou à une cession de territoires de l'État, des négociations soient entamées avec la France ; il est probable que ces négociations aboutiraient et que l'on arriverait à des transactions où chacune des parties trouverait son avantage ; mais supposons que ces négociations préalables n'aient pas lieu, dans ce cas, la France pourrait considérer comme non avenue toute convention qui violerait ses droits. Et si ses protestations n'avaient pas d'écho, elle pourrait occuper la portion du territoire cédée considérant que cette cession a donné ouverture à son droit de préférence en l'absence de son adhésion à la convention intervenue.

Nous venons d'envisager deux cas qui peuvent se présenter : celui de l'annexion de l'État à la Belgique prévu par la convention de 1895, celui de l'annexion de tout ou partie du territoire de l'État soit par l'État, soit par la Belgique à une puissance autre que la Belgique. Il nous reste à examiner une hypothèse non prévue par la convention de 1895. Nous devons pour l'expliquer entrer préalablement dans certaines explications que nous avions réservées à dessein.

La Conférence de Berlin n'avait pas indiqué la forme du gouvernement de l'État du Congo, tout au plus s'était-il contenté d'émettre des vœux en faveur du roi Léopold. Celui-ci, devenu souverain de l'État, était donc libre de donner à la monarchie qu'il établissait la forme qui lui convenait. Le roi se décida en faveur de la monarchie absolue, et il choisit parmi les formes de la monarchie absolue la plus ancienne, j'allais dire la plus simpliste. Bodin dans ses œuvres, distingue deux sortes de monarchies absolues : 1° la monarchie royale soumise à certaines lois de dévolution, à certains principes qui constituent l'essence même du gouvernement et auxquels le roi doit se soumettre ; 2° la monarchie seigneuriale, où le prince est propriétaire de la souveraineté et la transmet à qui bon lui semble comme on transmet une propriété particulière. Cette définition de la monarchie seigneuriale de Bodin convient parfaitement à la souveraineté établie par le roi Léopold. Le roi peut disposer de l'État comme il lui plaît (sauf les restrictions résultant du droit de préférence) soit par donation, soit par testament, comme il ferait de sa propriété. Le roi a déterminé nettement ce caractère patrimonial de l'État lorsqu'il a, le 2 août 1889, laissé par testament à la Belgique, l'œuvre qu'il avait fondée.

Ceci dit, supposons que la Belgique après une campagne du parti socialiste contre l'annexion du Congo rejette cette annexion. Que se passera-t-il ? Le roi pourra évidemment refaire son testament et léguer l'État à l'héritier du trône de Belgique qui, lorsqu'il succédera au roi Léopold, devra demander aux Chambres belges l'autorisation pour régner en même temps sur la Belgique et sur l'État. Si les Chambres donnent cette autorisation, ce sera la continuation de l'état de choses existant. Le roi peut léguer l'État

à un individu autre que l'héritier du trône de Belgique et
ne régnant pas sur un autre pays, et l'État continuera ainsi
à être indépendant. Dans ces divers cas, l'État conservant
son individualité le droit de préférence n'a pas à s'ouvrir.
Mais supposons que le roi Léopold meurt *ab intestat* ou que
la Belgique refuse à l'héritier présomptif du roi l'autorisation de régner à la fois sur la Belgique et sur l'État, cas
dans lequel l'État reviendrait encore aux héritiers *ab intestat*. L'État se divisera, comme une propriété privée serait
divisée, entre tous les héritiers du roi Léopold. Et alors, ou
ces héritiers s'arrangeront pour que l'un d'eux ait seul
l'État, auquel cas la France n'aura pas à intervenir, ou ils
le partageront. Que faudrait-il alors conclure ? Le droit de
préférence s'ouvrirait en faveur de la France, et le partage
devrait être précédé des négociations préalables qu'exige
l'article 1er de la convention du 5 février 1895.

CINQUIÈME PARTIE

L'ÉTAT INDÉPENDANT DU CONGO
ET LA BELGIQUE

———

o

CHAPITRE PREMIER

LES PREMIÈRES RELATIONS DE LA BELGIQUE AVEC L'ÉTAT. —
L'ŒUVRE DU ROI LÉOPOLD. — RECONNAISSANCE DE L'ÉTAT PAR
LA BELGIQUE. — LE ROI LÉOPOLD EST AUTORISÉ PAR LES
CHAMBRES A ÊTRE LE SOUVERAIN DE L'ÉTAT DU CONGO. —
L'UNION PERSONNELLE DE L'ÉTAT AVEC LA BELGIQUE.

Le roi Léopold, alors qu'il n'était encore que duc de
Brabant, était déjà partisan de l'expansion coloniale. Au
Sénat, le 29 septembre 1855, il parlait d'acquisitions coloniales pour la Belgique : « Une nationalité jeune comme
la nôtre, disait-il, doit être hardie, toujours en progrès et
confiante en elle-même. Nos ressources sont immenses et,
je ne crains pas de le dire, nous pouvons en tirer un parti
incalculable. Il suffit d'oser pour réussir. C'est là un des
secrets de la puissance et de la splendeur dont jouirent
pendant plus d'un siècle nos voisins du Nord. Nous possé-
dons sans doute autant d'éléments de succès : pourquoi

nos vues se porteraient-elles moins haut ! » et le 17 février 1860 il disait encore au Sénat : « Je crois que l'heure est venue de nous étendre au dehors ».

17 ans devaient encore se passer avant que le roi s'engageât dans la réalisation de ses désirs. La Conférence géographique de Bruxelles marqua le début de l'œuvre du roi ; c'est lui qui fit faire les premières propositions à Stanley à son retour de la traversée de l'Afrique, qui avec l'aide de puissants financiers fonda le comité d'études du Haut-Congo, et qui, pendant plusieurs années, soutint l'œuvre congolaise avec sa fortune personnelle.

La réussite la plus complète a couronné ses efforts. Et c'est à lui seul qu'en revient toute la gloire, car la Belgique n'y prit tout d'abord aucune part et cela pour deux raisons.

Le peuple belge, peu disposé aux aventures par son caractère, est rendu encore plus prudent par sa situation de peuple neutre. Pays extrèmement riche par son sol qui donne des récoltes merveilleuses à l'agriculture et du fer et du charbon en abondance à l'industrie, la Belgique ne ressentait pas comme d'autres pays qui ne peuvent suffire à leurs besoins la nécessité de chercher au dehors des richesses qu'elle avait sous la main. A quoi bon, disait une partie de la presse belge, les entreprises coloniales qui gaspillent de l'argent sans aucun bénéfice ! Qu'a rapporté à la France l'Algérie ou le Tonkin ? Lancer la Belgique sans transition aucune dans la politique coloniale, c'eût été se briser à des oppositions violentes, probablement insurmontables. Ces protestations, dix ans après la fondation de l'État, alors qu'il était prospère, se sont élevées menaçantes, qu'eussent-elles été si on n'eût pu leur opposer les résultats acquis ? Le roi connaissait cet état d'âme de son peuple. Il

fallait travailler seul, conquérir à la Belgique une colonie
sans qu'elle en souffrît et peut-être alors sortirait-elle de sa
torpeur. Le roi Léopold avait compris le grand mouvement
colonial qui allait saisir à la fin de ce siècle toutes les nations, et qui devait donner aux pays européens une nouvelle vie sous peine de se voir dépasser et s'éteindre.

Une seconde raison avait poussé le roi à ne pas associer
la Belgique aux débuts de son œuvre. C'était la crainte des
difficultés que son pays, petit État neutre, allait avoir à
vaincre pour se frayer un passage à travers les ambitions
européennes. Comment pourrait-elle résister ? Dès les premiers pas, ne lui objecterait-on pas sa Constitution qui l'o-
blige à une discrétion toute spéciale de peur de soulever
un conflit. Et si ce conflit éclatait, le pays devrait-il reculer ?
Autant de points d'interrogation redoutables que le roi
pensa, avec raison, habilement résoudre en opérant seul
sous le couvert de sociétés commerciales : si l'œuvre n'a-
vait pas réussi, la Belgique n'aurait pas été atteinte. Il y
avait donc tout avantage à agir ainsi.

De sorte que les premières relations officielles entre la
Belgique et l'État du Congo furent les déclarations échangées entre le gouvernement belge et l'Association quand
il s'agit, le 23 février 1885, de reconnaître le drapeau de
l'Association comme celui d'un État ami. Cette déclaration
ne fut que l'équivalent des autres reconnaissances de l'État
faites par les puissances.

Mais l'occasion devait bientôt se présenter de s'adresser
plus directement à la Belgique. Pour que le roi pût devenir souverain de l'État indépendant en même temps que
roi des Belges, il était nécessaire, aux termes de l'article 62 de la Constitution du 7 février 1831, qu'il obtînt
l'autorisation du Parlement belge.

L'article 62 était ainsi conçu : « Le roi ne peut, en même temps, être le chef d'un autre État sans l'assentiment des deux Chambres. Aucune des deux Chambres ne peut délibérer sur cet objet, si deux tiers au moins des membres qui la composent ne sont présents, et la résolution n'est adoptée qu'autant qu'elle réunit les deux tiers des suffrages ».

Cet article avait été inséré dans la Constitution, en 1831 surtout à l'instigation de l'Angleterre. La Belgique, à cette époque, venait d'être brusquement séparée de la Hollande et de former un État indépendant. Les Belges avaient à choisir un roi, et l'on pensait que leur choix se porterait sur le duc de Nemours, fils de Louis-Philippe ; mais les Belges, dans l'intérêt de leur nouveau pays, et les Anglais qui avaient aidé à la création de la Belgique, pour la ravir aux ambitions françaises, insérèrent l'article 62, dans la crainte de voir un jour le duc de Nemours, quoique second fils du roi de France, réunir en la même main la France et la Belgique.

Le roi Léopold adressa le 16 avril 1885 la lettre ci-dessous à ses ministres qui étaient présidés alors par M. Bernaert :

Bruxelles, le 16 avril 1885.

Messieurs,

« L'œuvre créée en Afrique par l'Association internationale du Congo a pris un grand développement. Un nouvel État se trouve fondé, ses limites sont déterminées et son pavillon est reconnu par presque toutes les Puissances. Il reste à organiser sur les bords du Congo le gouvernement et l'administration.

Les plénipotentiaires des nations représentées à la Conférence de Berlin se sont montrés favorables à l'œuvre entreprise, et depuis, les deux Chambres législatives, les principales villes du pays et un grand nombre de corps et d'associations importantes m'ont exprimé à ce sujet les sentiments les plus sympathiques.

En présence de ces encouragements, je ne puis reculer devant la poursuite et l'achèvement d'une tâche à laquelle j'ai pris, en effet, une part importante, et puisque vous estimez comme moi, Messieurs, qu'elle peut être utile au pays, je vous prie de demander aux Chambres législatives l'assentiment qui m'est nécessaire.

Les termes de l'article 62 de la Constitution caractérisent par eux-mêmes la situation qu'il s'agirait d'établir.

Roi des Belges, je serai en même temps le souverain d'un autre État.

Cet État serait indépendant comme la Belgique et il jouirait, comme elle, des bienfaits de la neutralité. Il aurait à suffire à ses besoins et l'expérience, comme l'exemple des colonies voisines, m'autorise à affirmer qu'il disposerait des ressources nécessaires.

Sa défense et sa police reposeraient sur des forces africaines commandées par des volontaires européens.

Il n'y aurait donc entre la Belgique et l'État nouveau qu'un lien personnel. J'ai la conviction que cette union serait avantageuse pour le pays, sans pouvoir lui imposer des charges, en aucun cas.

Si mes espérances se réalisent, je me trouverai suffisamment récompensé de mes efforts. Le bien de la Belgique, vous le savez, Messieurs, est le but de toute ma vie. »

« LÉOPOLD. »

Le 24 avril 1885, M. Bernaert soutint devant la Chambre cette demande. Un seul membre de la Chambre, M. Neujean, la combattit. Le 28 avril, la Chambre par 124 voix contre une et une abstention vota cette résolution :

« Sa Majesté Léopold II, roi des Belges, est autorisé à être le chef de l'État fondé en Afrique par l'Association internationale du Congo.

L'union entre la Belgique et le nouvel État sera exclusivement personnelle. »

Quoiqu'il y ait eu à peu près l'unanimité, cela ne veut pas dire que cette première apparition de l'État indépendant dans la vie parlementaire de la Belgique fût saluée avec enthousiasme ; l'autorisation fut votée parce que les députés considéraient qu'en agissant ainsi, ils n'engageaient en rien le pays. Un seul député, l'abbé de Hoerne, âgé de 83 ans, l'un des constituants de 1831, était venu affirmer à la tribune sa foi dans l'œuvre du Congo.

Au Sénat, la résolution fut votée le 30, par 58 voix contre une, celle de M. Vaucamps qui avait vivement attaqué le projet.

Telle fut la première intervention des Chambres belges à propos du Congo.

Elle fixe le caractère de l'union entre la Belgique et l'État : une union personnelle. L'autorisation n'est donnée qu'au roi Léopold ; et son successeur sur le trône de Belgique devra obtenir la même autorisation, s'il est en même temps souverain de l'État.

« Une union personnelle, a dit M. Bernaert (1), laisse les deux États unis absolument distincts, absolument indépendants, ils n'ont rien de commun entre eux, ni au point de vue militaire, ni au point de vue financier, ni au point de vue diplomatique. Le mot union a la consécration du droit de l'histoire et de l'usage ; mais, il n'est pas absolument exact, car il n'y a d'union que dans la personne du roi ; l'unité du souverain est le seul lien entre les deux États. »

Et M. Bara disait à la Chambre des représentants : « Dans l'union personnelle, les deux États qui ont le même prince ne confondent ni leurs lois, ni leurs fonctionnaires, ni

(1) *Moniteur belge* du 29 avril 1885.

leurs intérêts. Après notre vote, la Belgique sera aussi étrangère au Congo que toutes les autres puissances de l'Europe ; nous n'aurons pas plus de droits et d'obligations vis-à-vis de cet État africain que les autres nations. Qu'il ait des difficultés intérieures ou extérieures, qu'il manque de ressources ou d'hommes, nous n'avons rien à lui fournir. Qu'il lèse autrui, qu'il soit mal administré, qu'il soulève des conflits et des guerres, nous n'y avons aucune responsabilité. »

Tout ceci était parfaitement vrai ; en droit, l'union personnelle réduit le rapprochement entre deux États à l'unité de souverain. Les pays demeurent absolument distincts au point de vue militaire, au point de vue financier, au point de vue diplomatique. Et l'État indépendant a bien eu, à ce point de vue, les différents organes de son gouvernement séparés de ceux de la Belgique. Mais en fait, l'union personnelle aboutit toujours à une union plus intime, car on ne peut empêcher un souverain qui règne en même temps sur deux pays de les intéresser l'un à l'autre, et le roi était plus dans le vrai quand il disait dans sa demande adressée à ses ministres :

« J'ai la conviction que cette union serait avantageuse pour le pays » et en terminant sa lettre : « Le bien de la Belgique est le but de toute ma vie. » Il exprimait là vaguement sa pensée de voir un jour les relations devenir de plus en plus intimes entre la Belgique et l'État. Il ne se trompait pas. Les liens de la Belgique avec l'État allaient devenir de plus en plus étroits. Mais alors même que les conventions que nous verrons n'eussent pas existé, cela n'eût pas empêché que l'union personnelle ne fut pas plus intime que ne le disaient MM. Bernaert et Bara. Les ministres, les administrateurs, les officiers de l'État sont Belges. Croit-

on alors que le roi des Belges choisit en même temps son
cabinet belge et ses secrétaires d'État congolais, qu'il
n'existera aucun lien entre les deux États? alors que les
hommes d'État des deux pays sont nommés par le même
chef d'État dont ils dépendent, croit-on qu'ainsi une union
personnelle puisse rester dans sa stricte définition? Examinons maintenant une conséquence logique de cette
union personnelle. L'État du Congo a le siège de son gouvernement à Bruxelles, il passe, par suite, fréquemment
des contrats en Belgique, y contracte des obligations,
mais l'union n'étant que personnelle entre l'État et la Belgique, il s'en suit qu'étant considéré comme État indépendant, si l'État est assigné devant les tribunaux belges,
ceux-ci doivent se déclarer incompétents.

On ne conçoit pas un État indépendant soumis à la juridiction d'un autre État. Affirmer l'indépendance d'un État,
c'est affirmer la liberté, excluant l'ingérence des autres
États (Pradier-Fodéré, *Traité de droit international public*,
t. 1ᵉʳ, § 294). On ne peut se dissimuler une atteinte portée
à ce droit d'indépendance dans le fait d'un tribunal con-
damnant un État étranger, ordonnant à la force publique de
mettre le jugement à exécution, validant des saisies sur
les biens de cet État

La juridiction est l'attribut peut-être le plus tangible,
le plus manifeste de la souveraineté d'un pays. Soumettre
les pays à une juridiction étrangère, c'est les subordonner
à une souveraineté étrangère.

Les ambassadeurs, de par les privilèges que leur accorde
le droit international, peuvent décliner la compétence des
tribunaux des pays où ils sont accrédités. Ce privilège leur
est accordé, parce qu'ils représentent un État indépendant
Dès lors, et *a fortiori*, cette immunité doit être reconnue
à l'État lui-même.

Ces principes du droit des gens sont appliqués dans les relations entre la Belgique et l'État.

L'État du Congo et son gouvernement sont considérés en Belgique comme jouissant des privilèges reconnus aux ministres publics. Ces prérogatives, reconnues aux ministres publics, leur sont accordées parce qu'ils représentent un État et pour les mettre à même par une complète indépendance de remplir la mission spéciale dont ils sont chargés. Il serait illogique de refuser à un gouvernement et à ses chefs, ce que l'on accorde à leurs représentants.

Le vote du Parlement belge a autorisé le roi des Belges à être souverain de l'État indépendant. Par là même, le roi était autorisé à organiser en Belgique le gouvernement de son nouvel État. C'est donc de l'accord même de la législation belge, que le gouvernement du Congo a son siège aux côtés de son souverain, siège qu'il ne pourrait avoir autre part, et dès lors il peut réclamer les privilèges inhérents à une situation spéciale qu'une loi belge a créée en l'autorisant.

C'est ainsi que le roi des Belges et les fonctionnaires de l'État jouissent comme souverain et fonctionnaires de l'État du bénéfice de l'exterritorialité et sont, par suite, inviolables. Et logiquement, on a considéré qu'on devait aussi accorder la franchise diplomatique aux locaux occupés par le gouvernement congolais comme on accorde la franchise à l'hôtel d'un ambassadeur. On ne concevrait pas que les chefs du gouvernement congolais fussent particulièrement indépendants, si les locaux qu'ils occupent à titre officiel ne jouissaient pas d'une entière franchise et étaient soumis à des perquisitions de la part de l'autorité locale. Une des premières nécessités pour les chefs d'un gouvernement, est évidemment l'inviolabilité du secret des correspondances et des archives officielles ; et un huissier ne pourrait venir y exercer les fonctions de son ministère. L'État du Congo a fait répondre à un huissier qui se présentait à ses locaux et celui-ci le consigna par écrit : « Le bénéfice d'exterritorialité couvre les ministres de l'État du Congo et ses administrateurs. »

CHAPITRE II

BESOINS FINANCIERS DE L'ÉTAT. — L'EMPRUNT DE 1887. — LE CHEMIN DE FER DE MATADI AU STANLEY-POOL ET LA PART QU'A PRISE DANS SA CONSTRUCTION L'ÉTAT BELGE.

Nous venons de voir la première rencontre de l'État et de la Belgique. Ce n'était pas une intervention dans les affaires de l'État, au contraire, la discussion à la Chambre et au Sénat avait prouvé le peu d'intérêt que les Chambres portaient à l'œuvre royale et la Belgique n'avait fait que fixer sa situation par rapport à l'État. Cette situation se résumait en un mot : ils restaient étrangers l'un à l'autre.

Cette indifférence mutuelle ne devait pas durer longtemps.

Je ne parlerai que des rapports officiels qui vont, à partir de 1887, devenir de plus en plus étroits entre la Belgique et l'État, mais il est nécessaire de dire quelques mots des rapports commerciaux des deux pays, des intérêts belges qui vont se créer au Congo, car si les liens officiels nous intéressent seulement au point de vue où nous nous plaçons, cependant les rapports créés par des liens d'intérêt entre les sujets des deux pays sont bien les liens les plus forts qui puissent exister et facilitent les premiers. Ce sont ces liens d'intérêt, qu'un pays désire toujours créer entre la Métropole et ses colonies et que souvent il ne parvient pas à créer à cause de l'indifférence des habitants de la

Métropole, qui forment le véritable linéament qui unit fortement la colonie à la mère-patrie, et qui attachent celle-ci de plus en plus à sa colonie. Ce tableau succinct de l'œuvre d'expansion belge depuis quinze ans, expliquera pourquoi l'État belge s'intéresse de plus en plus à l'État Congolais, pourquoi il engagera de plus en plus des sommes considérables, comment il deviendra son tuteur, disons le mot sa Métropole, agissant avec lui comme un pays européen agit avec une de ses colonies. Les commerçants et les hommes d'affaires belges n'ont pas partagé l'indifférence première du public belge et, dès que l'État fut constitué, se mirent à l'œuvre pour créer des débouchés congolais à leur commerce.

Au début de l'occupation du Congo, cette partie de l'Afrique n'était desservie que par des lignes anglaises, des compagnies de navigation belges se sont créées, ce sont la *Compagnie maritime belge du Congo* et la *Société maritime du Congo*.

De puissantes sociétés de commerce, soit pour les travaux publics, construction de chemins de fer, etc., soit pour l'exploitation et l'importation, se sont fondées à Bruxelles. Ce sont entre autres :

La Compagnie du Congo pour le commerce et l'industrie, 1887, dont nous reparlerons plus loin, car c'est elle qui a entrepris les premières études pour la construction du chemin de fer de Matadi au Pool. *La Compagnie des magasins généraux du Congo*, 1888, au capital de 1.200.000 fr. qui a construit à l'entrée du fleuve à Boma un hôtel et des docks, la *Société des produits du Congo*, 1889, au capital de 300.000 francs qui exploite les forêts et introduit de nouvelles cultures, *la Compagnie pour le commerce du Haut-Congo*, 1888, au capital de 1.200.000 francs, qui exp.oite le caoutchouc, l'ivoire, le bananier, le palmier et dont le capital a été porté depuis à 5.050.000 francs sont trois sociétés filiales de la première. Vinrent ensuite : *Le Syndicat du Matéba*, 1887, qui exploite l'île de ce nom d'une superficie de 14.000 hectares et a fusionné plus tard avec la Société des produits du Congo. *La Compagnie du chemin de fer* qui a construit le chemin de fer de Matadi au Pool. *La Société des pêcheries du Bas-Congo.* La puissante *Compagnie du Katanga*, au capital de 3.000.000, créée le 15 avril 1890, qui est une société privilégiée, ayant certains pouvoirs souverains et dont j'ai déjà parlé en disant que son existence est contraire aux dispositions de l'Acte de Berlin, car elle possède un véritable monopole. Nommons encore *la Société des produits végétaux du Haut-Kassaï*, 1894, au capital de 1.000.000 ; *La Belgika*, 1897, au capital de 2.000.000; *La Congolia*, 1898, au capital de 450.000 francs. ; *La Compagnie du Lomami*, 1898, au capital de 3.100.000 fr. ; *Le crédit commercial Congolais*, 1898, au capital de 1.200.000 francs; *La Société générale Africaine*, 1897, au capital de 3.000.000 de francs ; *La Société anversoise du commerce au Congo*, 1898, qui a pour directeur le commandant Lothaire, célèbre par l'exécution qu'il fit faire du Révérend Stokes, officiellement ministre protestant et dans ses moments perdus trafiquant d'armes et de poudres interdites dans l'Etat du Congo ; *La Société des chemins de fer vicinaux du Mayumbé*, 1898, au capital de 3.000.000.

Je m'arrête dans cette nomenclature qu'il est inutile de continuer; elle suffit pour prouver l'activité développée par le commerce belge pour mettre en valeur le pays congolais. Des sommes belges très importantes sont maintenant engagées dans l'État et y trouvent d'ailleurs une excellente rémunération.

La statistique prouve l'importance de plus en plus grande prise par le commerce belge.

En 1888 sur un chiffre d'exportation de 7.392.348 francs, la Belgique ne recevait que 249.884 francs. En 1891, sur 10.535.619 francs, elle recevait 1.514.175 francs. En 1897, sur 17.457.090 francs elle reçoit 12.882.901 francs.

Pour l'importation en 1892, la Belgique importait 1.913.288 francs sur un chiffre d'importation total de 4.984.455 francs. En 1897, elle importe 16,272.028 francs sur un chiffre total de 22.181.462 francs.

Dans le commerce total de l'État de 40 millions en 1897, la Belgique entre pour 30 millions tant à l'importation qu'à l'exportation, alors qu'au moment de la constitution du comité du Haut-Congo en 1875, son commerce était nul avec ces régions. C'est donc à la Belgique surtout qu'a profité la création de l'État indépendant.

Le mouvement de la population étrangère accuse également cette prépondérance belge au Congo. En 1886, il y avait au Congo 46 belges sur 254 étrangers. En 1895, 691 belges sur 1076 étrangers. En 1898, 1068 belges sur 1678 étrangers ; c'est-à-dire les 2/3.

Ce rapide tableau des progrès de l'expansion belge au Congo expliquera l'importance croissante de l'intervention de la Belgique dans le Congo.

Chaque fois que la Belgique a eu à intervenir dans les affaires du Congo, elle a acquis de plus en plus des droits à son annexion. Ce sont les besoins financiers de l'État qui ont exigé ces interventions. Le roi a tout fait pour se passer le plus longtemps possible de s'adresser à son pays, mais il n'a pu supporter à lui seul l'effort pécuniaire que réclame la création d'une colonie. C'est, qu'en effet, quoiqu'on attende d'une colonie des sources de richesse pour le pays, il n'en est pas moinsvrai qu'avant d'en arriver là, il faut faire comme dans toute affaire commerciale de grosses avances. Un pays vierge comme l'était l'État du Congo lorsqu'il fut créé, n'a ni routes, ni villes ; avant de commencer, il faut tracer des routes, construire des chemins de fer, soumettre les indigènes du pays au joug de l'autorité, faire régner la tranquillité dans le pays, défricher, construire des villes, toutes choses qui sont très coûteuses et qu'une fortune privée ne peut seule entreprendre. De plus les recettes sont maigres ; il est difficile de mettre tout d'abord des impôts directs sur les indigènes ou sur la propriété foncière, difficile aussi de mettre des droits trop lourds soit à l'importation, soit à l'exportation, de peur d'entraver le commerce, et pour l'État indépendant, ce qui rendait la situation encore plus dure, c'est qu'il ne pouvait pas mettre de droit d'entrée.

Si nous jetons les yeux sur nos colonies, nous verrons qu'elles nous ont coûté fort cher, ainsi le Tonkin de 1883 à 1889 a coûté 334 millions et 9067 soldats, l'Algérie de 1830 à 1869 3 milliards 1/2 et 300.000 soldats. La Tunisie (1) de 1881 à 1886 : 150 millions. Ces dépenses que réclame la mise en œuvre de la colonie, c'est la métropole qui les entreprend. Le Congo n'avait pas de métropole et tout naturellement son souverain, chef d'État d'un autre pays riche, était porté à réclamer l'appui des finances de ce pays pour secourir l'autre. La Belgique ne fournit pas gratuitement ses deniers, il fallut que l'État prît des engagements, et c'est ainsi que peu à peu les liens qui unissaient la Belgique au Congo de très lâches qu'ils étaient devinrent de plus en plus intimes.

(1) J. Ferry, *Le Tonkin et la mère-patrie.*

C'est donc la question financière qui a été l'occasion des
interventions répétées de la Belgique. Voici quelques chiffres qui montreront le besoin de secours que l'État ressentait. D'après un rapport de M. Van Eetvelde, voici ce
que les ressources ordinaires représentaient dans les dépenses de l'État:

Années	Recettes		Dépenses	
1886	74.261 fr. représentant		4.87 0/0 des dépenses	
1887	200.763	—	10.61 »	—
1888	268.306	—	9.21 »	—
1890	462.602	—	14.69 »	—
1892	1.502.515	—	31.75 »	—
1894	2.454.778	—	33.25 »	—
1896	5.887.404	—	56.83 »	—
1897	9.183.360	—	68.24 »	—

La situation va en se bonifiant, cependant des secours
sont toujours nécessaires et même malgré ces secours qui
sont venus soit de l'emprunt, soit d'un versement annuel
du roi, soit d'une avance du Trésor belge, les budgets se
présentent d'ordinaire avec un déficit.

Années	Recettes	Dépenses
1891	4.554.931 fr.	4.554.931 fr.
1893	5.220.681 »	5.440.681 »
1895	6.004.764 »	7.370.939 »
1896	7.002.735 »	8.236.300 »
1898	14.765.050 »	17.251.975 »

Le premier appui financier que la Belgique apporta à
l'État remonte à l'année 1887, au moment où l'État fit
un emprunt de 150.000.000 de francs, représenté par
1.500.000 obligations de 100 francs au porteur, rembour-
sables en 99 ans avec primes ou bien au porteur avec aug-
mentation annuelle de 5 francs à titre d'intérêt. Pour que

cet emprunt réussît, il fallait l'entourer de certaines garanties ; le roi Léopold les demanda au Parlement et le
16 janvier 1887, M. Bernaert, ministre des finances, déposait un projet de loi tendant à autoriser l'État du Congo à
émettre cet emprunt en Belgique. Dans l'exposé des motifs, M. Bernaert indiquait le besoin de tout État naissant
d'avoir des secours pécuniaires de l'extérieur, expliquait
que l'État n'avait pas de métropole qui puisse le secourir ;
cependant, disait le ministre, le commerce de la Belgique
y trouvera des avantages nombreux ; n'est-ce pas à la Belgique de le secourir ?

Malgré une campagne très vive faite par le journal radical « *La Réforme* », le projet de loi fut voté le 29 avril
1887.

L'autorisation ainsi donnée n'était pas pure et simple.
Certains avantages étaient assurés à l'État. Et d'abord le
fait d'autoriser un emprunt à primes était déjà une faveur
faite au nouvel État, car on sait combien en France et en
Belgique, on est difficile pour autoriser des emprunts qui
ont quelque ressemblance même lointaine avec la loterie.
Quoique les titres soient assujettis par la loi belge au droit
de timbre, ils en étaient dispensés. La loi autorisant l'emprunt disait : « L'amortissement et le paiement des primes
seront assurés par le dépôt dans un établissement financier belge d'un capital représenté par des valeurs de premier ordre » et lorsqu'un décret de l'État du Congo lançait
les titres sur le marché le 14 février 1888, il ajoutait encore
certaines conditions faisant apparaître d'une façon plus
saisissante l'immixtion de la Belgique. L'établissement
belge dépositaire devait apposer son visa sur les titres de
l'emprunt, et chaque année publier au *Moniteur belge* la
composition et l'importance du fonds d'amortissement dont

il avait le dépôt ; la gestion de ce fonds était attribuée à un comité permanent composé pour les 2/3 des délégués des établissements ayant pris part à l'émission et pour l'autre tiers des délégués du Congo. Il y avait là une surveillance étroite des fonds de l'emprunt par la Belgique et comme une garantie belge, si bien que M. Neujean avait pu dire le 4 avril 1887, lors de la discussion de la loi : « Le jour où l'État du Congo ne ferait pas honneur à ses signatures, les souscripteurs pourraient appeler en justice l'État Belge et lui dire : « Vous avez inscrit dans une loi belge que l'amortissement, le remboursement de mes 100 francs seront assurés par un dépôt, dès le premier jour ; vous avez promis de veiller à l'existence et au maintien du dépôt. Prouvez-moi que ce dépôt existe encore et qu'il me couvre, vous n'avez pas rempli votre devoir contractuel vis-à-vis des souscripteurs de titres, remboursez-nous. »

C'est en faveur de cet emprunt que latéralement au traité de délimitation de l'Ubanghi en 1887, l'État du Congo avait obtenu que le gouvernement francais ne s'opposerait pas à l'inscription des titres à la cote officielle de la Bourse de Paris, jusqu'à concurrence de 80 millions de francs.

Cet emprunt ne réussit pas ; il greva l'État de charges assez lourdes et ne lui donna pas ce qu'il avait espéré. Sur les 1.500.000 obligations, 700.000 seulement furent émises le 14 février 1888 et le 6 février 1889.

A cette époque, une grande œuvre allait être entreprise au Congo, qui allait solliciter l'aide de la Belgique pour la deuxième fois en faveur de l'État du Congo et unir de plus en plus étroitement les intérêts du pays. Je veux parler du chemin de fer unissant l'embouchure du Congo au Stanley-Pool.

Ce que j'ai dit du Bas-Congo montre l'importance qu'il

y avait à établir un chemin de fer. Le Congo avec tous ses affluents est un merveilleux moyen de transport pour le commerce ; malheureusement tout ce réseau de communications fluviales est commandé par le Bas-Congo qui, resserré entre des rochers gigantesques coule en torrent en faisant trente-deux chutes sur un parcours de 360 kilomètres, depuis la chute de Ntamo au sortir du Pool jusqu'à Matadi. Là, pas de navigation possible, et nous avons vu les efforts surhumains de Stanley pour amener une barque sur le Pool. Quelle gêne pour le commerce si facile dans toute l'étendue de l'État, et qui trouvait à son entrée et à sa sortie un passage aussi long et aussi difficile, qui augmentait considérablement les frais, et ne permettait pas souvent d'importer ou d'exporter des marchandises encombrantes à cause des frais qu'elles devaient supporter, et qu'il est facile de s'imaginer, si l'on pense, que tous les transports devaient s'opérer par le portage.

Un chemin de fer est dans toute colonie la première chose dont on doit se préoccuper, car il représente en même temps qu'une grande facilité, une économie, et qu'il sème partout où il passe et plus vite que tout autre moyen la civilisation et la paix.

Au Bas-Congo, c'était une nécessité de premier ordre, c'était la clef qui devait ouvrir toutes les richesses abondantes de l'Afrique centrale ; aussi l'idée d'un chemin de fer s'imposa de suite aux premiers voyageurs.

Stanley, dès son premier voyage avait dit « sans un chemin de fer, tout le Congo ne vaut pas quatre sous » et quelques années plus tard, il disait : « Il y a des richesses énormes qui attendent le chemin de fer destiné à les recueillir ; j'en avertis le commerce et suis persuadé que l'avertissement ne sera pas perdu. » Il avait raison, dès la constitution du

comité du Haut-Congo, on se préoccupa de la mise à l'é-
tude d'un chemin de fer, mais à cette époque, il y avait
autre chose à faire.

C'est le 27 décembre 1886 que fut constituée la « *Compagnie belge pour le commerce et l'industrie* » qui allait faire
les premières études du chemin de fer. Elle avait à sa tête
le président du Conseil d'administration de la Banque de
Bruxelles, un industriel d'Anvers M. de Roubaix, et le capitaine Thys, officier d'ordonnance du roi, qui allait être
l'âme de l'entreprise et à qui est dû le succès de l'œuvre.
Le capital de la société était de un million, divisé en
2000 actions de 500 francs. La compagnie avait pour but
l'étude du chemin de fer de Matadi à Léopoldville.

Le 26 mars 1887, fut passé entre la compagnie et l'État
une convention aux termes de laquelle la compagnie s'engageait à faire à ses frais dans le délai de 18 mois, l'étude
d'un chemin de fer reliant le Bas-Congo au Pool. L'État,
comme prix de ses travaux, concédait à la compagnie la
pleine propriété de 150.000 hectares de terre. Pendant
18 mois, à partir de la remise des études, la compagnie
avait un droit d'option pour la concession de la construction et de l'exploitation du chemin de fer, aux conditions
d'un cahier de charges, arrêté d'avance. Si la compagnie use
de son droit d'option, l'État garantit un minimum d'avantages consistant en : 1° terrains nécessaires à l'établissement du chemin de fer et de ses dépendances ; 2° propriété
de 1500 hectares de terres pour chaque kilomètre de voie
ferrée. L'État indépendant s'engageait jusqu'à l'expiration
de la concession éventuelle, à accorder à la compagnie à
titre de subside 20 0/0 des droits de sortie qu'il aura
perçus pendant l'année précédente, sans que ce subside
puisse excéder 50 0/0 du capital de toutes les dépenses

faites par la compagnie pour l'établissement de la ligne. Si la compagnie n'usait pas de son droit d'option, l'État conserverait les études et paierait à la compagnie la somme dépensée pour les études.

Remarquons que cette convention montre encore la pénurie des finances de l'État, car elle n'avait d'autre but que d'épargner à l'État les dépenses qu'eussent entraîné les études du chemin de fer.

La compagnie envoya deux expéditions, l'une technique sous la direction de M. Cambier, pour faire le tracé du chemin de fer, l'autre commerciale sous la direction de l'explorateur Delcommune qui avait pour mission de faire un tableau des produits qui pourraient être expédiés par le chemin de fer et d'établir ainsi un devis de ce que pourrait rapporter le chemin de fer. Les deux expéditions étaient sous la direction du capitaine Thys.

Le 26 avril 1889, les études étaient terminées et les ingénieurs firent connaître publiquement leurs devis dans la *Brochure Blanche*. Ils concluaient à la construction du chemin de fer en quatre ans. La longueur de la voie devait être de 426 kilomètres ; 25 millions suffiraient pour la construction de la voie, l'achat du matériel roulant, les frais généraux et les frais d'exploitation des premiers mois. Les recettes annuelles étaient estimées à 2 millions 1/2. Il s'agissait de trouver les 25 millions pour venir en aide à l'œuvre du Souverain de l'État indépendant. C'est alors que le roi des Belges fit déposer sur le bureau de la Chambre des représentants le 27 juin 1889 par M. Bernaert, ministre des finances, un projet ne loi autorisant le gouvernement à participer à la constitution de la *Compagnie du chemin de fer du Congo*, par une souscription de 10 millions, représentée par 20.000 actions de capital de 500 fr., chacune productives d'un intérêt de 3 1/2 0/0 et amortissables au pair en 99 ans.

L'exposé des motifs, après un tableau des devis énumérait les avantages commerciaux et politiques que la Belgique trouverait à cette œuvre.

« La Belgique compte aujourd'hui plus de 6.000.000 d'habitants. C'est pour nous une condition de prospérité, de sécurité et d'existence de placer au dehors l'excédent des produits du travail national. Il y a dans la vie des nations des heures, où elles doivent savoir élargir leur horizon et pénétrer leur politique de hautes pensées », Et parlant du caractère civilisateur du chemin de fer au point de vue de la traite, l'exposé ajoutait :

« Partout où pénètre la locomotive, la civilisation la suit de près. Les chasses à l'homme ont pour but principal de se procurer l'esclave, c'est-à-dire la bête de somme qui transporte les produits de l'intérieur à la côte. Faire arriver au centre de l'Afrique le remorqueur et le bateau à vapeur, c'est rendre la traite sans objet et de ce moment la barbarie recule. »

L'exposé indiquait que grâce aux actions que posséderait le gouvernement, il pourrait intervenir dans la gestion de l'entreprise et « dès à présent, il est convenu qu'à concurrence de 92 0/0, le matériel fixe et roulant du chemin de fer ainsi que les marchandises d'échange destinées au paiement des salaires seront de fabrication belge. »

A la suite du rapport favorable de M. Nothomb, le projet fut voté.

Cette subvention avait une importance considérable comme le disait M. Descamps-David (1). « La nation qui

(1) Descamps-David, *La part de la Belgique dans le mouvement africain*.

possédera ce chemin en partie exercera une action considérable sur le commerce de l'Afrique centrale. Le gouvernement qui le subventionnerait aurait sa part dans l'administration et dans la fixation des tarifs comme dans les commandes de matériel. »

La compagnie pour l'étude du chemin de fer avait décidé d'entreprendre la nouvelle ligne. Le 27 juillet 1887 eut lieu la réunion générale, il fut décidé que la construction de la ligne serait confiée à une société spéciale qui prendrait le nom de *Compagnie du chemin de fer du Congo* et à qui la compagnie d'études céderait ses devis.

La Compagnie des chemins de fer du Congo fut constituée le 30 juillet 1889 au capital de 25 millions, dont 10 millions furent souscrits ainsi que nous venons de le voir par l'État belge.

Le 9 novembre 1889, l'État indépendant consentit à cette compagnie une concession de 99 ans sous réserve de reprise anticipative et avec les avantages suivants pour la Compagnie ;

1° La Compagnie a la pleine propriété des terres nécessaires pour établir la voie et tout ce qui en dépend (gares, etc.) ;

2° 1.500 hectares de terre par kilomètre de ligne construite à choisir dans le territoire de l'État ;

3° L'État s'engage pendant les 25 premières années à ne pas construire de voie ferrée et à ne pas accorder de concession de voie ferrée reliant le Bas-Congo au Haut-Congo.

Les travaux commencèrent en janvier 1890. Les premières années furent désastreuses. Le cinquième des ouvriers succombait ; sur 4.500 hommes employés de janvier 1890 à mai 1892, 900 moururent. Le 30 juin 1892, on en était au kilomètre 9 et on avait dépensé 11 millions 1/2, près de la moitié du capital social. Le 4 décembre 1893, on inaugurait la première section de la ligne, soit 42 kilomètres ; le capital était dépensé.

La Compagnie trouva alors à emprunter à un syndicat de banquiers une somme de 6 millions avec hypothèque sur la ligne, mais M. Bernaert, ministre des finances, proposa le 28 mai 1894 un projet de loi par lequel la Belgique prendrait 20.000 actions nouvelles représentant 10 millions. La Compagnie accepta, mais une certaine hostilité régnait dans la Chambre et, le 12 juin, la session se clôturait sans que la loi fût votée. Le gouvernement belge et le gouvernement de l'État, liés par les mêmes intérêts, n'étaient pas au bout de leurs déceptions. A ce moment avait lieu, conjointement aux délibérations sur le projet de loi sur le chemin de fer, la grande discussion au sujet de l'annexion. Et ce ne fut qu'après bien des péripéties qui regardent plutôt les hommes de finances que le droit international, que le 15 mai 1896 fut votée une convention aux termes de laquelle l'État belge prenait 10.000 actions nouvelles, soit 5.000.000 et donnait sa garantie d'intérêt et d'amortissement à 10.000.000 d'obligations 3 0/0.

Entre temps, la Compagnie pour continuer ses travaux avait emprunté diverses sommes à un syndicat de banquiers, et l'État belge (le 12 juin 1895) lui avait fait un prêt hypothécaire de 5.000.000, lors des mesures conservatoires prises sur la demande de la commission des 21 dont nous reparlerons.

En 1896, la Compagnie qui avait un crédit plus solide que dans les premières années et avait 188 kilomètres de sa ligne en exploitation, créa pour 20.000.000 d'obligations 4 1/2 0/0.

Une fois que la première partie de la ligne eut été terminée si péniblement, les autres parties allèrent beaucoup plus vite. Les ingénieurs étaient plus expérimentés, les ouvriers plus endurcis au climat et plus initiés au travail ; le travail allait plus vite, par suite coûtait moins cher. Les quatre premiers kilomètres en 1890 étaient revenus à 240.000 francs le kilomètre ; en 1892, on fit 22 kilomètres qui revinrent à 120.000 francs le kilomètre ; en 1894, 42 kilomètres qui revinrent à 100.000 francs, en 1896, 100 kilomètres qui revinrent à 87.000 francs.

Le 16 mars 1898, la locomotive arrivait à Dolo sur le Stanley-Pool, et le 1er juillet de la même année, le chemin de fer était inauguré en présence des représentants des puissances ayant pris part à la Conférence de Berlin.

L'œuvre avait coûté 60.000.000 au lieu de 25.000.000 que les devis annonçaient, mais heureusement les devis s'étaient aussi trompés dans la supputation des bénéfices, et au lieu de 2.500.000, on prévoyait dès 1899 une recette annuelle de 8.000.000.

Non seulement la ligne sert de débouché à tout l'État du Congo, mais aussi au Congo français. Au parcours de Loango à Brazzaville on a substitué le parcours de Matadi à Léopoldville, beaucoup moins coûteux, incomparablement moins long. Le trajet par Loango était de 550 kilomètres et demi, soit 25 à 30 jours de marche. Le prix de la tonne de marchandise portée de Loango à Brazzaville revenait à 1.500 francs (1).

L'Association internationale avait eu raison de discuter longuement lors des délimitations de 1885 et de tenir à posséder la route du Pool à la mer. C'était la vraie voie, la clef de toute l'Afrique centrale.

(1) Discours de M. Richard Waddington au Sénat français, le 18 mars 1899.

Rappelons que par suite des dispositions de l'article 16 de l'Acte général de Berlin, il ne peut être établi de tarifs différentiels entre les nations et même, je signale ceci, l'Acte de Berlin ayant stipulé qu'aucun droit ne serait perçu sur le fleuve, sur les routes et chemins de fer assimilés, sauf une juste rémunération des travaux entrepris, si la Compagnie du chemin de fer qui a un véritable monopole par suite de son contrat avec l'État qui lui a donné de très vastes terrains autour de la ligne, avait des prix trop élevés, les puissances signataires de l'Acte général de Berlin pourraient imposer un tarif moins élevé. Cela serait possible, en effet il en coûte 500 francs par personne pour faire un peu plus de 400 kilomètres de Matadi à Léopoldville. Ne pourrait-on pas exiger un tarif moins cher tout en laissant encore aux actions une belle rémunération.

CHAPITRE III

Au lendemain de la constitution de la Compagnie du chemin de fer du Congo, le roi avait fait le 2 août 1889 un testament par lequel il léguait l'État indépendant à la Belgique. Voici ce testament :

« Voulant assurer à notre patrie bien-aimée les fruits de l'œuvre que, depuis de longues années, Nous poursuivons dans le continent africain, avec le concours généreux et dévoué de beaucoup de Belges ;

Convaincu de contribuer ainsi à assurer à la Belgique, si elle le veut, les débouchés indispensables à son commerce et à son industrie et d'ouvrir à l'activité de ses enfants des voies nouvelles ;

Déclarons par les présentes, léguer et transmettre après notre mort à la Belgique, tous droits souverains de l'État indépendant du Congo, tels qu'ils ont été reconnus par les déclarations, conventions et traités intervenus depuis 1884 entre les puissances étrangères d'une part, l'Association internationale du Congo et l'État indépendant du Congo d'autre part, ainsi que tous biens et avantages attachés à cette souveraineté.

En attendant que le législateur belge se soit prononcé sur l'acceptation de mes dispositions prédites, la souveraineté sera exercée collectivement par le conseil des trois administrateurs de l'État indépendant du Congo et par le gouverneur général. »

Fait à Bruxelles, le 2 août 1889.

« LÉOPOLD. »

Trois jours après, il écrivait cette belle lettre par laquelle il donnait communication de son testament à M. Bernaert, le chef du cabinet belge.

Bruxelles, le 5 août 1889.

« Cher Ministre,

Je n'ai jamais cessé d'appeler l'attention de mes compatriotes sur la nécessité de porter leurs vues vers les contrées d'outre-mer.

L'histoire enseigne que les pays à territoire restreint ont un intérêt moral et matériel à rayonner au delà de leurs étroites frontières. La Grèce fonda, sur les rivages de la Méditerranée, d'opulentes cités, foyers des arts et de la civilisation. Venise, plus tard, établit sa grandeur sur le développement de ses relations maritimes et commerciales, non moins que sur ses succès politiques. Les Pays-Bas possèdent aux Indes trente millions de sujets qui échangent contre les denrées tropicales les produits de la mère-patrie.

C'est en servant la cause de l'humanité et du progrès que des peuples de second rang apparaissent comme des membres utiles de la grande famille des nations. Plus que nulle autre, une nation manufacturière et commerçante comme la nôtre doit s'efforcer d'assurer des débouchés à tous ses travailleurs, à ceux de la pensée, du capital, et des mains.

Ces préoccupations patriotiques ont dominé ma vie. Ce sont elles qui ont déterminé la création de l'œuvre africaine.

Mes peines n'ont pas été stériles ; un jeune et vaste État, dirigé de Bruxelles, a pris pacifiquement place au soleil, grâce à l'appui bienveillant des puissances qui ont applaudi à ses débuts. Des Belges l'administrent, tandis que d'autres compatriotes, chaque jour plus nombreux, y font déjà fructifier leurs capitaux.

L'immense réseau fluvial du Congo supérieur ouvre à nos efforts des voies de communication rapides et économiques qui permettent de pénétrer directement jusqu'au centre du continent africain. La construction du chemin de fer de la région des cataractes, désormais assurée, grâce au vote récent de la Législature. accroîtra notablement ses facilités d'accès. Dans ces conditions, un grand avenir est réservé au Congo, dont l'immense valeur va prochainement éclater à tous les yeux.

Au lendemain de cet acte considérable , j'ai cru de mon devoir de mettre la Belgique à même, lorsque la mort viendra me frapper, de profiter de mon œuvre ainsi que du travail de ceux qui m'ont aidé à la fonder et à la diriger et que je remercie ici une fois de plus. J'ai donc fait, comme souverain de l'État indépendant du Congo, le testament que je vous adresse, je vous demanderai de le communiquer aux Chambres législatives au moment qui vous paraîtra le plus opportun.

Les débuts des entreprises comme celles qui m'ont tant préoccupé sont difficiles et onéreux. Un roi, pour rendre service à son pays, ne doit pas craindre de concevoir et de poursuivre la réalisation d'une œuvre, même téméraire en apparence. La richesse d'un souverain consiste dans la prospérité publique, elle seule peut constituer à ses yeux un trésor enviable qu'il doit tendre constamment à accroître.

Jusqu'au jour de ma mort, je continuerai, dans la même pensée d'intérêt national qui m'a guidé jusqu'ici, à diriger et à soutenir notre œuvre africaine, mais si, sans attendre ce terme, il convenait au pays de contracter des liens plus étroits avec mes possessions du Congo, je n'hésiterai pas à les mettre à sa disposition. Je serais heureux de mon vivant, de l'en voir en pleine jouissance.

Laissez-moi, en attendant, vous dire combien je suis reconnaissant, envers les Chambres comme envers le Gouvernement, pour l'aide qu'ils m'ont prêtée à plusieurs reprises dans cette création. Je ne crois pas me tromper en affirmant que la Belgique en retirera de sérieux avantages et verra s'ouvrir devant elle, sur un continent nouveau, d'heureuses et larges perspectives.

Croyez-moi, cher Ministre, votre très dévoué et très affectionné,

« LÉOPOLD. »

Cette lettre indiquait en quelques lignes et d'une manière très vraie quels ont été les mobiles du roi : créer à la Belgique les débouchés qui lui étaient nécessaires ; et en même temps, le roi indiquait le désir de voir la Belgique accepter le don de son vivant.

Ce testament et la lettre qui l'accompagnait devaient

rester secrets un certain temps, le roi attendant l'occasion favorable pour les rendre publiques.

C'est vers le mois d'avril 1890 que Léopold II crut devoir laisser pressentir que le bruit qui courait, qu'il laissait le Congo à la Belgique, était vrai. Il le fit dans un discours qu'il prononça, le 22 avril 1890 à la Bourse de Bruxelles, dans une grande fête donnée en l'honneur de Stanley de retour de son expédition à la recherche d'Emin-Pacha.

L'occasion semblait bonne en effet. L'expédition de Stanley venait de rejeter l'État du Congo en pleine actualité. La Conférence anti-esclavagiste de Bruxelles améliorait le sort de l'État en autorisant les États du bassin conventionnel à mettre des droits d'entrée, enfin et surtout, l'État avait besoin d'argent pour combler les déficits des années précédentes.

En même temps que le roi Léopold donnait par son discours une certaine créance au bruit qui courait, M. Frère-Orban, chef de l'opposition libérale, interpellait le cabinet lui reprochant de prendre des subterfuges pour venir au secours de l'État du Congo, alors qu'il eût été préférable que la Belgique prêtât 20.000.000 au Congo et en inscrivit la rente à sa dette publique. M. Bernaert répondit que ce qui n'était pas possible jusque-là l'était devenu, parce que l'État du Congo n'inspirait plus la méfiance comme à ses débuts ; mais, disait-il, l'emprunt de 1887 n'a pas réussi ; il est nécessaire de rechercher la manière la meilleure pour secourir l'État, et il se ralliait à l'idée de M. Frère de demander un aide directement à l'État belge. « Et quant à l'avenir, ajoutait-il, j'ai la conviction que plus tard, quand l'occasion lui en sera donnée, la Belgique acceptera avec un enthousiasme reconnaissant la splendide colonie que son souverain lui prépare. »

Dès lors la pensée royale était bien nette et l'on parlait déjà de l'annexion future de l'État à la Belgique. La presse fit campagne en faveur d'un aide à donner à l'État du Congo, disant que si la Belgique ne venait pas à son secours, le roi serait obligé de le vendre aux concurrents qui se présenteraient nombreux.

Le 9 juillet 1890, M. Bernaert donna enfin connaissance aux Chambres du testament royal et de la lettre qui l'accompagnait et déposa sur le bureau de la Chambre une convention passée le 3 juillet, entre l'État indépendant et la Belgique.

CONVENTION.

I. L'État belge s'engage à avancer, à titre de prêt, à l'État indépendant du Congo une somme de 25.000.000 de francs, et ce savoir, 5.000.000 de francs aussitôt après l'approbation de la Législature et 2.000.000 de francs par an, pendant dix ans, à partir de ce premier versement. Pendant ces dix années, les sommes ainsi prêtées ne seront point productives d'intérêts.

II. Six mois après l'expiration du prédit terme de dix ans, l'État belge pourra, s'il le juge bon, s'annexer l'État indépendant du Congo avec tous les biens, droits et avantages attachés à la souveraineté de cet État, tels qu'ils ont été reconnus et fixés, notamment par l'Acte général de Berlin du 26 février 1885 et par l'Acte général de Bruxelles et la déclaration du 2 juillet 1890 ; mais aussi à charge de reprendre les obligations dudit État envers les tiers, le roi souverain refusant expressément toute indemnité du chef des sacrifices qu'il s'est imposés. Une loi réglera le régime spécial sous lequel les territoires du Congo seront alors placés.

III. Dès à présent, l'État belge recevra de l'État indépendant du Congo tels renseignements qu'il jugera désirables sur la situation économique, commerciale et financière de celui-ci. Il pourra notamment demander communication des budgets de recettes et de dépenses, et des relevés de la douane quant aux entrées et aux sorties. Ces renseignements ne doivent avoir d'autre but que d'éclairer le gouvernement belge et celui-ci ne s'immiscera en aucune manière dans l'administration de l'État indépendant du Congo qui continuera à n'être rattaché à la Belgique que par l'union personnelle des deux couronnes. Toutefois, l'État du Congo s'engage à ne contracter désormais aucun nouvel emprunt sans l'assentiment du gouvernement belge.

IV. Si, au terme prédit, la Belgique décidait de ne pas accepter l'annexion de l'État du Congo, la somme de 25.000.000 de francs prêtée, inscrite au grand-livre de sa dette, ne deviendrait exigible qu'après un nouveau terme de dix ans, mais elle serait entre temps productive d'un intérêt annuel de 5 1/2 0/0 payable par semestre. et même avant ce terme, l'État indépendant du Congo devrait affecter à des remboursements partiels, toutes les sommes à provenir de cessions de terres ou de mines domaniales. »

Cette convention avait un caractère tout différent des précédentes manifestations de la Belgique dans l'œuvre congolaise. L'État belge ne se bornait plus à un acte de sympathie unilatéral comme lorsqu'il avait donné l'autorisation d'émettre en Belgique l'emprunt de 1887, il ne se contentait plus d'aider de ses deniers une compagnie belge qui créait à l'extérieur une grande œuvre commerciale ; cette fois, c'est un acte contractuel bilatéral, une convention solennelle qu'il passait avec l'État lui-même, s'engageant à lui assurer pendant 10 ans l'appui de ses finances (1). La somme de 25 millions n'était pas productive d'intérêts. En retour, la Belgique recevait de grands avantages ; elle pouvait, au bout de dix ans, s'annexer l'État du Congo avec ses droits. C'était pour le Congo l'abandon à terme de son indépendance. De plus, tout en disant que la Belgique ne pourra s'immiscer en aucune manière dans l'administration de l'État indépendant qui continuera à

---

(1) M. Fauchille, directeur de la *Revue de Droit international*, a publié dans cette revue un article remarquablement déduit, intitulé : *L'annexion du Congo à la Belgique et le Droit international*, p. 400, année 1895.

n'être rattaché à elle que par l'union personnelle, le paragraphe III de la convention donnait à la Belgique un véritable droit de contrôle sur l'administration de l'État. La
Belgique pouvait demander tous renseignements qu'elle
désirerait sur la situation économique, commerciale, financière de l'État et recevoir officiellement communication
des budgets de recettes et de dépenses et des relevés de la
douane quant aux entrées et aux sorties. Enfin, l'État s'engageait à ne contracter désormais aucun nouvel emprunt
sans l'assentiment du gouvernement belge.

C'était une sorte de mise en tutelle de l'État pendant un
certain laps de temps donné à la Belgique pour lui permettre d'examiner si l'affaire était bonne ou non à reprendre. Je dis une espèce de tutelle, car l'importance de la
communication au gouvernement belge des renseignements
dont je viens de parler n'échappe à personne. Il n'est pas
téméraire d'avancer, que la séparation de plus en plus fra-
gile entre la Belgique et l'État s'écroulera tout à fait chaque fois que pendant cette durée de dix ans, un membre du
Parlement interpellera un ministre du roi des Belges sur
l'administration du souverain de l'État indépendant, et que
l'interpellation atteindra aussi bien son but que si elle était
faite au sein d'un Parlement congolais.

Remarquons enfin, et ceci pour répondre à d'injustes
insinuations bien souvent mises en circulation, que par
l'article 11 de la convention, le roi refusait expressément
toute indemnité pour les dépenses pourtant très considérables qu'il avait faites au Congo. Ce noble désintéresse-
ment était en parfaite harmonie avec la conduite qu'il
avait toujours tenue depuis la création de l'œuvre, et suffirait à détruire les dires de ceux qui prétendent que le roi
Léopold a légué le Congo à la Belgique pour sauver une

situation difficile. Soyons justes, c'est dans un but patriotique, parce qu'il le croyait nécessaire à l'avenir de son
pays, que le roi a créé l'État du Congo et l'a légué à la
Belgique.

M. Bernaert, dans l'exposé des motifs du projet qu'il
présenta aux Chambres retraçait succinctement les origines
de l'État ; il y disait la déception produite par la non-réus-
site de l'emprunt de 1887, et montrait les avantages que
l'option inscrite dans la convention donnait à la Belgique.
M. Nothomb, rapporteur de la section centrale de la Chambre, réfuta dans son rapport les diverses objections suggérées par les adversaires du projet de loi, au sujet de la
neutralité de la Belgique, du droit de préférence de la
France et faisait valoir la prudence du projet qui donnait
à la Belgique un délai de dix années pour lui permettre
de se décider après mûr examen.

Le 25 juillet 1890, la Chambre vota la convention à
l'unanimité. Le 30 juillet, le Sénat la vota à l'unanimité
avec trois abstentions.

Dès lors la question de l'annexion du Congo et de la
Belgique devint le but et la préoccupation constante de
la politique belge. Au moment de la discussion de la convention de 1890, certains membres de la Chambre avaient
soutenu que la Constitution ne permettait pas que la Belgique ait des colonies.

L'article 1er de la Constitution laissait penser, disaient-
ils, que la Belgique devait s'en tenir au territoire que cet
article énumérait ainsi :

« La Belgique est divisée en provinces.
Ces provinces sont : Anvers, le Brabant, la Flandre occiden-
dentale, la Flandre orientale, le Hainaut, Liège, le Limbourg, le
Luxembourg, Namur, sauf les relations du Luxembourg avec la
confédération germanique.

Il appartient à la loi de diviser, s'il y a lieu, le territoire en un plus grand nombre de provinces. »

Avec la grande majorité des Chambres, M. Bernaert ne pensait pas que ce texte, quoique ne disant rien au sujet des colonies, fût un obstacle à leur acquisition. Cependant le premier ministre, d'accord en cela avec le roi qui sut toujours agir avec prudence, pensa qu'il devait saisir la première occasion qui se présenterait pour faire reviser l'article 1er de la Constitution, et enlever ainsi aux adversaires de l'œuvre congolaise un des arguments dont ils se servaient. En 1890, M. Janson proposait de modifier les articles 47, 53 et 56 de la Constitution afin de donner un développement plus grand au droit de suffrage ; au nom du gouvernement, M. Bernaert déclara le 27 février 1891 qu'il acceptait cette proposition, à condition qu'on l'étendrait à d'autres parties de la Constitution : « Il serait désirable, dit-il, que l'article 1er prévoie l'acquisition par le pays de la vaste colonie africaine dont le roi l'a mis à même de devenir suzerain, s'il le juge conforme à ses intérêts. »

Le 10 mai 1892, la Chambre acceptait cette idée en décidant : « Il y a lieu à la révision de l'article 1er de la Constitution, soit par modification à son texte, soit par l'introduction au titre 1er d'une disposition nouvelle relativement à l'acquisition ou à la fondation éventuelle des colonies. »

C'est seulement en 1893 que cette révision eut lieu, la discussion fut plus chaude que pour les votes précédents sur le Congo. Une nouvelle législature existait et il était entré à la Chambre des anti-coloniaux qui prétendirent que la décision que la Chambre allait prendre faisant entrer la Belgique dans une voie nouvelle, il était nécessaire de recourir à un referendum. Malgré cette opposition la

révision fut votée le 13 juillet 1893. Au texte rapporté ci-
dessus, on substitua celui-ci :

« La Belgique est divisée en provinces.

Ces provinces sont : Anvers, le Brabant, la Flandre occidentale, la Flandre orientale, le Hainaut, Liège, le Limbourg, Namur.
Il appartient à la loi de diviser s'il y a lieu le territoire en un plus
grand nombre de provinces. Les colonies, possessions d'outre-mer
ou protectorats que la Belgique peut acquérir sont régis par des
lois particulières. Les troupes destinées à la défense de ces territoires ne peuvent être recrutées que par des engagements volontaires. »

Cette dernière disposition était faite pour tranquilli-
ser le caractère paisible des populations belges, et ne pas
entraver ainsi leur enthousiasme encore récent pour les
colonies.

Nous nous demanderons plus loin si la Belgique peut
agrandir *ses territoires*, toutefois, il n'est pas inutile de dire
ici quelques mots de la valeur, au point de vue juridique,
de la révision.

Si nous prenons la constitution belge isolée de tout autre
élément, évidemment il était inutile de la réviser. L'article 1er peut passer pour une simple énumération des territoires qui composent la Belgique, et l'on peut penser que
s'il n'y est pas parlé de colonies, c'est parce que la Belgique
n'en avait pas à ce moment, et que cela ne veut pas dire
qu'elle ne pourrait pas en avoir.

Mais si nous plaçons cette constitution intérieure de la
Belgique à côté des traités de 1831 qui forment la constitution internationale de la Belgique, nous penserons que cet
État, par suite des principes qui ont dicté sa création, ne
peut acquérir des territoires autres que ceux que les puissances lui ont accordés. Les puissances en proclamant l'indépendance de la Belgique l'ont enfermée dans des limites

précises : « La Belgique, *dans les limites indiquées* aux articles 12 et 4, dit l'article 7 des traités du 15 novembre 1831 et du 19 avril 1839, formera un État indépendant et perpétuellement neutre. » « L'indépendance de la Belgique, dit le protocole du 19 février 1831 de la Conférence de Londres, ne sera reconnue que dans les conditions et *dans les limites* résultant des arrangements du 20 janvier 1831. »

Dès lors, l'article 1er de la Constitution belge se comprend parfaitement, c'est une constatation de l'état de fait existant par suite des décisions des puissances, c'est un acquiscement de l'Assemblée constituante belge aux dispositions arrêtées par les puissances, et cet article 1er est limitatif. Par suite, l'addition faite par les Chambres belges n'est plus seulement inutile, elle est contraire aux lois fondamentales qui régissent la Belgique et qui ont été posées par les puissances comme les conditions mêmes de son existence.

CHAPITRE IV

La commission nommée pour examiner la convention
de 1890 lors de sa discussion devant la Chambre des représentants, avait posé un certain nombre de questions au
gouvernement. Elle avait demandé notamment, si le délai
de dix ans stipulé par la convention ne pourrait être abrégé
à la demande de la Belgique. Le gouvernement avait répondu que le roi était prêt à remettre à la Belgique ses possessions congolaises le jour où celle-ci le désirerait, que le
délai de dix ans n'avait été indiqué que parce qu'il semblait un temps raisonnable pour que la Belgique puisse se
renseigner sur son acquisition et qu'étant stipulé tout à son
avantage, elle serait libre de le devancer.

Le 20 décembre 1894, le cabinet belge présidé alors par
M. de Mérode décida de proposer au Parlement la reprise
immédiate du Congo.

Depuis 1890 la situation financière ne s'était pas amé-
liorée. Nous avons vu combien pénibles avaient été les
premiers travaux du chemin de fer et au moment où le
cabinet belge prenait cette décision de reprendre le Congo,
le projet de loi qui devait fournir à la Compagnie du che-

min de fer les sommes dont elle avait besoin était soumis aux Chambres. Les finances de l'État n'étaient pas dans une meilleure situation. De 1890 à 1894, l'État s'était lancé dans plusieurs entreprises militaires : les expéditions vers le Nil et au nord du M'Bomou, la lutte contre les Arabes dans le Manyéma, l'occupation du territoire de Lunda partagé entre l'État et le Portugal. Par suite, les subsides que la Belgique lui avait accordés en 1890 avaient été insuffisants, et il avait été obligé de contracter un emprunt assez onéreux.

C'est en 1892, que l'État fit cet emprunt à M. de Browne de Tiège, banquier à Anvers. Ce banquier prêta une somme de 5 millions à 6 0/0, remboursable le 1er juillet 1895. Il était stipulé que si à cette date cette somme n'était pas remboursée, M. de Browne de Tiège deviendrait propriétaire d'un territoire de 16 millions d'hectares comprenant une grande partie des bassins de l'Aruwimi, du Rubi, du Lomami, du lac Léopold II ainsi que du Manyema. Les sommes provenant de cet emprunt étaient déjà épuisées et l'État se trouvait encore une fois à cours de ressources.

Il ne faut pas exagérer l'influence que cette situation pouvait avoir sur la résolution prise par le gouvernement, cependant il est raisonnable de penser qu'elle pesa d'un certain poids, car le gouvernement devait être un peu gêné de ces demandes répétées de secours qui pouvaient inquiéter les Belges, les tromper sur la valeur réelle de l'État et peut-être à un moment donné les détourner de l'annexion ; les coloniaux ne s'étonnaient pas de cet état de choses et prévoyaient que d'autres secours seraient encore demandés, mais que serait l'opinion publique, surtout que l'État, en 1894, engagé dans la lutte contre les Arabes pouvait craindre que cette guerre ne lui fît dépenser beaucoup plus qu'il ne le prévoyait ? N'était-il pas prudent de faire de suite l'annexion, ce qui ainsi épargnerait dans l'avenir des demandes d'emprunts toujours troublantes pour la masse ?

Il faut donc tenir compte de ces préoccupations, cependant je pense que la raison déterminante qui dicta au gouvernement de M. de Mérode sa résolution est celle qu'a indiquée M. Fauchille, et que s'il n'y eut eu que les embarras financiers, le gouvernement eut préféré demander aux Chambres un secours financier pour le Congo, qu'il eut obtenu et qu'il obtint d'ailleurs à la suite des débats de 1895. A la suite de la révision de la Constitution, le suffrage universel, tempéré cependant par le vote plural avait été établi, et en 1894 lors du renouvellement partiel de la Chambre le parti catholique n'avait pas subi de pertes, mais le parti libéral, favorable à l'annexion du Congo, avait perdu de nombreux sièges qui avaient été conquis par le parti radical socialiste, anti-colonial et par suite hostile à l'œuvre africaine du roi. Le gouvernement craignait que les élections partielles de 1896, 1898 et 1900 n'augmentent ce parti hostile à l'annexion, et que celle-ci ne pût recueillir une majorité lorsqu'il s'agirait en 1900 de se décider sur la reprise du Congo. Le gouvernement s'était donc résolu à profiter du moment où il pensait tenir une majorité.

Le 9 janvier 1895, M. Van Eetvelde au nom de l'État du Congo, MM. de Mérode-Westerloo, de Burlet, et de Smet de Naeyer pour la Belgique, signaient le traité de cession du Congo à la Belgique et en même temps le gouvernement belge ouvrait des négociations avec les puissances garantes de la neutralité de la Belgique. Il en résulta que pour toutes ces puissances, le fait pour la Belgique d'acquérir une colonie n'était en rien contraire aux actes internationaux préexistants. Quant à la France, le 5 février elle signait la convention qui fixait désormais les conséquences du droit de préférence, et donnait toute sécurité à la Belgique.

Le 11 février 1895, le roi ainsi que tous ses ministres belges signaient un projet de loi approuvant le traité signé le 9 janvier entre le Congo et la Belgique.

Le 12 février, M. de Mérode déposait le projet de loi sur le bureau de la Chambre des représentants (1). Dans l'exposé des motifs, le ministre examinait la situation de l'État, il y disait quelle avait été l'œuvre faite au Congo depuis la convention de 1890 et quels besoins financiers il en résultait. Jusqu'en 1890, l'occupation s'était bornée aux rives des cours d'eau, les Arabes dominaient dans le Manyéma et l'Ouellé, aucun agent de l'État n'avait pénétré dans le Katanga. Le gouvernement congolais avait résolu alors de repousser les Arabes au delà de l'Aruwimi et du Lomami, de les chasser du Manyema, d'occuper les frontières du Nord et d'en chasser les marchands d'esclaves, de fonder des postes dans le Lunda, jusqu'alors territoire vacant, d'exploiter le Katanga. Il avait réussi, mais cette œuvre n'avait pas été sans entraîner certaines dépenses, et avait créé des embarras financiers. Certainement l'État eût pu encore emprunter comme il l'avait déjà fait, mais cet emprunt l'aurait grevé de charges lourdes qui auraient été autant de charges pour la Belgique lors de la reprise. N'était-il pas plus sage que cette reprise s'opéra de suite? La Belgique trouverait facilement et à peu de frais l'argent nécessaire au Congo, et elle aurait l'avantage de pouvoir

(1) L'exposé des motifs forme un volume de 218 pages divisé en trois chapitres, dont l'un traite de la condition extérieure de l'État, le 2ᵉ de sa condition intérieure, le 3ᵉ de sa situation financière.

administrer et gouverner le Congo comme elle le désirerait, alors qu'à cette époque, l'État du Congo se gouvernait lui-même avec le concours financier de la Belgique et cet état de choses n'était pas sans soulever de nombreuses critiques.

Et M. de Mérode finissait son exposé en examinant la situation internationale de la Belgique et en concluant que loin de se nuire la neutralité belge et la neutralité congolaise se fortifient l'une par l'autre. Nous verrons plus loin la fausseté de cette théorie.

A la suite du dépôt du projet de loi fait par M. de Mérode le 12 février, M. Lorand, député de l'opposition libérale, avait le jour même demandé que le projet fût soumis non comme d'ordinaire à une section centrale, composée seulement de la majorité, mais à une grande commission composée des délégués de la majorité et des oppositions. Le gouvernement y consentit ; le 13, on désigna les 21 membres de cette commission connue depuis sous le nom de Commission des XXI. Elle comprenait 14 catholiques, 4 socialistes et 3 libéraux et était présidée par M. de Lantsheere.

La question congolaise passionna alors le pays ; les ennemis du gouvernement de M. de Mérode en firent une question politique contre le cabinet et allèrent par tout le territoire belge en faisant des conférences et en tenant des meetings. Les hommes de bon sens qui collaboraient à l'œuvre royale se jetèrent également dans la mêlée et firent aussi de nombreuses conférences : le colonel Thys, MM. de Laveleye, Chaltin, Wauters furent les principaux orateurs qui pendant plusieurs mois parcoururent la Belgique en défendant le projet du gouvernement contre la propagande anti-annexioniste des socialistes.

L'itinéraire, incomplet sûrement, suivi par les orateurs des divers partis dans le courant du mois de février donnera une idée de l'activité déployée dans cette campagne que l'on a appelée la *Bataille Congolaise*. Des conférences eurent lieu le 6 février à Bruxelles, le 8 à Malines et à Bruxelles, le 9 à Bruxelles, le 10 à Charleroi et à Dinant, le 11 à Tirlemont, le 12 à Andennes et à Bruges, le 13 à Bruxelles (à St-Gilles), à Anvers, le 14 à Ostende et à Anvers, le 15 à Bruxelles, le 16 à Mons, Bruges, Bruxelles, le 17 à Tournai et à Namur, le 19 à Bruxelles, le 20 à Anvers, Bruxelles, le 22 à Anvers, Gand, Ixelles, le 23 à Bruxelles et Morlauwely.

Le Patriote, journal clérical, *la Réforme*, journal radical, *le Peuple*, journal socialiste, menaient une campagne acharnée contre l'annexion.

La Commission des XXI, émotionnée par cette campagne, délibérait lentement, les renseignements qu'elle avait demandés n'arrivaient pas et la situation se compliquait toujours ; les finances de l'État demandaient un prompt secours. La convention avec la Compagnie du chemin de fer n'était pas approuvée et la Compagnie, en attendant, était obligée de faire des emprunts à des banques. La créance de M. de Browne de Tiège allait venir à échéance le 1er juillet et celui-ci allait réclamer les 16 millions d'hectares promis. Aussi dans la séance du 18 mai, un membre de la commission, M. Woeste, proposa d'ajourner la question de l'annexion et de voter les sommes indispensables pour rendre cet ajournement possible. « Non seulement, disait M. Woeste, nous devons avoir le temps de délibérer, mais il faut que l'expérience commencée soit plus complète, que l'achèvement du chemin de fer permette d'apprécier toutes les ressources du Congo, que le pays puisse être complètement renseigné. » M. Woeste proposait de demander au gouvernement s'il voulait se rallier à cette proposition.

Le 24 mai, le président, M. de Lanstheere, apporta cette proposition :

« La commission sans rien préjuger sur le fond de la proposition du gouvernement appelle l'attention de celui-ci sur la nécessité de prévenir l'aliénation définitive le 1er juillet 1895, de 16 millions d'hectares qui font l'objet de la convention du 25 novembre 1892, comme aussi de pourvoir à l'insuffisance en ressources budgétaires de l'État indépendant pour 1895, insuffisance évaluée à 1.366.175 fr.

« La proposition que j'ai l'honneur de déposer n'est pas une proposition d'ajournement. La commission demeure saisie. »

La différence entre cette proposition et celle de M. Woeste, était que la proposition Lantsheere considérait que la question n'était pas ajournée, alors que M. Woeste voulait qu'on prolonge l'expérience.

Le jour même, la commission vota par 15 voix l'ordre du jour, présenté par M. Helleputte :

« La commission, sans rien préjuger du fond de la question, considérant qu'elle ne saurait terminer ses délibérations d'ici au 1er juillet, signale au gouvernement l'utilité qu'il y aurait de proposer les mesures provisionnelles que comporte la situation. »

M. de Mérode considéra que ce vote était pour lui un échec politique et se retira laissant la place à M. de Burlet qui, le 28 mai, déclara qu'il partageait les idées de la commission et qu'il saisirait la Chambre des mesures provisoires que comporte la situation ; « quant au fond, ajoutait-il, la commission reste saisie du projet qui n'est point retiré. »

Le 14 juin 1895, le gouvernement déposa deux projets de loi : l'un intitulé « Projet de loi autorisant le gouvernement à consentir à la Compagnie du chemin de fer du Congo un prêt hypothécaire de 5 millions. » Cette somme devait permettre à la Compagnie du chemin de fer de continuer les travaux, en attendant que la convention dont j'ai parlé fût votée. L'autre proposait l'approbation d'une convention passée le 11 juin 1895 entre l'État et la Belgique, et par laquelle celle-ci prêtait à l'État 5.287.415 francs pour rembourser M. Browne de Tiège et 1.517.000 francs pour boucher le déficit du budget de 1895.

La Commission des XXI fit subir des modifications à ces deux projets.

Pour le premier, elle proposa de voter la somme de 5.000.000 de francs au maximum pour continuer les travaux en attendant qu'une enquête soit faite pour instruire les Chambres sur l'état des travaux du chemin de fer.

Pour le deuxième, elle ne fit qu'une modification de forme mettant au lieu de deux chiffres un chiffre total de 6.850.000 francs.

Les deux propositions furent votées les 26 et 27 juin 1895 à la Chambre, et le 28 au Sénat.

La première concernant le chemin de fer fut votée à la Chambre par 66 voix contre 15 et 7 abstentions, au Sénat par 64 voix contre 11 et 5 abstentions, la deuxième concernant l'État, fut votée à la Chambre par 71 voix contre 16 et 8 abstentions, au Sénat par 59 voix contre 13 et 8 abstentions.

Le 29 novembre 1895, le président du conseil retira le projet d'annexion à la commission.

Par suite, la convention de 1890 demeure entière, et c'est du mois d'août 1900 au mois de janvier 1901 que la Belgique devra se prononcer.

La commission technique chargée de faire l'enquête sur le chemin de fer, demandée par les Chambres, avait quitté Bruxelles en juillet 1895 et le 7 février de retour du Congo, elle déposait son rapport. Les ingénieurs concluaient que le travail était satisfaisant et que la ligne serait achevée à la fin de 1900.

Nous avons vu qu'ils avaient été heureusement mauvais prophètes, et que dès 1898, le chemin de fer fut inauguré.

Cinq ans ont passé depuis cette tentative de reprise qui échoua si malheureusement. Si la Belgique a voulu voir et s'instruire, nul doute que cette année, lorsque la question se représentera forcément devant ses Chambres, elle n'accepte l'œuvre royale avec enthousiasme. Combien de progrès, en effet, en ces quatre ans ; l'œuvre a prospéré, le chemin de fer rapporte cinq fois plus que les prévisions les plus optimistes le faisaient espérer ; le commerce s'est accru dans de grandes proportions, et dès maintenant, l'État indépendant compte parmi les plus heureuses tentatives de colonisation qui aient été faites.

CHAPITRE V

Nous venons de voir l'historique de la tentative de 1895 pour annexer l'État indépendant. Nous devons nous demander si cette annexion, qui probablement se produira à bref délai, est juridiquement possible.

Cette annexion serait un fait des plus simples si elle regardait deux pays qui ne seraient pas fondés dans les conditions spéciales du Congo et de la Belgique. Il en va tout autrement pour ces deux pays, qui présentent certains caractères bizarres qui font que la question n'est plus aussi simple.

On a dit que le Congo était une création des puissances, que la Conférence de Berlin lui avait donné la vie pour en faire le gardien de son œuvre de liberté commerciale, et que cette œuvre eût été impossible sans cette intervention des puissances. Les reconnaissances successives de l'État, ne pouvaient vraiment faire de lui un État que si toutes ces reconnaissances étant réunies formaient un faisceau. C'est la Conférence de Berlin qui fit cette combinaison, en décidant que ces traités seraient annexés aux protocoles des séances. L'État aurait reçu de la Conférence sa charte commerciale et ce serait elle aussi qui aurait désigné son souverain. Enfin diverses paroles prononcées, soit par le prince de Bismarck, soit par le roi Léopold et que nous

avons rencontrées au cours de cette étude, prouveraient
que l'État indépendant a été créé par la Conférence de Berlin. Annexer le Congo, ce serait violer cette Constitution
faite par les puissances, ce serait lier à un autre pays un
État que les puissances ont voulu indépendant.

Je ne pense pas que cela soit la véritable interprétation
que l'on doit donner aux actes de la Conférence de Berlin.
On dit qu'une combinaison des traités de reconnaissance
était nécessaire. Et pourquoi ? Est-ce que cette combinaison a été faite pour l'État de Libéria ? Est-ce que lorsqu'on
parle de reconnaissance d'un État, on veut qu'il soit reconnu indistinctement par toutes les puissances, mais ne
veut-on pas dire seulement que cet État a été reconnu par
les principales, par celles qui pratiquent le droit des
gens.

Lorsque l'Allemagne, la France, l'Angleterre et les autres nations reconnurent l'Association comme un État ami,
il est bien évident que ces pays étaient résolus d'agir avec
lui comme s'ils avaient affaire à un État. Qu'a fait vis-à-
vis d'eux la décision de la Conférence de Berlin ? A-t-elle
donné plus de droits à la France et à l'Allemagne, et les
conventions de ces pays avec l'État s'imposent-elles à eux
avec plus de force après avoir été jointes aux protocoles
qu'avant. Non, chaque traité de reconnaissance de l'État
avec une puissance faisait que désormais pour cette puissance, l'Association devait être considérée comme un État.
Dès lors qu'elle était reconnue par tous les principaux
États civilisés, il était inutile pour ses relations avec ces
États que ces traités fussent combinés, ces contrats bilaté-
raux avaient une force aussi grande avant leur réunion
qu'après. Vis-à-vis des autres puissances qui n'ont pas reconnu l'État, que font ces dispositions ? Elles n'ont pu

lier les puissances qui n'ont pas été parties à l'Acte de Berlin et parce que quinze puissances auront reconnu solennellement l'État, elles ne seront pas plus liées que si ces
quinze reconnaissances n'avaient pas été réunies. Les conventions n'ont d'effet qu'entre les parties, par suite l'Acte
général ne pouvait avoir aucun effet pour les puissances
qui ne l'avaient pas signé ou n'y avaient pas adhéré. Mais,
dira-t-on, il y a l'influence morale d'un tel acte. Une puissance secondaire peut-elle dédaigner la reconnaissance
faite par quinze grands États ? assurément non ; mais, si
c'est une question d'influence, cette reconnaissance a une
influence tout aussi grande dans le premier cas que dans le
second, puisque dans tous les deux l'engagement de chaque puissance sera aussi complet.

Je ne disconviens pas que la Conférence de Berlin a eu
une grande influence sur les reconnaissances qui se sont
opérées latéralement à ses travaux ; que grâce à sa réunion
bien des difficultés ont été évitées, mais quand il s'agit
aussi bien pour les États que pour les particuliers de ré-
duire leurs droits, de les comprimer dans un régime d'exception, il faut pour cela des conventions nettes et précises. Or, ici qu'avons-nous pour appuyer la théorie que
l'État du Congo ne pourrait être annexé sans intervention
des puissances ; des discours de politesse prononcés par
M. de Bismarck ou des remerciements adressés par le
roi Léopold, ou des vœux de la Conférence en faveur du roi
des Belges ; c'est trop peu pour créer un véritable régime
d'exception.

Qu'a fait la Conférence de Berlin ?

Elle a institué un régime commercial spécial au bassin
conventionnel du Congo.

A-t-elle désigné spécialement parmi ces territoires du

bassin conventionnel, l'un d'eux sur lequel elle a mis des conditions spéciales ?

Nullement, tous sont sur le même pied. La Conférence n'a pas distingué que le territoire appartienne à un pays ou à un autre, elle a même voulu que les questions de frontières soient traitées en dehors de ses réunions ; elle a pris, si je puis dire ainsi, une décision impersonnelle s'appliquant sur une région physique formant un tout complet économique, sans regarder à qui les territoires appartenaient. Supposons que les territoires de la rive droite du Congo appartenant au Portugal passent sous la souveraineté de la France, le régime commercial sera toujours celui institué par l'Acte général de Berlin. Supposons l'État du Congo annexé à la Belgique, les décisions de l'Acte général de Berlin s'appliqueront toujours. Que l'on trouve une décision spéciale à l'État indépendant ! Toutes ces décisions de l'Acte général sont faites pour pouvoir s'appliquer à toutes les parties du bassin conventionnel, et même les articles sur la neutralité ont gardé ce caractère impersonnel, faisant qu'ils peuvent s'appliquer à une partie quelconque du bassin et que la Conférence a cherché à y viser tous les cas qui pourraient se présenter.

Mais, dit-on encore, la Conférence a pensé constamment à l'État. Argument en faveur de notre thèse, la Conférence a pensé toujours que l'État faciliterait singulièrement son œuvre, oui. Mais si elle n'a pas prononcé son nom dans l'Acte général, si elle n'a pas pris des règles spéciales pour lui, c'est donc qu'elle n'a pas voulu le faire.

La Conférence n'a pas choisi la forme du gouvernement de l'État, dès lors elle pouvait penser que l'État aurait une forme gouvernementale comme il en a pris une, permettant au roi de léguer son État. A-t-elle essayé de l'en empêcher ?

Elle connaissait le droit de préférence de la France, puisque le 5 février 1885, jour où la France signait sa convention avec l'État, le colonel Strauch confirmait ce droit par une lettre, a-t-elle fait quelque chose pour mettre obstacle à l'exercice de ce droit qui eût été contre son intention, si elle eût voulu que l'État reste indépendant ? La Conférence de Berlin se trouvait donc en face de ces diverses idées qu'elle pouvait, qu'elle devait envisager, si elle voulait que l'État reste indépendant, elle ne l'a pas fait. Elle ne l'a pas fait, parce que son but était de créer une sphère de liberté commerciale et non un État indépendant, et que tout ce que l'on peut dire c'est que la formation de cet État a facilité son œuvre. Elle a eu raison de ne pas se lier par une convention où elle aurait exprimé que son œuvre était liée au sort de l'État. Il n'était pas nécessaire pour que son œuvre réussisse qu'il y ait un État indépendant. Dès lors, je ne vois nullement en ce qui concerne l'État indépendant du Congo, ce qui dans sa Constitution, empêche qu'il soit annexé à un autre État, pourvu que cet État respecte le régime commercial établi sur le bassin conventionnel.

Il n'en est pas de même pour la Belgique. La Belgique est une création des puissances. Jusqu'en 1831, moment où elle devint indépendante, elle avait toujours été sous la dépendance d'une puissance. L'un des grands champs de bataille de l'Europe et aussi un des pays les plus riches, possession très disputée par suite, elle avait successivement passé entre les mains de l'Espagne, de la maison d'Autriche en 1774 et de la France, lorsque la République déclara la guerre à l'Autriche. L'aigle napoléonien vint mourir dans ses plaines. En 1815, elle forma alors avec la Hollande le royaume des Pays-Bas jusqu'au moment, où en septembre 1830, elle se révolta contre le roi Guillaume qui

demanda aux puissances de le secourir et de faire respecter
les conventions de 1814 et de 1815. Mais la France, l'Autriche, l'Angleterre, la Russie, la Prusse répondirent à cet
appel en déclarant l'indépendance de la Belgique qui leur
semblait nécessitée par les besoins de l'équilibre européen.
Les puissances se chargèrent de délimiter la Belgique, lui
choisirent un roi, et quand le roi Guillaume n'acceptant pas
ces décisions eut envahi le sol belge et vaincu les Belges à
Louvain, l'Angleterre bloqua les ports de la Hollande
et la France se chargea de prendre la citadelle d'Anvers en
1832.

De même qu'en 1815, les puissances avaient décidé du
sort de la Belgique, de même en 1830 pour les besoins de
l'équilibre européen, elles en formaient un royaume indépendant. C'est aux puissances qu'elle doit la vie. Cette vie
lui a été donnée sous certaines conditions qui répondaient
au but auquel les puissances la destinaient. Ce but, c'était
d'en faire un État-tampon propre à empêcher tout agran-
dissement de la France ou de la Prusse vers le Nord, et
non content de créer la Belgique, elles se saisirent de tous
les détails de la question.

Le 20 décembre, les puissances s'étaient réunies en congrès pour décider du sort des provinces révoltées. Elles
décidèrent quels seraient les territoires qui feraient partie
de la Belgique et déclarèrent qu'elle formerait un État
perpétuellement neutre. Ces dispositions étaient qualifiées
de « fondamentales et irrévocables (1). » Les protocoles
des 19 février et 17 avril 1831 disaient : « L'indépendance
de la Belgique ne sera reconnue qu'aux conditions et dans
les limites qui résultent des arrangements du 20 janvier. »

(1) Fauchille, article précédemment cité.

« La Belgique, disait le protocole du 20 janvier 1831, dans ses limites telles qu'elles seront tracées conformément aux principes des articles précédents, formera un État perpétuellement neutre ; les cinq puissances lui garantissent cette neutralité perpétuelle ainsi que l'intégrité et l'inviolabilité de son territoire dans les limites mentionnées ci-dessus (1). »

Les puissances s'entendirent pour nommer le souverain; successivement furent écartés le prince de Beauharnais dont ne voulait pas Louis-Philippe et le duc de Nemours, et il fut entendu que le prince choisi par les puissances devrait accepter sans aucune restriction les bases de séparation posées par la Conférence de Londres.

La Belgique eût désiré régler directement avec la Hollande la question de frontière. Le 10 mai 1831, les puissances mirent en demeure le gouvernement provisoire d'accéder avant le 1er juin aux principes de la séparation sous peine de rompre avec lui.

Les 26 juin et 15 octobre, elles présentèrent à la ratification du gouvernement provisoire deux traités, l'un en 18 l'autre en 24 articles, en disant que ces traités contenaient leurs décisions « finales et irrévocables » et qu'elles étaient résolues « d'user de tous les moyens en leur pouvoir pour amener l'assentiment des parties à ces dispositions ».

La Belgique obéit ; le 14 novembre 1831, elle signait une convention qui contenait mot pour mot les articles arrêtés par les puissances. D'après l'article 7 « la Belgique dans les limites indiquées aux articles 1, 2, 4, formait un État indépendant et perpétuellement neutre, tenu d'observer cette même neutralité envers tous les autres États » et aux ter-

(1) De Clercq, t. 4, p. 5.

mes de l'article 25, l'Autriche, la Grande-Bretagne, la France, la Prusse, la Russie garantissent l'indépendance et la neutralité du nouvel État comme toutes les autres dispositions relatives à sa séparation d'avec la Hollande.

La Belgique est donc bien une fondation de puissances qui, en la fondant, lui ont imposé certaines conditions qu'elles ont jugé absolument nécessaires, et avec raison, à la réalisation du but qu'elles se proposaient.

En annexant le Congo, la Belgique violera les deux principes les plus fondamentaux de l'œuvre des puissances ; ceux sur lesquels repose toute l'œuvre. Ce qu'ont voulu les puissances, c'est former un État neutre, tampon entre trois grandes puissances, la Prusse, la France, l'Angleterre et par suite, elles ont voulu enlever à cette puissance qu'elles formaient toute chance de conflits. Pour cela :

1° Elles lui ont donné des limites déterminées dont elle ne peut sortir ;

2° Elles l'ont déclaré État perpétuellement neutre.

En s'annexant le Congo, la Belgique viole ces deux conditions.

I. L'article 7 dit bien que « la Belgique dans les limites indiquées aux articles 12 et 4 », de plus la Belgique eût voulu discuter les questions de frontière avec la Hollande et eût voulu s'annexer le Luxembourg. Les puissances refusèrent ; la Belgique n'existe qu'autant qu'elle reste dans les frontières que les puissances lui ont données. Or s'annexer une colonie, c'est s'agrandir. Et si les puissances en l'enfermant dans des limites précises ont voulu lui éviter tout conflit, il faut avouer que ce serait faire fausse route que de prétendre que les puissances ont voulu donner à la Belgique des limites continentales, mais n'ont pas voulu lui interdire la conquête de colonies. L'histoire d'hier est là, pour nous dire que les colonies sont des causes de conflits autant que les territoires continentaux, et l'histoire d'aujourd'hui nous prouve qu'elles sont, pour ainsi dire, la cause unique des guerres. Cuba et Porto-Rico ont été la cause de la guerre entre l'Espagne et l'Amérique ; l'occupation de Fashoda a failli amener la guerre entre l'Angleterre et la France. L'Angleterre, en ce moment même, est rongée par une guerre coloniale, et si des nuages menacent la paix européenne, ce n'est pas de l'Europe qu'ils viennent, mais de la Chine et du nord de l'Inde.

Défendre à la Belgique de s'étendre à l'extérieur de ses frontières en Europe par crainte de conflit, l'autoriser à s'étendre dans ses colonies, ce serait donc un contre-sens.

Dira-t-on qu'en 1831, on ne pensait pas à un accroissement par des colonies, les colonies n'étant pas en honneur à cette époque ? M. Fauchille, dans son article si clair sur cette question, a répondu à cet argument : « Les bases de la séparation du 27 janvier 1831 disaient en leur article 12 que : « les habitants de la Belgique jouiront de la navigation et du commerce aux colonies appartenant à la Hollande sur le même pied, avec les mêmes droits et les mêmes avantages que les habitants de la Hollande ». En proposant de conserver à la Belgique le commerce des colonies hollandaises qui avaient si puissamment contribué à sa prospérité, les cinq Cours ne reconnaissaient-t-elles pas implicitement, que dans leur pensée, la Belgique ne pouvait prétendre à des colonies qui lui fussent propres ? »

II. La Belgique est un État perpétuellement neutre sous la garantie des puissances. Nous avons vu que sa neutralité est une des conditions *sine qua non* de son indépendance, qu'elle est des plus rigoureuses, qu'en 1841, l'Angleterre s'est opposée à ce que la Belgique entrât dans une

union douanière et que quoique cette décision paraisse
peut-être un peu rigoureuse, elle se justifie cependant, car
le régime douanier d'un pays peut être la cause de conflits,
et ayant une union douanière avec un grand pays, certainement la Belgique n'eût plus été maîtresse de ses tarifs et
eût pu ainsi être entraînée dans des conflits causés par la
politique douanière de la puissance avec laquelle elle se
serait unie commercialement.

A plus forte raison, un État neutre, et j'en ai parlé longuement, ne peut-il chercher à s'agrandir, car chercher à
s'agrandir, c'est souvent courir à des conflits et j'ai cité
quelques modifications peu importantes faites à des frontières d'États neutres qui toujours ont nécessité l'intervention des puissances, notamment la cession de la vallée des
Dappes à la France par la Suisse.

Or s'annexer le Congo, c'est pour la Belgique s'agrandir,
par suite courir à des conflits et sortir de sa neutralité. Si
on considère que la Belgique n'a pu faire une union douanière, il faudrait bien mal raisonner pour considérer ensuite que sans entente solennelle avec les puissances, elle
peut s'annexer une colonie aussi grande que le Congo à
l'heure où toute colonie peut devenir un motif de conflits.

Les hommes politiques belges, notamment MM. Bernaert, de Mérode, Nothomb, lors de la présentation des
projets concernant le Congo en 1890 et en 1895 ont dit, que
les neutralités belge et congolaise se combineraient fort
bien et même qu'elles se renforceraient l'une par l'autre.
Je ne sais si les députés belges ont accueilli cette explication avec conviction, c'est bien possible, mais en tout cas
ce que je viens de dire, suffit pour montrer que ces arguments sont plutôt des arguments d'hommes politiques, désireux de présenter leurs projets sous les couleurs les plus
chatoyantes, que des principes de droit.

Pour que la combinaison dont parlait M. Bernaert puisse s'opérer dans une certaine mesure, il faudrait que la Belgique s'annexe le Congo. Or, un État neutre ne peut sortir de ses frontières, ou il ne serait plus un État neutre. Dès lors la Belgique, s'annexant le Congo, loin de renforcer sa neutralité l'aurait violée. Il en serait de même pour le Congo, il s'est déclaré perpétuellement neutre, nous avons vu qu'il s'était comporté assez cavalièrement avec cette neutralité ; il la violerait une dernière fois en s'annexant à la Belgique, car en se proclamant neutre, s'il obligeait les puissances à s'engager à respecter cette neutralité, conformément à l'Acte de Berlin, réciproquement, il prenait des engagements envers elles. Le principe essentiel que doit respecter un État neutre, c'est d'éviter tout conflit, c'est pour cela qu'on lui interdit de s'agrandir, de faire des traités d'alliance. S'annexer à un pays, c'est aussi courir souvent à un conflit, car c'est la plupart du temps soulever les prétentions d'un État jaloux de l'accroissement d'un autre. Quant au renforcement de la neutralité belge par la neutralité congolaise et de la neutralité congolaise par la neutralité belge, c'est pure logomachie. La neutralité belge est une chose exceptionnelle, c'est si je puis m'exprimer ainsi, le summum de la neutralité. Cette neutralité ne peut exister que par une convention expresse des puissances ; ce n'est donc pas, parce que la Belgique s'annexerait le Congo que le Congo participerait de cette neutralité exceptionnelle. C'est seulement à la Belgique telle que l'ont constituée les puissances que cette neutralité s'applique ; la Belgique n'a pas à se prononcer sur cette question. La neutralité n'est pas son œuvre, on la lui a imposée et elle est à ce sujet, la partie la plus négligeable. Elle n'a ni à discuter sa neutralité, ni à l'agrandir, ni à en sortir ; elle n'a qu'à se soumettre.

La Belgique régie par la Convention de 1831 ne peut donc juridiquement s'annexer le Congo. Le Congo ne peut pas être annexé à la Belgique, non à cause de sa constitution, mais à cause de sa déclaration de neutralité permanente qu'il violerait. Mais, dira-t-on, ceci n'est qu'une discussion juridique sans aucun intérêt. Quand en 1885, les puissances ont fondé le Congo, elles devaient bien penser que le roi Léopold créait cette œuvre pour la Belgique. Lorsqu'en 1895, la Belgique a voulu s'annexer le Congo, elle a négocié avec les puissances pour savoir si celles-ci s'opposeraient à l'annexion ; les puissances ne s'y sont pas opposées. La France, en particulier, par la Convention de 1895 sur le droit de préférence, a solennellement reconnu que la Belgique pouvait s'annexer le Congo. De même, l'Angleterre par la Convention du 11 mai 1894 a reconnu cette aptitude de la Belgique à s'annexer le Congo. L'article 2 de cette convention dit, en effet, à propos du bail du territoire du port de Mahagi : « Ce bail prolongé restera en vigueur aussi longtemps que les territoires du Congo resteront comme État indépendant ou comme colonie belge, sous la souveraineté de Sa Majesté et des successeurs de Sa Majesté. »

Certainement, les puissances sont préparées depuis longtemps à l'annexion du Congo par la Belgique et il est probable qu'elles ne s'y opposeront pas, car elles considèrent que les prescriptions de l'Acte général de Berlin seront aussi bien sauvegardées et peut-être mieux lorsque le Congo sera colonie belge. Certainement par suite de cette autorisation tacite, il pourrait se créer un état de choses qui aurait une certaine apparence juridique. L'État belge, après s'être annexé le Congo, referait une déclaration de neutralité permanente pour sa colonie.

Il n'en resterait pas moins que la discussion juridique que nous venons de faire a une importance énorme. Car pour nous, sans une intervention européenne et solennelle autorisant la Belgique à s'annexer le Congo et déclarant le pays et sa colonie perpétuellement neutres, l'annexion du Congo à la Belgique sera, en fait, la destruction de l'œuvre de 1831. En effet, si on considère que des traités aussi importants pour la sécurité de l'Europe peuvent être ainsi si facilement révisés d'une manière tacite, on doit prévoir le jour où, une puissance qui aura avantage en cas de guerre de s'emparer de la Belgique, le fasse avec beaucoup plus de désinvolture que si la Belgique n'avait pas la première violé ces conventions. On sait combien les puissances sont portées à pratiquer cette règle : La force prime le droit, et à violer tous les traités. Et combien, lorsque ces violations s'exercent, les puissances qui ne sont pas mêlées à la guerre sont timides pour rappeler à ses devoirs le pays qui viole ainsi tout traité.

Les pays neutres dans cette guerre seront heureux, au jour où le territoire belge sera violé, d'acquiescer à l'argument de la puissance envahissante et de couvrir ainsi leur repos en rappelant à la Belgique que c'est elle-même qui a fait tomber en désuétude la protection qui la couvrait.

Ces prévisions n'ont rien de contraire aux faits puisqu'un peu plus de 30 ans après les conventions de 1831, en 1866, un projet de traité exista entre Napoléon III et Bismarck. Il y était dit: « Le roi de Prusse, au cas où sa Majesté l'Empereur des Français serait amené par les circonstances à faire rentrer ses troupes en Belgique ou à la conquérir, accordera le concours de ses armes à la France » (1).

_____

(1) Rothan, *La politique française en 1866*. Paris, 1883, p. 376 et suiv.

N'est-ce pas tous les jours que l'on voit envisager le moment où, en cas de guerre, la neutralité belge serait violée, et la Belgique ne se rend-elle pas elle-même compte de sa situation, lorsque continuellement, elle augmente ses armements. Qu'elle se garde donc de fournir l'argument désiré par ces violateurs du droit au profit de la force.

L'annexion paraît comme une chose prochaine, inévitable, qui fera honneur au grand roi qui aura su si habilement et si pacifiquement conquérir à son pays d'aussi vastes et si riches territoires. Nul ne pense, en ce moment, à contrecarrer ces projets. Que la Belgique en profite pour demander la réunion d'un Congrès européen qu'on ne refusera pas à son roi, et dans lequel on lui donnera l'autorisation de s'annexer le Congo. On placera l'État indépendant sous la même neutralité que la Belgique, et on consolidera ainsi l'inviolabilité du territoire belge en la rappelant solennellement à nouveau.

Vu :
Le Président de la Thèse,
L. RENAULT.

Vu :
Le Doyen,
GLASSON.

Vu et permis d'imprimer :
Le Vice-Recteur de l'Académie de Paris,
GRÉARD.

TABLE DES MATIÈRES

TROISIÈME PARTIE

La Conférence de Berlin. — Création de l'État indépendant du Congo.

QUATRIÈME PARTIE.

Les principaux événements de la vie internationale de l'État.

Imp. J. Thevenot, Saint-Dizier (Hte-Marne).

www.ingramcontent.com/pod-product-compliance
Lightning Source LLC
Chambersburg PA
CBHW060428200326
41518CB00009B/1522